普通高等教育经济管理类专业"十二五"规划教材

财务管理
（第三版）

主　编　杨春甫　李光富
副主编　龚春艳　张清芳
参　编　段艳玲　明　华　夏　明

华中科技大学出版社
中国·武汉

内 容 简 介

本书以公司制企业为主体,以企业价值最大化为目标,以风险与收益为主线,以财务分析为前提,以财务决策为重点,全面介绍企业融资、投资、分配等财务管理的基本内容。第一章主要介绍了财务管理的内容、目标、环境三大问题;第二章主要包括财务比率分析和财务综合分析两项内容;第三章着重阐述了现代企业理财的两大价值观念;第四、五章对企业资金的筹集方式、资本成本、资本结构、财务杠杆作用进行了相应介绍;第六、七章主要包括经营性资产投资管理和金融性资产投资管理等内容;第八章讲述了现金、应收账款和存货的管理决策;第九章重点介绍了利润分配的内容、股利政策和股利支付以及股票股利和股票分割;第十章介绍了企业并购、重整与清算等特殊财务问题。

图书在版编目(CIP)数据

财务管理(第三版)/杨春甫,李光富主编. —武汉:华中科技大学出版社,2013.8
ISBN 978-7-5609-9029-3

Ⅰ.①财… Ⅱ.①杨… ②李… Ⅲ.①财务管理-高等学校-教材 Ⅳ.①F275

中国版本图书馆 CIP 数据核字(2013)第 113655 号

财务管理(第三版)   杨春甫 李光富 主编

策划编辑:谢燕群
责任编辑:陈元玉
封面设计:李　嫚
责任校对:张　琳
责任监印:周治超
出版发行:华中科技大学出版社(中国·武汉)
　　　　　武昌喻家山　邮编:430074　电话:(027)81321913
印　刷:武汉华工鑫宏印务有限公司
开　本:710mm×1000mm　1/16
印　张:19
字　数:347 千字
版　次:2007 年 7 月第 1 版　2018 年 1 月第 3 版第 3 次印刷
定　价:35.00 元

本书若有印装质量问题,请向出版社营销中心调换
全国免费服务热线:400-6679-118　　竭诚为您服务
版权所有　侵权必究

第三版前言

《财务管理》于 2007 年由华中科技大学出版社出版以来,很荣幸得到了广大读者的支持与认可。为适应实务的变化和市场的需要,于 2010 年修订再版,现在这个版本已经是第三版。

此次修订,在保持第二版内容的基础上,经过反复斟酌遴选了相关内容,并以嵌入两个模块——知识链接和技能指引——的方式进行必要增补。这些内容可细分为四个方面:(1)财务领域近期出现的新变化,如融资融券、类金融模式等;(2)理财思想与智慧,如《论语》与算盘、穷人的银行家等;(3)有关职业技能和职业判断能力方面的内容,如财富倍增 72 法则、会计损益与财务主题等;(4)经典小案例,如雷曼兄弟破产事件、波音并购麦道等。此外,针对使用中发现的个别问题进行了修订。这些方面无论是内容上还是形式上,既是对第二版的进一步充实与完善,更是一种提升与跨越。

财务是实践的智慧,此次修订中,我们在秉承与时俱进、突出实用的基础上,在更具特色和可读性方面作了新的尝试。其中不足或不当之处,恳请读者提出宝贵意见。

编 者
2013 年 3 月

前　言

　　财务管理在过去的一个世纪中得到了令人瞩目的发展，但在其理论创新和实践领域，则从未有过像今天这样充满生机和富有挑战性。随着我国社会主义市场经济体系的不断完善、企业管理体制改革的不断深化，建立以财务管理为中心的企业管理制度已成为现代企业的共识。

　　财务管理是以价值为支撑而具有广泛综合性的管理，是以利益为焦点而具有整体协调性的管理，是以效益为中心而具有全局决策性的管理。它以其特有的性能，在企业管理系统中起主导作用和处于中心地位。

　　依照培养经济管理应用型人才的目标，本着厚实基础、突出实用、贴近现实、注重操作的原则，结合我国财务管理的实际，我们编写了这本《财务管理》教材。在本书的编写过程中，注重"针对性、可读性、实用性"要求，力求做到通俗易懂、图文并茂、概括全面、逻辑严密。教材中恰当地运用了图表、例题来说明问题，每章开篇给出了学习要点和主旨提示语，每章末尾给出了复习思考题和练习题。整体而言，其结构完整、体例新颖、内容详实、表述得当，是会计、财务乃至经济管理类专业适用的教科书，也是从事这方面工作的在职人员实用的参考书。

　　本书以公司制企业为主体，以企业价值最大化为目标，以风险与收益为主线，以财务分析为前提，以财务决策为重点，全面介绍了企业融资、投资、分配等财务管理的基本内容。同时，还介绍了企业兼并与收购、重整与清算等特殊财务问题。全书分章阐述了上述各项财务运作的基本理论、技能和方法。

　　本书由杨春甫、李光富主编。参加编写的有：湖北经济学院的杨春甫、夏明，宜昌职业技术学院的李光富，新余学院的龚春艳，襄阳职业技术学院的张清芳，中国地质大学江城学院的段艳玲，武汉船舶职业技术学院的明华。

　　在编写及出版本书的过程中，得到了许多领导及同行的大力支持和帮助，在此表示衷心的感谢。由于时间仓促、水平有限，本书可能存在不妥甚至错误之处，恳请读者批评指正。

编　者
2010 年 5 月

目 录

第一章 财务管理概论 …………………………………………… (1)
 第一节 财务管理的内容 ……………………………………… (1)
  一、财务与财务管理 ………………………………………… (1)
  二、财务管理的基本内容 …………………………………… (3)
  三、财务管理的主要特征 …………………………………… (5)
 第二节 财务管理目标 ………………………………………… (6)
  一、企业总目标的确立 ……………………………………… (6)
  二、财务管理目标的类型 …………………………………… (7)
  三、财务管理目标的协调 …………………………………… (10)
 第三节 财务管理环境 ………………………………………… (13)
  一、财务管理的环境层次及其基本内容 …………………… (13)
  二、财务管理的金融和税收环境 …………………………… (19)

第二章 财务分析 ………………………………………………… (26)
 第一节 财务分析概述 ………………………………………… (26)
  一、财务分析的意义 ………………………………………… (26)
  二、财务分析的主体及其内容 ……………………………… (27)
  三、财务分析的依据 ………………………………………… (28)
  四、财务分析方法 …………………………………………… (29)
 第二节 财务比率分析 ………………………………………… (33)
  一、偿债能力分析 …………………………………………… (35)
  二、营运能力分析 …………………………………………… (39)
  三、盈利能力分析 …………………………………………… (44)
  四、发展能力分析 …………………………………………… (48)
 第三节 财务综合分析 ………………………………………… (51)
  一、财务综合分析的含义及特点 …………………………… (51)
  二、财务综合分析方法 ……………………………………… (52)

第三章　财务估价基础 ……………………………………………………… (63)
第一节　财务估价概述 …………………………………………………… (63)
一、财务的基本价值观念 ……………………………………………… (63)
二、财务估价的应用范围 ……………………………………………… (64)
第二节　资金时间价值 …………………………………………………… (66)
一、资金时间价值原理 ………………………………………………… (66)
二、资金时间价值的计算 ……………………………………………… (67)
第三节　风险与收益分析 ………………………………………………… (77)
一、风险的含义与特征 ………………………………………………… (77)
二、风险的分类与分散 ………………………………………………… (78)
三、单项资产风险与收益 ……………………………………………… (80)
四、组合资产风险与收益 ……………………………………………… (84)

第四章　融资管理 …………………………………………………………… (92)
第一节　企业融资概述 …………………………………………………… (92)
一、企业融资的基本原则 ……………………………………………… (92)
二、企业融资的分类 …………………………………………………… (93)
三、企业融资需求预测 ………………………………………………… (93)
第二节　权益资金的筹集 ………………………………………………… (97)
一、吸收直接投资 ……………………………………………………… (97)
二、发行股票 …………………………………………………………… (98)
三、内部积累融资 ……………………………………………………… (104)
第三节　长期负债融资 …………………………………………………… (104)
一、长期借款 …………………………………………………………… (104)
二、发行债券 …………………………………………………………… (106)
三、融资租赁 …………………………………………………………… (111)
第四节　短期负债融资 …………………………………………………… (116)
一、自发性短期负债融资 ……………………………………………… (116)
二、协议性短期负债融资 ……………………………………………… (117)

第五章　资本成本和资本结构 ……………………………………………… (127)
第一节　资本成本 ………………………………………………………… (127)
一、资本成本概述 ……………………………………………………… (127)
二、资本成本的计量形式 ……………………………………………… (129)
第二节　财务杠杆 ………………………………………………………… (135)
一、企业风险与杠杆原理 ……………………………………………… (135)
二、经营杠杆 …………………………………………………………… (137)

三、财务杠杆 …………………………………………………… (139)
　　四、复合杠杆 …………………………………………………… (141)
 第三节　资本结构 ………………………………………………… (143)
　　一、资本结构原理 ……………………………………………… (143)
　　二、资本结构优化决策 ………………………………………… (145)

第六章　项目投资管理 …………………………………………… (157)
 第一节　项目投资概述 …………………………………………… (157)
　　一、项目投资的概念及特点 …………………………………… (157)
　　二、项目投资的基本程序 ……………………………………… (158)
　　三、项目投资决策约束条件 …………………………………… (159)
 第二节　现金流量估算 …………………………………………… (160)
　　一、现金流量的概念 …………………………………………… (160)
　　二、现金流量的内容 …………………………………………… (161)
　　三、现金流量的相关分析 ……………………………………… (164)
 第三节　项目投资决策评价方法 ………………………………… (167)
　　一、概述 ………………………………………………………… (167)
　　二、项目投资决策评价的基本方法 …………………………… (169)
 第四节　项目投资决策分析 ……………………………………… (177)
　　一、独立项目的投资决策分析 ………………………………… (177)
　　二、资本限量决策分析 ………………………………………… (177)
　　三、互斥项目的投资决策分析 ………………………………… (178)

第七章　证券投资管理 …………………………………………… (186)
 第一节　证券投资概述 …………………………………………… (186)
　　一、证券投资的种类 …………………………………………… (186)
　　二、企业证券投资途径 ………………………………………… (187)
　　三、企业证券投资目的 ………………………………………… (188)
　　四、证券估值与决策要点 ……………………………………… (189)
 第二节　债券投资管理 …………………………………………… (190)
　　一、债券投资收益与决策 ……………………………………… (190)
　　二、债券投资价值与决策 ……………………………………… (192)
　　三、债券投资的优缺点 ………………………………………… (194)
 第三节　股票投资管理 …………………………………………… (195)
　　一、股票投资价值与决策 ……………………………………… (195)
　　二、股票投资收益与决策 ……………………………………… (197)
　　三、股票投资的优缺点 ………………………………………… (199)

第四节　基金投资管理……………………………………………（200）
　　　一、投资基金的运作方式及特点 ……………………………（200）
　　　二、投资基金的种类 …………………………………………（202）
　　　三、基金的投资价值与收益率 ………………………………（204）

第八章　流动资金管理 ………………………………………………（211）
　　第一节　现金管理 ……………………………………………（211）
　　　一、现金管理目标 ……………………………………………（211）
　　　二、最佳现金持有量的确定 …………………………………（212）
　　　三、现金收支预算 ……………………………………………（215）
　　第二节　应收账款管理…………………………………………（217）
　　　一、应收账款管理目标 ………………………………………（217）
　　　二、应收账款的成本 …………………………………………（217）
　　　三、信用政策的确定 …………………………………………（218）
　　第三节　存货管理………………………………………………（222）
　　　一、存货管理目标 ……………………………………………（222）
　　　二、储备存货的有关成本 ……………………………………（223）
　　　三、存货控制 …………………………………………………（224）

第九章　利润分配 ……………………………………………………（238）
　　第一节　利润分配概述…………………………………………（238）
　　　一、利润分配项目 ……………………………………………（238）
　　　二、利润分配顺序 ……………………………………………（239）
　　第二节　股利政策和股利支付…………………………………（240）
　　　一、股利理论 …………………………………………………（240）
　　　二、股利政策 …………………………………………………（242）
　　　三、影响股利政策的因素 ……………………………………（244）
　　　四、股利支付方式 ……………………………………………（245）
　　　五、股利支付程序 ……………………………………………（246）
　　第三节　股票股利和股票分割…………………………………（248）
　　　一、股票股利 …………………………………………………（248）
　　　二、股票分割 …………………………………………………（249）

第十章　资本经营 ……………………………………………………（256）
　　第一节　资本经营概述…………………………………………（256）
　　　一、资本经营的内涵 …………………………………………（256）
　　　二、资本经营的类型 …………………………………………（257）

第二节　企业并购 …………………………………………… (259)
　　一、并购的含义和动机 ……………………………………… (260)
　　二、并购类型与程序 ………………………………………… (261)
　　三、并购的财务规划 ………………………………………… (265)
　　四、反并购策略 ……………………………………………… (272)
第三节　重整与清算 …………………………………………… (273)
　　一、公司重整 ………………………………………………… (273)
　　二、公司清算 ………………………………………………… (276)
附录A　复利终值系数表 ……………………………………… (283)
附录B　复利现值系数表 ……………………………………… (285)
附录C　年金终值系数表 ……………………………………… (287)
附录D　年金现值系数表 ……………………………………… (289)
参考文献 ………………………………………………………… (291)

第一章 财务管理概论

【学习要点】本章是全书的总纲,需掌握下列要点:
　　　　　(1) 财务管理的含义、内容及其特点;
　　　　　(2) 财务关系体系,公司代理问题;
　　　　　(3) 财务管理目标的主要观点阐释;
　　　　　(4) 理财环境,尤其是金融市场环境。
【主旨语】"当家"不易,重在"理财"。　　——编者

第一节 财务管理的内容

一、财务与财务管理

　　财务的字面含义是理财事务。在市场经济条件下,个人、家庭、企业乃至国家,都不可能回避财务问题。国家有理财事务,承担这种事务的是财政部门。我国的理财概念最早出现在《周易》中,它就是从国家这一角度来研究理财的。家庭有理财事务,其职能兼任于当家人手中,当家重在理财,一个当家人的能耐很大程度上体现在其理财水平上。家庭理财可归入家政学的范畴。以个人理财事务而言,通俗的讲法是"算计",将自己的收入尽可能地合理安排,包括将其闲置的部分进行组合投资以求增值。个人理财属于个人理财学研究的范围。企业有理财事务,其职能由财务经理人员履行,主要着力于资金的有效获得和使用。本书所指的财务就是指企业财务或公司财务。

　　据《辞海》释义,"财"为金钱或财产物资的总称;"务"为事务、任务、关系、工作的总称。财务中的"财",统一于货币价值形式就是资金,理财的第一层面主要是有关资金的筹集(融资)、资金的使用(投资)和资金的分配等事务。企业财务可运用经济学揭示的资本循环公式予以展开,其具体形态如图1-1所示。

　　图1-1表明,财务就是有关资金方面的事务,并且是以融资、投资、分配为主线的事务。企业财务过程与资金运动过程密切关联,由于资金运动的起点和终点都是现金,而且投资与再投资、偿还债务、日常支付、分配红利等也都取决于有无现金,所以在实践领域,财务经理们对现金及其存量和流量是格外关注的。

　　财务中的"务",统一于经济利益关系就是财务关系,理财的第二层面就是研

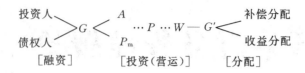

图 1-1　企业财务与资本循环全程图

究资金运动中的各种经济利益关系。其主要表现为以下几个方面。

1) 企业与税务机关的财务关系

按照税法规定,企业要向税务机关缴纳各种税费,包括流转税、所得税、行为税等。税收是国家财政收入的主要来源,国家以此来保障企业的各种合法权益并为企业创造良好的生产经营环境。企业应认真履行纳税义务,处理好税收征纳关系。

2) 企业与投资人、受资人的财务关系

投资人是企业的所有者,可以是国家、法人单位、个人或外商。这种财务关系主要是投资人向企业投入资金,企业向投资人支付投资报酬所形成的经济关系。当企业向其他单位投资时,企业是出资人,被投资单位是受资人。投资与受资的关系实质上是所有权与经营权的关系。

3) 企业与债权人、债务人的财务关系

企业一方面可以作为债务人向金融机构、其他单位或个人借入资金,另一方面可以作为债权人向其他单位或个人提供资金。二者都是以偿还(付息)为条件的一种债权债务关系。

4) 企业内部的财务关系

企业内部财务关系主要包括内部各部门之间的关系和企业与职工之间的关系。在经济核算的前提下,企业内部各部门也有相对独立的经济利益,主要是由内部各部门在生产经营环节中相互提供产品、劳务等形成的资金结算关系。企业与职工的关系主要是指企业根据职工提供的劳动数量和质量向职工支付劳动报酬的分配关系。

综上所述,财务统一于相伴而生的两个层面即资金运动和财务关系,资金运动是财务的形式特征,反映其自然属性;财务关系是财务的内容本质,反映其社会属性。二者是同一事物的两个侧面,将其联结起来,财务这个概念的含义可表述为:一种源于经济利益关系的企业再生产过程中的资金运动。

实际财务工作中的首要问题是如何理顺财务关系,正确处理各种经济利益矛盾,协调企业理财目标实现过程中的委托代理冲突等。只有这样,才能处理好有关融资、投资、营运、分配乃至资本经营等方面的事务。所以,理财不能见物不见人,而是要眼中有物、心中有人。在正确处理财务关系的前提下,科学预测融资需求、周密安排投资计划、有效控制现金流量才能合理组织资金运动,推动财富增长。财务管理就是按照既定的目标,通过协调、决策、计划、控制、分析等手段,合理组织资金运动,正确处理财务关系的一种管理工作。

二、财务管理的基本内容

企业资金运动具体表现为资金的筹集(融资)、资金的使用(投资)、资本收益的分配及日常资金的营运等四个方面。通常将这些方面作为财务管理的基本内容。此外,特定状态下企业还会面临一些特殊的资金活动方式,如企业并购、公司重整、破产清算等,这可视为财务管理的派生内容。无论是财务管理的基本内容还是派生内容,其背后均体现为各式各样的经济利益关系。所以,为了实现企业财富的可持续增长,财务管理既要讲求资金运动的合理性,更要关注财务关系的和谐性。财务管理的基本内容可概括为如下四大决策。

(一) 融资决策

融资是企业获取企业设立和持续经营及其发展所需资金的行为,也称为筹资。按融资的来源、性质不同,可将其融入的资金划分为权益资金和借入资金等两类。权益资金是指企业通过吸收直接投资、发行股票、内部积累等方式取得的资金;借入资金则是企业通过银行借款、发行债券、商业信用等方式取得的资金。

融资决策要解决的问题是多方面的。首先,融资决策必须注重资本结构的合理性,适度负债,控制风险;其次,融资决策必须注重资金成本的控制,在满足资金需求的同时力求代价最小;最后,融资决策必须注重适时适量的要求,准确估算资金需要量,全面协调与出资人、债权人之间的关系,保障企业投资和生产经营所需资金及时、足额到位。企业融资管理的详细内容将在第四章和第五章阐述。

(二) 投资决策

投资是指以收回现金并获得收益为目的而发生的现金流出。按投资方式的不同,可将投资划分为直接投资和间接投资等两类。直接投资又称资本预算,是指把资金直接投放于生产经营性资产以获得利润的投资行为,如购置设备、兴建工厂、开办商店等。间接投资又称证券投资,是指把资金用于购买股票、债券等金融性资产,以获得股利或者利息收入的投资行为。

投资决策是财务管理的又一项重要内容,其前提是找准投资方向和具体的投资项目,核心的问题是进行投资决策分析,在投资风险和投资收益之间权衡。值得注意的是,虽然直接投资和间接投资所依据的一般性概念相同,但决策所使用的具体方法并不相同。直接投资决策要事先设计一个或几个备选方案,然后进行分析评价,选择最优方案进行投资;间接投资决策则要先对证券进行分析评价,形成作为行动方案的有效投资组合后进行投资。投资管理的主要内容将分别在第六章和第七章阐述。

(三) 营运决策

营运活动是指企业日常生产经营活动,管理的主要内容是营运资金。营运资金有两种含义:从广义上讲,称为总营运资金,它是企业生产经营过程中占用在流动资产上的资金;从狭义上讲,称为净营运资金,也就是流动资产减去流动负债后的余额。

营运决策包括营运资金投资(流动资产)决策和营运资金融资(流动负债)决策两部分。可见其内容可归并于广义的投资决策和融资决策之中,但由于营运资金的管理具有日常性、经常化的特点,直接影响企业生产经营的顺利进行,因此成为财务管理的一项重要内容。事实上,在资产已经购置、所需资金已筹集之后,就需要对这些资产进行有效的管理。财务经理应该更多地关注流动资产的管理,而较少关注固定资产的管理。固定资产的日常管理责任主要由使用这些资产的生产经理承担。营运资金管理的具体内容将在第八章阐述。

(四) 分配决策

分配活动是指对企业税后净利润进行分配的经济行为。一般认为,企业将一定时期实现的收入进行补偿性分配和缴纳所得税等只是一个会计过程,而最具财务意义的是有关税后净利润的分配。它涉及的是两个看似简单、实际上却很深刻的问题,即将净利润中多少作为股利发放给股东,多少作为保留盈余留存于企业。这分与留二者间彼此消长,并直接影响企业的现实价值和预期价值、股东的眼前利益和长远利益。

分配决策所面临的主要问题是:①股东对分红的要求;②企业扩展对保留盈余的要求;③股利政策的连续性;④影响股利政策实施的可支配现金等具体因素。利润分配管理的详细内容将在第九章阐述。

以上四个方面的财务管理即决策内容并不是孤立的,而是相互联系、相互依存的。融资是起点,投资和营运是主体,分配是终点和新的起点。它们涵盖了企业财务关系的各个方面,共同构筑成为财务管理的主要内容。此外,特定条件下的财务管理派生内容是因"条件"而生的。例如,在通货膨胀条件下,社会将派生出"通货膨胀财务管理问题";当企业由单体企业发展成为集团企业时,社会将派生出"集团企业财务管理问题";当企业进入破产清算时,社会将派生出"破产清算财务管理问题";当企业成为跨国公司时,社会将派生出"国际财务管理问题",

等等。这些并非是任何条件下任何企业都要共同面临的财务管理问题,而是特定条件下企业所要面临的特殊财务管理问题。本书第十章仅收录这类问题之一,即有关企业并购、财务重整、企业清算等资本经营问题。

三、财务管理的主要特征

(一) 以价值为支撑的广泛的综合性

财务管理主要运用资金价值形式实施管理。企业管理包括多方面的内容,如生产管理、技术管理、设备管理、销售管理、人力资源管理等,但只有财务管理才能通过价值形式实行广泛的综合规划和控制,将其触角延伸到企业生产、营销等管理的各个方面。同时,资金的获得和使用必须以开放性的姿态面对资本市场,因此,这种广泛的综合性无论对企业内部还是企业外部而言,其特征都是十分鲜明的。

(二) 以利益为焦点的整体的协调性

现代企业实际上是一个契约集合体,企业的财务关系其实就是企业与其利益关系人之间的财务契约。契约人包括:债券持有者、银行、客户、政府、股东、经理层、社区、短期债权人、供应商、员工、环境、社会公众等。财务管理追求企业自身价值的最大化,但必须在法制的框架内,以不损人利己作为起码的道义要求,以利人利己作为基本的道德准则。事实上,利己的目的只有通过利人才能得以实现。"己所不欲,勿施于人";"君子爱财,取之有道"是中国传统文化中对理财理念最精当的概括。相比企业其他方面的管理,财务管理会面临更复杂的利益冲突,是对财务管理者的重大挑战。整体地协调各方利益使之和谐,以诚信保证自身的财务安全,这些不仅是财务管理者的重要工作,更是一种责任和义务。

(三) 以效益为中心的全局的决策性

财务管理的一个循环包含诸多的环节,如决策、协调、计划、控制、分析等,其中决策是最为重要的环节,财务决策通常事关企业发展的全局。在组织资金运动、处理财务关系的财务行为中,会计重在反映,财务重在决策。财务管理的重点是对诸如风险、机会成本等进行分析。在融资、投资、营运、分配各个方面,事关企业全局的决策性问题将贯穿于财务管理工作的始终。

上述财务管理的内容及特征进一步表明,财务管理以其特有的性能,而成为企业管理系统中的一个具有主导性作用的子系统。伴随经济的发展和金融市场的日趋完善,财务管理在企业管理中的中心地位日渐突出,发挥着越来越重要的作用。

> 【知识链接】 论语与算盘
>
> 被誉为"日本企业之父"的涩泽荣一在七十高龄之际，开始撰写著作《论语与算盘》。
>
> 涩泽荣一认为孔子不反对经商，反对的只是不仁不义的富贵；如果是仁义的富贵，孔子自己都会去追求。孔子看到富民的重要性，要富民就要发展经济。据此，涩泽荣一指出，要想民富国强就必须走工商兴邦之路，这就为合理追求财富做出了神圣的解释。
>
> 在《论语与算盘》一书中，涩泽荣一还描绘了日本公司经营者的理想境界即"士魂商才"：一个人既要有"士"的操守、道德和理想，又要有"商"的才干与务实精神。他说：算盘要靠《论语》来拨动，《论语》与算盘的关系是远在天边，近在咫尺。

第二节 财务管理目标

一、企业总目标的确立

企业是以盈利为目的而存在的，为盈利而办企业、办企业为了盈利是正当的选择。在市场经济条件下，企业一旦依法设立，就必然面临着激烈的市场竞争，并且自始至终处于生存与消亡、扩展与萎缩的对抗之中。企业首先要保持生存才有盈利的先决条件，停滞不前地维持生存实际上也将落伍而最终遭到淘汰，因而企业必须不断扩展才能求得生存。可见，无论何种类型的企业，其总目标可确立为生存、扩展和盈利，并且对于这一目标不仅要分开来把握其要旨，更要将其视为一个整体来认识。

（一）生存

企业只有生存才有盈利的可能。生存是企业盈利的先决条件。

企业生存的基础是市场，包括商品市场、人才市场、金融市场、技术市场等。企业在市场中获得生存的基本条件：一是以收抵支；二是到期偿债。以收抵支要求企业通过销售商品或提供劳务所收入的货币要大于所付出的货币，否则企业就没有足够的货币从市场换取维持企业再生产的必要资源，企业就会逐渐萎缩，直到无法维持最低的生存条件为止。当企业长期亏损且前景暗淡时，为避免更大损失，股东会会决定终止企业，因此企业长期亏损是导致企业终止的内在原因。

企业如果不能按期清偿到期债务，就可能被债权人接管或被法院判为破产。

亏损企业如果扭亏无望,则最终会因不能偿还到期债务而破产。即使是盈利企业,也可能由于财务安排不当而出现"支付不能"的"信用危机",例如,金融企业因被"挤兑"而破产,因此,不能按期偿债是导致企业终止的直接原因。

从逻辑上讲,威胁企业生存的两个原因即长期亏损和支付不能,都与财务管理有直接的关系,因此,力求保持以收抵支和偿还到期债务的能力,使企业持续经营下去,消除破产风险,是企业总目标对财务管理的第一个要求。

(二) 扩展

企业只有在市场竞争中不断扩展才能求得生存。

市场经济条件下,企业间的竞争不断加剧,产品更新周期缩短,人才、技术竞争日趋激烈,企业经营如"逆水行舟,不进则退"。企业的停滞是其死亡的前奏。企业得以扩展的主要标志是增加收入。增加收入的根本途径是研制开发出更好、更新、更受顾客欢迎的产品,并通过加强市场营销力度,增加销售数量,提高市场占有份额。这就要求企业不断更新设备、技术和工艺,并不断提高员工素质,也就是要投入更多、更好的物质资源、人力资源。

企业的扩展离不开足够数量的资金,筹集企业扩展所需的资金是企业总目标对财务管理的第二个要求。

(三) 盈利

企业必须能够盈利,只有盈利,才有存在的价值和扩展的源泉。

企业的盈利能力是企业综合效益高低的体现,企业只有不断增加盈利,才能给予所有者高回报,才能提高自身积累及自我增值和扩展的能力。尽管每家企业在多个层面上存在目标需要,如增加职工收入、改善工作环境、提升企业形象等,但最具综合能力的核心目标还是盈利。盈利不但体现了企业的出发点和归宿,而且可以概括其他目标的实现程度,并有助于其他目标的实现。

财务管理应通过合理、有效地使用资金来使企业盈利,这是企业总目标对财务管理的第三个要求。

综上所述,企业总目标及其对财务管理的要求如表 1-1 所示。

表 1-1　企业总目标及其对财务管理的要求

企业总目标	对财务管理的要求	逻辑要点
生存	以收抵支、到期偿债	企业生存受长期亏损、支付不能两大威胁
扩展	筹集企业扩展所需的资金	企业扩展需追加资金投入
盈利	合理、有效地使用资金使企业盈利	企业是否盈利取决于资金的使用效率

二、财务管理目标的类型

财务管理目标也称理财目标,是指企业财务管理工作所要达到的最终目的。

它是企业总目标对理财所提要求的一种高度凝练和概括,并在适合财务管理自身特点的前提下,为实现企业总目标提供财务支持。

财务管理目标的综合表达主要有以下三种不同的类型。

(一) 利润最大化

利润最大化是指企业的利润额在尽可能短的时间内达到最大。这种观点与西方微观经济学中所持的观点相吻合,其显见的道理在于追求利润最大化与企业盈利目标保持了高度的一致性,并且对于发挥市场机制的作用、促进企业加强管理、提高效率、降低成本、优化资源配置等都有积极意义,同时由于利润代表着企业创造的"新增财富"和企业追求利润的"天经地义",所以人们也很容易接受。但是,以利润最大化作为企业的理财目标存在着许多负面的影响,主要表现在以下几个方面。

(1) 没有揭示利润与现金的关系,可能出现"纸上富贵"的现象。例如,企业收入100万元,成本费用总计90万元,则利润为10万元。如果上述收入、成本费用都是现金收付,则企业存款账户上实实在在增加了10万元现金。如果上述收入并不全是现金收入,只有80%是现销,其余20%是赊销,而成本费用都是付现,则企业此时账面上利润为10万元,而企业存款余额却反而减少了10万元。进一步假设这笔赊销收入到时收不回来,最终成为坏账损失,那么企业所谓的新增财富就只是纸上富贵而已。在实践中,有很多只有利润没现金从而导致企业走向衰败的例子,这样的利润最大化是不能被赞赏和接受的。

(2) 没有考虑企业的可持续发展,容易导致"短期行为"的产生。追求利润最大化很容易导致企业对自然资源采用"掠夺式经营"或对商业行为使用"一锤子买卖"等短期行为,以牺牲长期利益来换取短期利润的增加。例如,企业放弃战略发展性投资,一味地只顾使用现有设备而不注意其维护与更新,使设备的完好状态受到影响。这样做的结果虽然能增加短期内的利润,但丧失了长远持久的竞争实力。更有甚者,为了多出利润以美化自己任期内的业绩,拿到任职奖励金或达到其他目的,采取少提折旧、少摊各种费用损失、多计收入或收益等手段,使企业形成虚盈实亏的有害局面。

(3) 利润最大化概念模糊,对取得利润的时间、投入、风险以及利润分配的提示性不够。例如,①对今年获得的一笔确定的利润500万元和需要等待两年后获得的一笔确定的利润600万元,如果不考虑资金的时间价值,就无法作出正确的判断;②假如对A项目投资100万元可获利润20万元,对B项目投资80万元可获利润18万元,如果不考虑资本投入就无法作出正确的财务决策;③在投资额和时间相同的前提下,有一种选择可确定获利50万元,另一种选择是可能获利

100万元也可能亏损40万元，如果不进行有关投资风险价值的分析和计量，则很难作出正确的选择；④利润最大化的目标易使企业将绝大部分利润留而不分，用于再投资去博取可能的更大利润，由此造成无视股东现实利益要求的不良状况和后果。

可见，利润最大化作为现代企业的理财目标是不可取的，其片面性的副作用不可轻视。作为一种日常经济用语，也应注意在限定的意义上加以使用。

（二）每股收益最大化

每股收益最大化是指每单位股份应获得最大的净利润。这种提法将企业盈利和股东投入企业的资本联系起来考察，有了清晰的净利润和股份规模概念，可以视为利润最大化的改进版。类似的提法还有权益净利率最大化、资本利润率最大化等，其本质含义基本相同。

每股收益最大化仍然不能理性地证明有关财务决策的正确性，例如，对每股收益的"含金量"、每股收益的持续提高、取得每股收益的时间和风险等均无确定的揭示，因而无法现实地表明其目标的实现。

> 【知识链接】　个人理财目标——财务自由
> 　　人生的目标具有多样性，而个人理财目标主要要解决在个人财务资源约束的情况下，在财务方面实现个人生活目标的问题。总体而言，个人理财目标是获得财务自由。
> 　　所谓财务自由，是指个人或家庭的收入主要来源于主动投资而不是被动工作。当投资收入可以完全覆盖个人或家庭发生的各项支出时，就达到了财务自由的目的。由此出发，可以进而去努力实现各种更具意义的人生目标，如追随者满足和社会满足等。

（三）股东财富最大化

股东财富最大化是指以企业出售价格或企业股票价格表现的、属于股东所有的企业的价值最大化，因而又称为企业价值最大化、股票市价最大化。

企业的价值在于它能给所有者带来未来报酬，包括获得股利和出售其股权换取现金。如同商品价值一样，企业的价值只有置于市场才能通过价格表现出来。例如，独资企业的价值是出资人出售企业可得到的现金，合伙企业的价值是合伙人转让其财产份额可得到的现金，有限责任公司的价值是股东转让其股权可得到的现金，股份有限公司的价值是股东转让其股份可得到的现金。如果股份有限公司成为上市公司，那么企业的价值更加市场化地表现为单位股票价格或总的股票市值。总之，企业价值是其出售的价格，而个别股东的财富是其拥有股份进行转让时所得到的现金。

作为现代企业组织形式的公司制已被普遍接受并采纳,而股东创办企业的目的是扩大财富,股东是企业的所有者,企业价值最大化就是股东财富最大化。具体表现为股东所拥有的股票数量和股票市价的乘积。当股票数量视为一个确定的不变量时,股东财富大小就取决于每股市价的高低。股价的高低及其动态涨跌,代表投资大众对公司价值的客观评价。股东财富以每股价格表示,反映了资本和盈利之间的关系;股东财富受预期盈利的影响,反映了盈利大小和取得的时间;股东财富受企业风险大小的影响,反映了投资所承担的风险。股东财富即股票市价的持续增长,是股东们所期望的结果,因而它将引导企业合理选择投资、融资、股利分配等财务政策,当短期利益和长期利益发生冲突时,企业能合理地计算和评价二者的权重,从而选择最有利于企业价值增大的方案。

总之,股东财富最大化是对理财目标的深层次认识及其理性概括,被越来越多的企业所认同和采纳。当然,在实务中,企业价值对非上市公司而言,估价不易客观和准确,必须基于一个充分发达的市场和完善的资产评估体系才能相对有效;对于上市公司而言,股票价格的变化要受多种因素的影响,并不能每时每刻都反映企业的实际价值,必须将其置于一个长期的时间序列方可做到这一点。

三、财务管理目标的协调

现代企业制度安排的中心议题之一是代理问题。代理问题的存在,会使财务管理目标出现了分歧与冲突,这就需要进行有效协调来消除出现的分歧与冲突,以期实现其理财目标。在企业财务关系中主要存在两种委托代理关系:一是股东与经营管理者,二是股东与债权人。股东与债权人都为企业提供财务资源,但是他们处在企业之外,而只有受托人即经营管理者才能在企业里直接从事经营和管理工作。股东财富最大化的目标并不是经营管理者的目标,也不是债权人的目标,企业只有协调好这些方面的分歧与冲突,才能实现股东财富的最大化。

(一) 股东与经营管理者

在所有权与经营权分离之后,股东的目标是实现财富最大化,千方百计要求经营管理者以最大的努力去实现这一目标。但经营管理者通常会偏离这一目标,他们努力的目标是:①报酬,包括物质和非物质的,如工资、奖金、荣誉和社会地位等;②增加闲暇时间和舒适享受;③避免风险,不愿意为股东财富最大化冒决策风险。

概括而言,经营管理者对股东目标的背离主要表现为如下两点。

(1) 道德风险。经营管理者从自身利益考虑认为没必要为提高股价而冒险,股价上涨的好处归于股东,而若冒险失败,则他们的"身价"将下跌。他们信奉"多一事不如少一事",四平八稳力保不出大错。这样做,不形成法律和行政责任问题,只是道德问题,股东很难追究他们的责任,甚至也无法从道德上予以谴责。

(2)逆向选择。经营管理者从自身利益出发借口工作需要而乱花股东的钱。例如,装修豪华办公室、购置高档小汽车等,甚至采用不正当手段蓄意压低股票价格,以隐蔽的方式进行投机买卖,从中渔利,致使股东利益受到损害。

为了防止经营管理者背离股东的目标,股东可以采用两种极端的做法:一是付给经营管理者的所有报酬全部与公司股价挂钩,这样做,可大大减少经营管理者享受过量的闲暇时间与特权的诱因,大大降低代理成本。但是,几乎不可能找到愿意接受这种条件的管理者。二是由股东全面监视经营管理者的各种行动。但这种做法在股东与经营管理者信息不对称的情形下,不仅代理成本昂贵,而且效率低下,乃至于可能会出现经营管理者的消极行为。所以,解决问题的最好方法应当是介于以上二者之间的做法,即让经营管理者的报酬与其业绩结合,同时花费必要的成本以监督其行动。

股东与经营管理者之间代理关系的协调机制通常有如下三方面。

(1)解聘。当股东发现经营管理者未努力使股东财富达到最大化时,可解聘经营管理者。这样经营管理者为避免被解聘,就必须努力实现股东财富最大化。这是对经营管理者的一种行政约束。但是,由于大多数公司的股东都很分散,难以形成合力将经营管理者从错误的道路上拉回来,或者解聘他们。因此,经营管理者被解聘的威胁实际上很小。

(2)接管。当一家公司因管理不善而走向衰败,使股票价格暴跌至低于预期的合理价值时,它极可能被强行收购(称为敌意收购)。一旦公司被接管,经营管理者通常会被随之解聘。为了避免这种风险,经营管理者必须采取措施来提高股价,以制止敌意收购来保障自身的地位。这是对经营管理者的市场约束。

(3)激励。从现代公司的实践来看,股东越来越多地将经营管理者的报酬与公司业绩联系起来。同时理论研究也表明,适当的激励比单纯的监督在某种程度上效果更佳,激励已成为一种被公司广泛接受的管理工具。通常有如下两种激励方式。

①股票期权。即允许经营管理者在将来某一时期以某一固定价格购买公司一定数量的股票。如果到时股票市价高于期权的执行价格,那么经营管理者就会获得收益。公司采用这种办法的目的是促使经营管理者尽全力做出业绩以提高股价,因为如果到约定时间股价低于执行价格,则期权将一文不值,经营管理者一无所获。实践表明,单纯以股票期权进行激励的效果并不理想,这是由于股

票期权的数量尺度难以把握;同时股票价格还与股票市场的整体景气度相关,并不必然反映经营管理者的工作成效;更糟糕的情形是,可能造成经营管理者在股票期权兑现前粉饰太平和弄虚作假。

②绩效股份。公司用权益净利率、每股收益、每股净资产等指标来评价经营管理者的绩效,视绩效大小给经营管理者一定数量的股票作为报酬。经营管理者为了得到这些红利股份,必须使公司业绩保持增长势头。绩效股份即使在股市低迷时对经营管理者也有价值,价值大小取决于当时的公司股票市价。它是股东利益和经营管理者利益的契合点,因此正逐渐成为最重要的激励方式。

通常,股东同时采用监督和激励两种方式来协调自己和经营管理者的利益。尽管如此,仍不可能使经营管理者完全按股东的意愿行动。监督成本、激励成本和目标偏离损失之间彼此消长,力求找出能使三项之和达到最小值的解决办法,就是最佳的解决办法。

(二) 股东与债权人

在企业向债权人借入资金后,委托代理关系就在股东与债权人之间形成了。债权人将资金贷给企业,其目的是到期收回本金,并得到约定的利息收入。所以,安全地收回本息是债权人的目标。企业借款的目的是扩大经营,获得更大收益,以达到股东财富最大化的目标。可见二者的目标并不一致。债权人事先知道贷出的资金是有风险的,并将此纳入贷款利率作相应补偿。补偿要求的高低通常与下列四项因素有关:①企业现有资产的风险;②预计新添资产的风险;③公司在此项借款前的资本结构;④公司在此项借款后及未来的资本结构。

但是,债权人的资金一旦贷出,债权人就对这笔资金失去了直接的控制权,股东就可能借助经营管理者之手为了自身利益而损害债权人的利益,其常用方式如下。

(1) 投资于高风险项目。此举如若侥幸成功,超额收益归股东,债权人不能多拿分毫;如果不幸失败,则损失惨重以至于资不抵债、破产清算时,债权人将蒙受损失。这对债权人而言,风险与收益不对称。

(2) 发新债使旧债减值。发新债(新债券或新借款)使公司负债比率加大,公司破产概率加大。如果企业破产,旧债权人和新债权人共同分配破产财产,使旧债的风险增加,分担损失加重,发生隐性或显性贬值。尤其是,对于不能转让的债券或其他债权资产,债权人无法售让或抵押套现,处境更加不利。

为了协调股东与债权人的上述矛盾,国家对债权人有立法保护,规定在破产时优先接管分配剩余财产。除此之外,债权人通常会采取以下措施。

(1) 在借款合同中加入限制性条款,如规定借款的用途,借款的信用条件,规定不得发新债或限制新债的数额等。

(2)发现公司有侵蚀其财产意图时,提前收回债权,终止合作。

事实上,作为债务人的企业,如果试图损害债权人的利益,损人利己也许可能逞于一时,但绝不可能逞于"一世"。它要么丧失经营和理财的重要融资渠道,要么今后将承受高昂的资金取得和使用成本。无论哪种情形,对企业都是非常不利的。为了实现企业目标和理财目标,企业必须与债权人合作,恪守借款合同,维护自身信誉。

与此相类似,企业也要与职工、顾客、供应商、社区等搞好关系,任何不良企图都将招致利益相关者的反对和约束,从而对企业整体不利。从全社会的财务公共关系而言,股东只是社会的一部分人,他们在谋求自己利益的时候,不应当损害他人的利益,国家要保护所有公民的正当权益。为此,国家颁布了一系列保护公众利益的法律,如《公司法》、《中华人民共和国反不正当竞争法》、《中华人民共和国环境保护法》、《中华人民共和国合同法》、《中华人民共和国消费者权益保护法》和《中华人民共和国产品质量法》等,通过这些法律调节股东和社会公众的利益。当然,法律不可能解决所有问题,企业经营和财务行为还要受到商业道德的约束,要接受政府有关部门的行政监督,以及社会公众的舆论监督,进一步协调企业和社会的矛盾,从而使企业在谋求自身利益的同时,也使社会公众受益,如增加就业、满足需求和提高生活质量等。

第三节 财务管理环境

一、财务管理的环境层次及其基本内容

财务管理是在一定的环境中进行的。财务管理环境又称理财环境,是指企业在财务管理过程中所面临的各种影响因素。研究理财环境有助于提高企业理财对环境的适应能力,提高理财效率,实现理财目标。财务管理环境按其影响的广泛性程度由大到小可划分为宏观环境、中观环境和微观环境三个层次。以下分别择其重点加以简略说明。

(一)宏观环境

宏观环境是表明社会所处状态的各种因素,如政治、经济、文化、科技水平等。它的影响涉及一个国家内的所有企业。其中经济因素对理财的影响尤为明显,下面着重对宏观经济环境作简要的描述。

企业是国民经济的细胞,宏观环境特别是宏观经济环境对企业理财无疑有

重大而深刻的影响力。例如,严重的通货膨胀会蚕食企业现金使财务难以为继,剧烈的经济波动会使企业财务安全受到威胁,市场疲软会影响企业融资、投资、营运、分配的财务决策和实际效果等。具体而言,财务管理应正确估量和应对宏观经济环境的下列变化。

1. 国民经济循环

国民经济循环由生产、交换、分配、消费在时间上继起和空间上并存而形成,其主要内容由参与这一循环的居民或家庭、企业或公司、本国政府、国外厂商四大经济主体的互动关系构成。图 1-2 所示的是对国民经济循环的简要描述,以便对其有整体的了解。

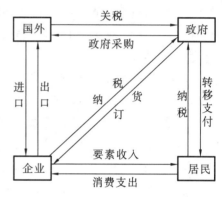

图 1-2　国民经济循环

可见,国民经济循环涉及一国有关工资、利润、消费、储蓄、税收、进口、投资、政府支出、出口等重要经济关系和经济指标。例如,作为主体之一的企业,它一方面从家庭购进劳力或土地使用权、向其他企业购进设备或原材料、向国外厂商购进商品或劳务、向政府缴纳税款等;另一方面它又向家庭、其他企业、本国政府、国外厂商提供它们所需的产品和劳务。如果在这其中存有障碍使循环不畅,存有弊病导致恶性循环,则对于企业及其财务而言,都将意味着困境和受损。同时,这是牵一发而动全身的互动关系,其中密切地联系着资金的余缺及其融通,如企业可以接受政府、其他企业单位、居民以及外商的投资而实现融资需求。对于这些方面,财务经理应有足够的认识。

2. 经济周期变化

市场经济总是在明显或不明显的周期性波动中运行,并依次经历衰退、萧条、复苏、繁荣四个不同阶段,这就是经济周期变化。在经济周期的不同阶段,企业理财的策略、方法、具体措施等都会有很大的差异。对此,表 1-2 所示的西方财务界提出的企业在经济周期各阶段的一般财务对策可资借鉴。

表 1-2　经济周期各阶段的企业财务战略

复苏	繁荣	衰退	萧条
(1) 增加厂房设备 (2) 建立存货 (3) 引入新的产品 (4) 增加雇员	(1) 扩充厂房设备 (2) 继续建立存货 (3) 开展营销规划 (4) 继续增加雇员	(1) 停止扩张 (2) 出售多余设备 (3) 停产不利产品 (4) 停止雇员	(1) 建立投资标准 (2) 保持市场份额 (3) 缩减费用开支 (4) 裁减雇员

必须指出的是,经济周期变化有短程、中程和长程周期变化的区别,又有总量周期与产业及行业周期变化的区别,所以,经济周期阶段中财务战略实施的时机选择、实施力度及持续时间安排,都应以某一具体的经济周期特征分析为前提。

3. 经济政策调控

政府具有调控宏观经济的职能,例如,国家的产业政策、财政政策、货币政策对企业的融资活动、投资活动和分配活动都会产生重要影响。政府对某些地区、某些行业、某些经济行为的优惠鼓励或实行限制构成政府经济政策调控的主要内容。例如,我国二版股票市场的设立,对于中小企业特别是其中的高新技术企业筹集资金十分有利,必将促进这类企业的发展。

财务经理应当深刻领会国家的经济政策,研究经济政策的调整对财务管理工作可能造成的影响。事实上,最先领会某项经济政策的企业往往会获得先机并在相对长的时间内享受优惠或避免损失。

理财的宏观环境是一个复杂而庞大的系统,而且各个子环境系统间相互联系、相互制衡、动态变化、千姿百态。以上描述尚未涉及社会文化环境、政治法律环境等,但决不表明它们对财务管理没有影响。要做好财务管理工作,就不能不对其宏观环境有一定的了解和研究,就不能不掌握其变化趋势,洞悉其发展规律。

(二) 中观环境

财务管理的中观环境主要是指那些对一国或一地部分企业的财务管理有间接或直接影响的环境因素,如地区环境、行业环境、产业环境等。财务管理必须密切关注中观环境的现状及其变化,趋利避害、扬长避短,提高财务决策的成功率,创造更大的企业财富。

如果准备投资兴办一个企业或向其他企业进行投资,就有必要了解企业所归属的地区、产业和行业及其在国民经济中的地位,如它是属于新兴的朝阳产业还是业已落后的夕阳产业、是政府鼓励进入的行业还是限制进入的行业;这个产业的进入和退出屏障及其对财务实力的要求;这个行业的竞争态势及其财务成果的预期;这个行业的发展水平、发展速度、行业的结构状况等。具体表现为如下几点。

(1) 由于地区经济发展的不平衡,不同地区的投资、融资环境和政策是有差别的,这会形成财务风险和报酬的差异。

(2) 不同行业的市场类型不同,有竞争性强的行业和垄断性强的行业等,这会造成投资规模、价格控制、收益率高低等的区别。

(3) 不同产业对经济周期变化的敏感性不同,有的产业较少受经济周期波动的影响,则该产业内的企业业绩稳定,甚至独立持续地增长;有的产业随经济周期波动而波动,则该产业内的企业业绩呈周期性变动。

上述差异、区别和不同,对企业财务管理的影响不尽相同。只有充分地把握这些特征,企业财务管理才能利用好环境,才能与环境相协调。

(三) 微观环境

财务管理的微观环境是指对特定企业的财务管理有直接影响的环境,如企业组织形式、财务组织机构、企业所需资源的供应、企业产品的销售等。其中又会涉及企业所有者、管理者、供应商、顾客、竞争对手以及企业内部等各种经济关系。总的来看,财务管理的微观环境可以从财务的两个层面即资金运动和财务关系中找到其全部具体的构成要素。这些要素前面已有涉及,这里着重对企业组织和财务组织两项特定的企业财务管理环境展开阐述。

1. 企业组织形式

企业组织形式主要有三种:独资企业、合伙企业和公司制企业。不同的企业组织形式对财务管理有着不同的影响。

1) 独资企业

独资企业是由业主个人出资兴办、完全归个人所有和控制、不具备法人资格的企业。开始创办一家独资企业,手续非常简单,只要到工商管理部门进行注册登记并申请营业执照即可。此后,可以开始雇佣所需的人,筹措所需的资金。到了年末,无论盈利或亏损都是个人的事情。

独资企业财务管理内容比较简单,有如下特点:①设立费用低,政府限制少。②只需缴纳个人所得税,不需缴纳企业所得税。③负无限责任,个人资产和企业资产之间无差别。④融资能力有限,企业主要利用自己的资本和供应商提供的商业信用融资。所以,独资企业比较适合于小规模经营,在个体农业、手工业、零售商业以及服务行业和自由职业中所占比例较大。

2) 合伙企业

合伙企业是由两个或两个以上的投资人共同出资兴办、合伙经营、共负盈亏而自愿组织创办的企业。合伙企业与独资企业有许多类似的地方,如在法律上不具备法人地位、对债务要承担无限责任、只需缴纳个人所得税等。然而,投资人的增加,相对扩大了融资来源和信用能力,使经营风险分散;合伙人各显其能,有利于增强企业的竞争实力和扩展能力;由于管理权共享,在盈利分配、资本注入和抽离、债务责任履行等方面比独资企业复杂。

3) 公司制企业

公司制企业是由两个以上的股东共同出资,每个股东以其认缴的出资额或认购的股份对公司承担有限责任,公司以其全部资产对其债务承担有限责任的法人企业。公司包括有限责任公司和股份有限公司两种形式。

有限责任公司的特点是,公司资本不分为等额份额,公司向股东签发出资证明书而不发行股票,公司股份的转让有严格的限制,股东人数既有下限(2人)又有上限(50人),股东以其出资额比例享受权利和承担义务。

股份有限公司的特点是,公司资本平均分为金额相等的股份,公司承担公开披露财务信息的义务,投资人获得的股票可以交易或转让,股东人数有下限(5人)而无上限,股东按其持有的股份享受权利和承担义务。

与独资企业和合伙企业相比,公司制企业特别是股份有限公司在财务管理上既具有优势又具有劣势。优势表现为:①因为公司的产权表示为股份,所以产权可以随时转让给新的所有者;②公司具有无限存续期,不会因为某一个投资人的退出或死亡而撤销;③股东的责任仅限于其投资于公司的股份数,即承担有限责任;④有资格通过发行股票、债券而迅速筹集大量的资本,从而有更广阔的扩展空间。劣势表现为:①公司设立手续较为复杂,限制条件较多;②由于股票的发行面对社会公众,故必须公开披露信息而使成本较高;③双重征税,即公司必须缴纳企业所得税,股东获得的现金股利还要缴纳个人所得税。总体来看,公司制企业仍然处于相对的优势,成为现代企业组织的典型形式。

【技能指引】 公司注册登记基本流程

(1)核名:备3~5个公司名称去工商局内网查选(防重名),认定后领取"企业(字号)名称预先核准通知书"。

(2)指定银行入资:联系一家会计师事务所,领取一张"银行征询函",去指定银行开立验资户并取得注册会计师验资报告。

(3)企业注册登记:先进行自助网上登记,待审核通过后将资料打印出来再送到工商局柜台办理,领取营业执照。

(4)刻制印章:公章、财务章、发票专用章要到公安局专门窗口申请刻制。

(5)组织机构代码证书:凭营业执照到质量技术监督局办理,先领取一个"预先受理代码文件",才能完成后续程序。

(6)税务登记:到国税局、地税局办理并同时申领发票购用簿和开设纳税专户。

(7)开立银行基本账户:带齐前面办理的所有证件,开户并划转资金。

(8)购买发票、建账、开张营业。

2. 财务组织机构

财务组织机构的设置应考虑企业规模、行业特点、业务类型等因素,财务组织机构内部的分工要明确,职权要落实,责任要清楚,要有利于提高财务管理效率。可以认为,财务组织机构是财务管理自制的微观环境。

各企业的财务组织机构并不完全相同。在小型企业,财务管理工作与会计工作可以合二为一,把它叫财务室或叫会计室,总之是职权混在一起由一个机构去实施的;在大中型企业,由于财务管理的内容扩展到广阔的领域,重大财务决策对企业的未来生死攸关,所以应当独立设置财务组织机构负责企业的财务管理工作;当企业扩展到企业集团的规模时,财务管理的层次会形成多元化结构,如母公司层、子公司层、关联公司层和协作公司层等。因此,财务组织机构还将涉及一个内部财务管理体制或体系问题,可以考虑设立财务公司或次级变通形式的财务结算中心等。最典型的企业(股份有限公司、制造业)财务组织机构如图 1-3 所示。

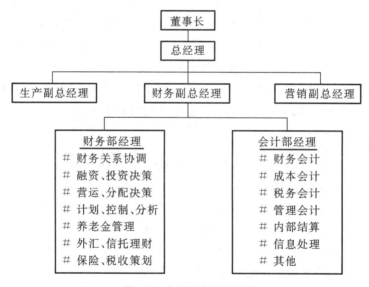

图 1-3 企业财务组织机构

作为公司三大功能板块之一的领导,财务副总经理(常称为财务总监)要主持制定财务政策和公司规划,因而对公司总体有重大的影响。财务部经理和会计部经理直接对其负责,向其报告工作。尽管公司最终决策权通常是由董事会做出的,但财务管理人员为最终决策进行准备工作,并且各项建议是通过财务部门汇集、分析和报告给董事会的;在董事会审议过程中,高级财务人员可以再次提出建议,并对决策过程发挥相当大的推动作用。从中可看出,财务管理人员对理财环境的认知、理财理论的修养、理财技能的掌握程度,对财务管理作用的发挥有很大的影响。

二、财务管理的金融和税收环境

对财务管理具有最直接、广泛和深度影响的环境因素当属金融市场和税收法规。在财务管理的各个环境层次上,理财者都能切实地感受到金融和税收或具体或综合的影响力。

(一) 金融市场环境

金融市场就是资金融通的市场,即资金从盈余一方流向紧缺一方的行为总和。广义的金融市场涉及所有的资金融通行为,狭义的金融市场则主要是指有价证券市场。金融市场为企业提供融资渠道和手段、营造投资场所和工具、反映财务信息和价格、实现资产转移和变现等。可以说,金融市场是财务管理的诸多环境因素中最为直接和最为特殊的一个方面。

1. 金融市场的主要类型

金融市场中与企业财务管理关系最密切的是货币市场与资本市场。货币市场是指期限不超过一年的短期资金交易市场,如短期存贷、同业拆借、票据贴现、大额定期存单、短期债务等;资本市场是指期限在一年以上的长期资金交易市场,如股票交易、债券交易、长期存贷款等。金融市场的主要类型如图1-4所示。

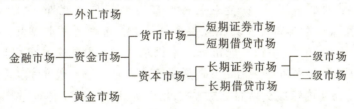

图 1-4　金融市场的主要类型

金融市场交易有两个重要特点。一是交易对象,金融市场的交易对象是货币资金,货币资金本身不具有价值却能代表一定的价值量,只有通过流动转手才能成为具有特定使用价值的金融工具,如票据、股票、期权、期货等。二是交易场所,金融市场可以是有形的市场,即有固定场所和工作设备,如银行、证券公司等,也可以是无形的市场,即可利用计算机、电传、电话等手段通过经纪人进行资金买卖活动。

2. 金融市场的构成要素

任何市场都要有其基本构成要素。金融市场的构成要素有四个：交易主体、交易对象、交易工具和交易方式。

(1) 交易主体。其是指金融市场参与者，包括个人、企业、金融机构、政府等。个人参与者的目的是个人理财，企业参与者的目的是融资或投资，金融机构参与者(包括银行和非银行金融机构)的目的是提供中介服务并收取服务费或直接作为资金买方和卖方从事金融业务活动，政府参与者(以中央银行、证监会、银监会等机构为代表)的目的是监管金融市场的正常运行和维护金融市场的安全有效。

(2) 交易对象。其是指金融市场参与者进行交易的标的物，即金融市场的交易客体。金融市场的交易对象是货币资金，无论是货币市场的存贷款，还是资本市场的股票、债券等，其交易实质上都是货币资金。资本需求者通过金融市场筹集资本，在获得货币资金使用权的同时，必须支付资本成本；资金供应者通过金融市场投资，在其让渡资金使用权的同时，期望获得投资收益。货币资金供求双方通过市场机制实现均衡。

(3) 交易工具。其是指金融市场上资金供求双方进行交易时所使用的信用工具，又称金融工具。金融工具有两类，一类是金融市场参与者为筹资、投资而创造的工具，如各种股票、债券、票据、可转让存单、借款合同、抵押契约等；另一类是金融市场参与者为保值、投机等目的而创造的工具，如期货合同、期权合约、互换交易等。金融工具作为合法的信用凭证，可以进一步明晰交易双方的产权关系，同时，借助金融工具，资金融通将更加方便快捷。此外，金融工具的流动性、收益性和风险性等特性及其相互关系是其进行选择的基本要点。

(4) 交易方式。其是指金融市场资本供求双方采取的交易组织形式，主要有拍卖方式和柜台方式两种。拍卖方式是买卖双方通过公开竞价确定金融工具的成交价格，在交易所内完成交易的交易方式；柜台方式是交易主体通过作为交易中介的证券交易公司，按其挂牌买入价格和卖出价格(差价为证券交易公司的毛利)直接售卖金融工具给证券交易公司，或者从证券交易公司购买金融工具的交易方式。

3. 金融市场的交易价格

在金融市场上，交易的是货币资金这一特殊商品，其交易价格就是利率。资金以利率为价格进行融通，本质上是运用利率这一经济杠杆对具有稀缺性的资金资源进行再分配。在理财中，利率是资本使用权购买者所支付的代价，又是资本使用权售卖者所取得的收益。利率的高低直接关系到企业的财务风险和财务收益。利率的计算公式为

$$利率 = \frac{纯粹}{利率} + \frac{通货膨胀}{附加率} + \frac{变现风险}{附加率} + \frac{违约风险}{附加率} + \frac{到期风险}{附加率}$$

利率的构成要素包括纯粹利率、通货膨胀附加率和风险附加率三个部分,而风险附加率又由变现风险附加率、违约风险附加率和到期风险附加率三项构成。

(1) 纯粹利率是指在无通货膨胀和无风险情形下的基准利率。例如,在没有通货膨胀时,国库券利率可视为纯粹利率。纯粹利率的高低受平均利润率、资金供求关系和国家调节的影响。

(2) 通货膨胀附加率是对投资人由于通货膨胀使货币贬值而造成购买力损失的一种补偿。因此,每次发行国库券的利率随预期的通货膨胀率的变化而变化,其券面名义利率是纯粹利率与预期通货膨胀率之和。

(3) 变现风险附加率是指投资人在投资于变现力较低、流动性较差的证券时所要求的额外补偿。其大小视证券变现能力而定,如上市股票和债券不存在这种风险,也就没有这种补偿。

(4) 违约风险附加率是因存在债务人不能按时偿还本金和利息的可能性,投资人所要求的额外补偿。如债券评定的信用等级越低,债券的风险就越大,投资人要求的利率就越高。

(5) 到期风险附加率是投资人承担利率变动风险所要求的额外补偿。一种有价证券的到期时间越长,利率变动的可能性就越大,投资人发生损失的可能性就越大,要求的补偿就越高。

(二) 税收环境

税务是公司在各种决策中所要考虑的重要内容,公司的价值取决于税后现金流。税金是公司的一种费用,增加了公司的现金流出,因此企业无不希望在不违反税法的前提下减少税务负担。而税负的减少,只能靠各项财务决策的精心安排和筹划来实现,不允许在纳税行为已经发生时去偷税漏税。精通税法,合理进行税收筹划,对理财有重要意义。

我国经过多年的税制改革,已初步形成以流转税和所得税并重,其他发挥特殊作用的税种相配合的税制结构。税务法规环境对企业财务管理具有多层次、全方位的重大影响,具体表现如下。

1. 影响企业融资决策

按照国际惯例和我国现行所得税制度,负债融资的利息可以在税前支付,记入财务费用作为利润的扣减项而减少了企业的应缴纳税所得额。而权益融资的股息只能作为税后利润支付。所以,当债务资本成本率低于投资收益率时,在不影响资本结构合理性的前提下,负债融资可使企业获取财务杠杆利益,增加股东财富。

2. 影响企业投资决策

当企业有剩余资金时,应考虑进行投资扩展以获取更大利益。而现行税制对于设立何种组织形式的企业、企业设立的地点和行业、企业兼营业务的会计处理、企业分支机构设立形式、购买国库券和购买公司债券等均有不同的税收政策。例如,企业预计设立分支机构的效益为负,在设立子公司还是设立分公司的选择上则应考虑设立分公司,因"税法"允许分公司的亏损抵减总公司的应缴纳税所得额。又如购买国库券所得免缴纳所得税,而购买其他债券、股票所得要缴纳所得税。所以,企业应在合理避税和争取税负减免、优惠上综合考虑,选择最有利的投资方案。

3. 影响企业分配决策

税收首先会影响企业的可分配利润和现金,税费的变动与利润和现金的变动呈反向关系。税收更会影响利润分配政策和分配意向,现行税法规定股东获得的现金股利需缴纳20%的个人所得税,如果公司将盈利留在企业作为留存收益,股东就不需要缴纳个人所得税,虽然没有现实的收入,但可以从增强公司实力后的股价上涨中获得价差收益,而且股东从股价上涨中获得的价差收益不需缴纳个人所得税,因此更加实惠而具有吸引力。

此外,税收对企业现金流量、对营运资金的影响也是直接而有效的。财务管理与税收环境密切相关,必须认真对待,精心策划。

复习思考题

1. 解释下列名词术语:
   财务　　财务管理　　股东财富最大化　　宏观环境　　中观环境
   微观环境　　独资企业　　合伙企业　　公司制企业　　金融市场
2. 什么是财务关系?企业存在哪些财务关系?
3. 简述财务管理的主要内容。
4. 财务管理具有哪些特征?
5. 本书认可的理财目标是什么?为什么?
6. 以利润最大化作为理财目标有哪些缺陷?
7. 如何反映不同类型企业的企业价值?
8. 怎样协调股东与经营管理者的委托代理关系?
9. 与独资企业和合伙企业比较,公司制企业有何优势?
10. 影响利率高低的因素有哪些?

练 习 题

一、单项选择题

1. 影响企业价值的最基本的因素是（　　）。
   A. 时间和价值　　B. 利润和成本　　C. 风险和贴现率　　D. 风险和报酬
2. 财务管理的主要内容不包括（　　）。
   A. 投资决策　　　B. 筹资决策　　　C. 股利决策　　　　D. 经营决策
3. 影响纯粹利率的因素不包括（　　）。
   A. 平均利润率　　　　　　　　　　B. 资金供求关系
   C. 国家调节　　　　　　　　　　　D. 通货膨胀附加率
4. 如果平均利率为10%，通货膨胀附加率为2%，风险附加率为3%，则纯粹利率为（　　）。
   A. 12%　　　　　B. 8%　　　　　C. 5%　　　　　D. 7%
5. 在下列各项中，能够反映上市公司价值最大化目标实现程度的最佳指标是（　　）。
   A. 总资产报酬率　　　　　　　　　B. 净资产收益率
   C. 每股市价　　　　　　　　　　　D. 每股利润
6. 下列各项中，不能协调所有者与债权人之间矛盾的方式是（　　）。
   A. 市场对公司强行接受或吞并　　　B. 债权人通过合同实施限制性借款
   C. 债权人停止借款　　　　　　　　D. 债权人收回借款
7. 在下列经济活动中，能够体现企业与投资者之间财务关系的是（　　）。
   A. 企业向职工支付工资
   B. 企业向其他企业支付货款
   C. 企业向国家税务机关缴纳税款
   D. 国有企业向国有资产投资公司支付股利
8. 对投资者承担利率变动风险的补偿通常以（　　）表示。
   A. 违约风险附加率　　　　　　　　B. 变现率附加率
   C. 通货膨胀附加率　　　　　　　　D. 到期风险附加率
9. 企业销量增长8%，通货膨胀率为4%，则企业销售额的名义增长率为（　　）。
   A. 12.32%　　　B. 12%　　　　C. 4%　　　　　D. 0.32%

二、多项选择题

1. 下列各项中，属于财务决策的是（　　）。

A.股利分配　　　B.向外投资　　　C.充实权益资本　　D.新建生产车间
2. 股价反映了(　　)。
　　A.资本和获利之间的关系　　　B.每股盈余的大小
　　C.每股盈余取得的时间　　　　D.每股盈余的风险
3. 股东可以通过经营管理者为了自身利益而伤害债权人利益,债权人为了防止其利益被伤害,可以(　　)。
　　A.寻求立法保护　　　　　　　B.规定资金的用途
　　C.不再提供新的借款　　　　　D.限制发行新债的数额
4. 为确保企业财务目标的实现,下列各项中,可用于协调所有者与经营者矛盾的措施有(　　)。
　　A.所有者解聘经营者　　　　　B.所有者向企业派遣财务总监
　　C.公司被其他公司接受或吞并　D.所有者给经营者以"股票选择权"
5. 企业的财务管理环境是指对企业财务活动产生影响作用的企业外部条件,主要有(　　)。
　　A.法律环境　　B.金融市场环境　　C.经济环境　　D.投资环境
6. 下列说法不正确的是(　　)。
　　A 金融性资产的收益性和风险性成反比
　　B.金融性资产的流动性和收益性成反比
　　C.金融性资产的流动性和收益性成正比
　　D.金融性资产的收益性和风险性成正比
7. 下列各项中,属于企业筹资引起的财务活动有(　　)。
　　A.偿还借款　　　　　　　　　B.购买国库券
　　C.支付股票股利　　　　　　　D.利用商业信用
8. 下列属于营运资金活动的有(　　)。
　　A.采购材料支付货款　　　　　B.销售产品收取货款
　　C.短期借款　　　　　　　　　D.长期借款

三、判断题

1. 盈利企业不可能因为不能偿还到期债务而无法继续经营下去。(　　)
2. 企业的价值在于它能给所有者带来未来报酬,包括获得股利和出售其股权获得的收益。(　　)
3. 金融性资产的流动性是指其能够在短期内变为现金的属性。(　　)
4. 股份有限公司的价值是股东转让其股份可以得到的现金,个别股东的财富是其拥有股份转让时所得的现金。(　　)

5. 民营企业与政府之间的财务关系体现为一种投资与受资关系。（ ）

6. 每次发行国库券的利息率随预期的通货膨胀率变化而变化，它等于纯粹利息率加上预期通货膨胀率。（ ）

7. 对需从外部借入资金的企业来说，若预测市场利率呈持续不断上升趋势，则应尽可能使用短期资金来源。（ ）

第二章 财务分析

【学习要点】本章阐述如何分析企业的财务报表,需掌握下列要点:
　　(1) 财务分析的意义和内容;
　　(2) 财务分析的依据和方法;
　　(3) 四项基本的财务比率分析;
　　(4) 财务状况的综合分析,特别是杜邦财务分析体系。
【主旨语】铢分毫析,追根求源。　　——成语

第一节　财务分析概述

一、财务分析的意义

　　财务分析是以企业会计核算和财务报告及其他相关资料为依据,采用一系列专门的分析技术和方法,对企业的财务状况和经营成果进行评价和剖析,反映企业在运营过程中的利弊得失和发展趋势,从而为改进企业财务管理工作和优化经济决策提供重要财务信息的工作。财务分析的成果既是已完成的财务活动的总结,又是财务预测的前提,在财务管理的循环中起着承上启下的作用。做好财务分析工作具有以下重要意义。

　　1. 财务分析是进行财务预测、决策与计划的坚实基础

　　由财务分析,可以了解过去、把握现在、预测未来,可以了解企业盈利能力的高低、偿债能力的强弱及营运能力的大小,可以了解投资后的风险和收益情况,从而为做出正确的投资决策提供可靠依据,减少不必要的损失。

　　2. 财务分析是评价财务状况、衡量经营业绩的主要依据

　　由企业财务分析,可以了解企业偿债能力、营运能力、盈利能力和发展能力,便于企业管理当局及其他报表使用人了解企业财务状况和经营成果,并通过分析将影响财务状况和经营成果的主观因素与客观因素、微观因素与宏观因素区分开来,以划清经济责任,合理评价经营者的工作业绩,并据此奖优罚劣,促使经营者不断改进工作。

　　3. 财务分析是挖掘潜力、改进工作、实现理财目标的重要手段

　　企业财务管理的目标是努力实现企业价值最大化。由财务指标的设置和分

析,能了解企业的盈利能力和资金周转状况,能不断挖掘企业改善财务状况、扩大财务成果的内部潜力,充分认识未被利用的经济资源,寻找利用不当的部分及原因,发现进一步提高利用效率的可能性,以便从各方面揭露矛盾、找出差距、寻求措施、促进企业经营理财活动按照企业价值最大化的目标实现良性运行。

二、财务分析的主体及其内容

财务分析的不同主体出于不同的利益考虑,对企业财务分析有着各自不同的要求,使得他们的财务分析内容既有共性又有不同的侧重。

(一)企业所有者

所有者或股东,作为投资人,必然高度关心其资本的保值和增值状况,即对企业投资的回报率极为关注。一般投资者更关心企业提高股息、红利的发放。而拥有企业控制权的投资者考虑得更多的则是如何增强竞争实力,扩大市场占有率,降低财务风险,追求长期利益的持续、稳定增长。

(二)企业债权人

债权人不能参与企业剩余收益分享决定了债权人必须首先对其投资的安全性予以关注。因此,债权人在进行企业财务分析时,最关心的是企业是否有足够的支付能力,以保证其债务本息能够及时、足额地得以偿还。

(三)企业经营管理者

为满足不同利益主体的需要,协调各方面的利益关系,企业经营者必须对企业经营理财的各个方面,包括营运能力、偿债能力、盈利能力及发展能力的全部信息予以详尽地了解和掌握,以及时发现问题、采取对策、规划和调整市场定位目标、策略,进一步挖掘潜力,为经济效益的持续稳定增长奠定基础。

(四)政府

政府兼具多重身份,既是宏观经济管理者,又是国有企业的所有者和重要的市场参与者,因此对企业财务分析的关注点因身份的不同而异。政府对于国有企业,除关注投资所产生的社会效益外,还必须考虑投资的经济效益。在谋求资本保全的前提下,期望能够同时带来稳定增长的财政收入。因此,政府考核企业经营理财情况时,不仅需要了解企业资金占用的使用效率,预测财政收入增长情况,有效组织和调整社会资源的配置,而且还要借助财务分析检查企业是否存在违法违纪、浪费国家财产的问题。最后通过综合分析,对企业的发展后劲以及对社会的贡献程度进行分析考察。

尽管不同利益主体进行财务分析时有着各自的侧重点,但就总体来看,财务分析的基本内容可归纳为四个方面:偿债能力分析、营运能力分析、盈利能力分析和发展能力分析。其中偿债能力是理财目标实现的稳健保证,营运能力是理财目标实现的物质基础,盈利能力是理财目标实现的成果体现,发展能力是理财目标实现的综合反映。四者之间有着内在的必然联系,相辅相成,共同构成企业财务分析的内容体系。

三、财务分析的依据

财务分析的依据就是与分析对象有关的信息。财务分析信息按其来源可分为内部信息和外部信息等两类。内部信息是指从企业内部可取得的财务信息。外部信息则是指从企业外部取得的相关信息。

(一) 企业内部信息

1. 会计信息

会计信息可分为财务会计信息和管理会计信息等两类。财务会计信息主要指财务会计报告,包括资产负债表、利润表、现金流量表等国家财务会计制度规定企业编制的各种报表、财务情况说明书,以及有关附表等。管理会计信息主要包括责任会计核算信息、决策会计信息和企业成本报表等信息。

2. 统计信息与业务信息

统计信息主要是指各种统计报表和企业内部统计信息。业务信息则是指与各部门经营业务及技术状况有关的核算与报表信息。总之,统计信息与业务信息包括了企业除会计信息之外,其他反映企业实际财务状况或经营状况的信息。

3. 计划及预算信息

这些信息是企业管理的目标或标准的信息,包括企业的经营计划、财务计划、财务预算,以及各种采购、消耗、储存的控制标准等。

(二) 企业外部信息

1. 经济政策与法规信息

国家的宏观经济信息主要是指与企业财务活动密切相关的信息,如物价上涨率或通货膨胀率、银行利息率、各种税率等;有关法规包括会计法、税法、会计准则、审计准则、会计制度等。

2. 综合部门发布的信息

综合部门发布的信息包括国家统计局定期公布的统计报告和统计分析;国家经贸委的经济形势分析;国家计委的国民经济计划及有关部门的经济形势预测;各证券市场和资金市场的有关股价、债券利息等方面的信息等。

3. 中介机构信息

中介机构信息主要有会计师事务所、资产评估事务所等提供的企业资产评估报告和审计报告等。

4. 报刊信息

报刊信息是指各种经济著作、报刊及杂志的科研成果、调查报告、经济分析中所提供的与企业财务分析有关的信息。

5. 企业间交换的信息

企业间交换的信息是指企业与同行业其他企业或有业务往来的企业间相互交换的报表及业务信息等。

6. 国外相关信息

国外相关信息是指从国外取得的各种经济信息。取得的渠道有出国考察访问、购买国外经济信息期刊、参加国际会议等。

财务分析信息多种多样,为了保证财务分析的质量与效果,在收集信息时必须注意把握财务分析信息的相关性和准确性。财务分析信息的相关性要求财务分析信息与分析对象有机联系起来,这是正确进行财务分析的基础和前提。财务分析信息的准确性要求财务分析信息客观、真实、可比,这是保证财务分析结果正确的关键。

四、财务分析方法

财务分析方法本质上是辩证唯物主义方法论的具体运用,是定性分析与定量分析的统一,是结果分析与原因分析的统一,是静态分析与动态分析的统一,是独立分析与相关分析、综合分析的统一。在原则的意义上,要求分析者坚持实事求是、一分为二、相互联系、动态发展、深入本质地进行分析。定量分析的方法,主要有比较分析法、比率分析法、因素分析法等几种分析方法。

(一) 比较分析法

1. 比较分析法的比较对象

比较分析法是指将两个或几个相关的同质指标进行比较,从对比中揭示出差异并鉴别优劣的一种分析方法,它是定量分析中一种最基本的方法。比较分析法的特点是,它能揭示出指标之间的差异,从而反映企业财务状况和经营成果的变动及其趋势。

比较分析法通常以本期实际指标与下列比较对象进行比较。

1) 与前期实际指标比较

与前期实际指标比较,可以了解企业财务状况的变化趋势,可以从一个动态的角度来认识企业的财务状况和经营成果,找出其中存在的各种问题并从中吸取相关经验,为今后的工作指明方向。所以,这种比较可概括为纵向比较看发展。

2）与同类企业指标比较

将本期实际指标与行业平均水平或行业先进水平相比,可以找出企业在行业中的位置,及时发现与同行其他企业之间的差距,这有利于该企业制定正确的战略方针,增强企业的竞争能力。所以,这种比较可表述为横向比较看差距。

3）与预算指标比较

将本期实际指标与预算值相比较,一方面可以考核经营管理者受托责任的完成情况,从而为经营管理者（人力资本所有者）参与企业收益分配提供一个参考的标准。另一方面,当实际指标偏离预期时,由比较可以发现差异,并找出形成差异的原因,及时制定相应的措施予以控制。所以,这种比较可总结为定向比较看成绩。

2. 运用比较分析法时应注意的问题

在运用比较分析法时,应注意指标之间的可比性,若将可比性很差甚至是无法比较的指标硬拉在一起进行对比,则所得出结论的正确性就值得怀疑,进而可能误导决策者的行为。具体来说,有以下几种因素可能影响指标之间的可比性。

1）会计政策和会计处理方法

不同的会计政策和会计处理方法下,同一指标会有不同的结果,而这些结果之间的差异并非是由企业的财务状况和经营成果的变化引起的,这就使得不同会计处理口径下的指标之间具有不可比性。例如,甲、乙两企业处于同一行业之中,二者资产规模相同,互为竞争对手。它们同时购进某一固定资产,价值3 000万元,使用年限为5年,预计净残值为0。甲企业对该类固定资产采用双倍余额递减法计提折旧,这样,第一年应计提折旧1 200万元;乙企业采用平均年限法计提折旧,这样,第一年应计提折旧600万元。若该会计期间乙企业利润比甲企业高600万元,显然,这差异来源于会计处理口径的不同而并非盈利能力的差别。

2）时间单位和时间跨度的一致性

在采用比较分析法时,不管是将实际指标与历史值比较,或与行业平均水平比较,或与预算指标比较,都必须保持指标之间所反映的时间跨度要相同,否则,它们之间便不具备可比性。例如,某企业于2011年4月初注册成立,该年获利800万元,第二年获利900万元,但二者之间的差异并不表明该企业的获利能力有所上升,其原因在于第一年并未经历一个完整的会计年度。实际上800万元所反映的是该企业9个月的利润,而900万元反映的是该企业一个会计年度的利润,由于二者所反映的时间跨度不同,比较也就失去了意义。当然,上例中如果确定时间单位为月份或季度,则相应具有了可比基础。

3) 企业的类型及其规模的大小

在将实际指标与行业平均水平或行业先进水平做比较时,要注意企业资产规模的大小,不同资产规模的企业,指标之间的可比性比较差,特别是绝对数之间几乎没有可比性。

(二) 比率分析法

1. 比率分析法的含义及作用

比率分析法是指将两个相互关联的指标加以比较,计算比率,据以解析和评价企业财务状况和经营成果的方法。比率分析法的比较标准与比较分析法的相同,有本期财务比率与前期财务比率比较、与行业平均水平比较以及与预算指标比较等。严格来说,比率分析法是一种特殊的比较分析法,只不过比较分析法采用绝对数作比较,而比率分析法采用相对数做比较而已。采用绝对数作比较不能深入揭示事物的内在矛盾,而比率分析法是从财务现象到财务本质的一种深化,使原不可比的指标之间建立起广泛的可比性,进一步拓宽了财务分析的视野。

2. 财务比率的类型

根据不同的划分标准,财务比率有不同的类型。按照形成比率的两个指标之间的关系,财务比率可以分为结构比率、相关比率和趋势比率等三种。

1) 结构比率

结构比率是指财务指标的各个组成部分占总体的比重,它反映了部分与总体之间的关系。通过结构比率的比较,可以观察到总体的构成内容及其变化趋势,进而可以研究企业财务结构的合理性。例如,通过计算各项资产占资产总额的比重,可以研究该企业资产组合的合理性,可以研究经营风险的大小;通过计算各项债务占负债总额的比重,可以研究该企业债务结构的合理性,可以研究财务风险的大小。

2) 相关比率

相关比率分析法是将同一时期两个性质不同但又相互联系的财务指标拿来比较,并计算其比率,进而分析该企业财务状况的方法。对相关比率进行比较,可以从指标之间的联系中揭示出企业内在的财务能力和财务潜力。如将流动资产与流动负债加以对比,可计算出流动比率并判断企业的短期偿债能力。

3) 趋势比率

趋势比率是将同质指标的不同期间值加以比较所形成的比率,其作用在于揭示指标在不同期间的变化趋势和规律,为财务预测提供依据。趋势比率的计算主要有定基比率和环比比率两种形式。定基比率分析法是指将各个期间的同质指标与某一固定基数进行比较,以分析与基期相比的增长程度的方法。环比比率分析法则是指将若干期间内的两个相邻期间的同质指标进行比较,揭示出其增长率的变化趋势的方法。

(三) 因素分析法

因素分析法是依据分析指标与其影响因素的关系,从数量上确定各因素对分析指标影响方向和影响程度的一种方法。因素分析法将分析指标分解为各个可以计量的因素,并根据各个因素之间的依存关系,顺次用各因素的比较值(即实际值)替代基准值(基期值或计划值),据以测定各因素对分析指标的影响。

【例 2-1】 某企业 2013 年 3 月某种原材料费用的实际数是 4 620 元,而其计划数是 4 000 元。实际比计划增加 620 元。由于原材料费用是由产品产量、单位产品材料消耗量和材料单价三个因素的乘积构成的,因此,可以把材料费用这一总指标分解为三个因素,然后逐个分析它们对材料费用总额的影响程度。现假定这三个因素的数值如表 2-1 所示。

表 2-1　例 2-1 的数值表

项　目	单　位	计　划　数	实　际　数
产品产量	件	100	110
单位产品材料消耗量	千克/件	8	7
材料单价	元/千克	5	6
材料费用总额	元	4 000	4 620

根据表 2-1 中资料,材料费用总额实际数较计划数增加 620 元,这是分析对象。运用连环替代法,可以计算出各因素变动对材料费用总额的影响程度如下。

计划指标：　　　$100 \times 8 \times 5$ 元 $= 4\,000$ 元　　　　　　　　　　　　　①

第一次替代：　　$110 \times 8 \times 5$ 元 $= 4\,400$ 元　　　　　　　　　　　　　②

第二次替代：　　$110 \times 7 \times 5$ 元 $= 3\,850$ 元　　　　　　　　　　　　　③

第三次替代：　　$110 \times 7 \times 6$ 元 $= 4\,620$ 元　　　　(实际指标)　　　④

②－①＝$(4\,400 - 4\,000)$元＝400 元　　　　　　　　　(产量增加的影响)

③－②＝$(3\,850 - 4\,400)$元＝－550 元　　　　　　　　(材料节约的影响)

④－③＝$(4\,620 - 3\,850)$元＝770 元　　　　　　　　　(价格提高的影响)

$(400 - 550 + 770)$元＝620 元　　　　　　　　　　　　(全部因素的影响)

用因素分析法既可以全面分析各因素对某一经济指标的影响,又可以单独分析某个因素对某一经济指标的影响,因此它在财务分析中应用颇为广泛。但在应用这一方法时必须注意以下几个问题。

(1) 因素分解的关联性。即构成经济指标的因素必须客观上存在因果关系，要能够反映形成该项指标差异的内在构成原因，否则就失去了其存在的价值。具体而言，应使分解式在经济上有意义并在数学上成立。

(2) 因素替代的顺序性。替代因素时，必须按照各因素的依存关系排列成一定的顺序并依次替代，不可随意颠倒，否则就会得出不同的计算结果。一般而言，确定正确排列因素替代程序的原则是，按分析对象的性质，从诸因素相互依存关系出发，使分析结果有助于分清责任。

(3) 顺序替代的连环性。因素分析法计算每一个因素变动的影响都是在前一次计算的基础上进行，并采用连环比较的方法确定因素变化影响结果的。只有保持计算程序上的连环性，才能使各个因素影响之和等于分析指标变动的差异，以全面说明分析指标变动的原因。

(4) 计算结果的假定性。因素分析法计算的各因素变动影响数，会因替代计算顺序的不同而有差别，因而计算结果不免带有假定性，即它不可能使每个因素计算的结果都绝对准确。它只是在某种假定前提条件下的影响结果，离开了这种假定前提条件，就不会是这种影响结果。为此，分析时应力求使这种假定是合乎逻辑的假定，是具有实际经济意义的假定。这样，计算结果的假定性才不至于妨碍分析的有效性。

【技能指引】　财务分析的模式

　　财务分析者在明确分析的对象和目的，取得相关资料的前提下，可按照下列模式展开具体的分析工作。

(1) 列表进行有关比较计算（并列两期实际数值或有关比率进行比较）。

(2) 找出发生显著变化的项目（一般三至五项便具有代表性和针对性）。

(3) 分析上述项目的变化原因或需进一步查明的事项（相关的调研活动）。

(4) 得出结论、提出建议（体现在分析报告中）。

第二节　财务比率分析

　　总结和评价财务状况与经营成果的分析指标包括偿债能力指标、营运能力指标、盈利能力指标和发展能力指标。现将后面举例时需要用到的 ABC 公司的资产负债表（见表 2-2）、利润表（见表 2-3）及利润披露表（见表 2-4）部分内容列出。

表2-2 资产负债表

201×年12月31日 单位:万元

资产	年初数	年末数	负债及所有者权益	年初数	年末数
流动资产:			流动负债:		
货币资金	800	900	短期借款	2 000	2 300
交易性金融资产	1 000	500	应付账款	1 000	1 200
应收账款	1 200	1 300	预收账款	300	400
预付款项	100	150	其他应付款	100	100
存货	4 000	5 200	流动负债合计	3 400	4 000
流动资产合计	7 100	8 050	长期负债	2 000	2 500
长期股权投资	400	400	负债合计	5 400	6 500
固定资产	12 000	14 000	所有者权益:		
无形资产	500	550	实收资本	12 000	12 000
			盈余公积	1 600	1 600
			未分配利润	1 000	2 900
			所有者权益合计	14 600	16 500
资产总计	20 000	23 000	负债及所有者权益合计	20 000	23 000

表2-3 利润表

201×年度 单位:万元

项目	上年数	本年数
(1)营业收入	19 000	22 000
减:营业成本	11 100	13 200
营业税金及附加	1 080	1 200
销售费用	1 620	1 900
管理费用	800	1 000
财务费用	200	300
加:投资收益	300	300
(2)营业利润	4 500	4 700
加:营业外收入	100	150
减:营业外支出	600	650
(3)利润总额	4 000	4 200
减:所得税(税率为40%)	1 600	1 680
(4)净利润	2 400	2 520

表2-4 利润披露表

单位:万元

项目	上年数	本年数
主营业务收入	18 000	20 000
主营业务成本	10 700	12 200

一、偿债能力分析

偿债能力是指企业偿还到期债务(包括本息)的能力。偿债能力分析包括短期偿债能力分析和长期偿债能力分析两类。

(一)短期偿债能力分析

短期偿债能力是指企业流动资产对流动负债及时足额偿还的保证程度,是衡量企业当前财务能力,特别是流动资产变现能力的重要指标。

企业短期偿债能力的衡量指标主要有流动比率、速动比率和现金流动负债比率三项。

1. 流动比率

流动比率是流动资产与流动负债的比率,它表明企业每一元流动负债有多少流动资产作为偿还保证,反映企业可用在短期内转变为现金的流动资产偿还到期流动负债的能力。其计算公式为

$$流动比率 = \frac{流动资产}{流动负债} \times 100\%$$

一般情况下,流动比率越高,说明企业短期偿债能力越强,债权人的权益越有保证。国际上通常认为,流动比率的下限为100%,而流动比率等于200%时较为适当,它表明企业财务状况稳定可靠,除了能满足日常生产经营的流动资金需要外,还有足够的财力偿还到期短期债务。如果比例过低,则表示企业可能难以如期偿还债务。但是,流动比率也不可以过高,过高则表明企业流动资产占用较多,会影响资金的使用效率和企业的筹资成本,进而影响获利能力。究竟应保持多高水平的流动比率,主要根据企业对待风险与收益的态度来确定。

运用流动比率时,必须注意以下几个问题。

(1)虽然流动比率越高,企业偿还短期债务的流动资产保证程度越强,但这并不等于企业已有足够的现金或存款用来偿还短期债务。流动比率高也可能是存货积压、应收账款增多且收账期延长,以及预付款项增加所致,而真正可用来偿债的现金和存款却严重短缺。所以,企业应在分析流动比率的基础上,进一步对现金流量加以考察。

(2)从短期债权人的角度看,自然希望流动比率越高越好,但从企业经营角度看,过高的流动比率通常意味着企业闲置现金的持有量过多,必然造成企业机会成本的增加和获利能力的降低。因此,企业应尽可能将流动比率维持在不使货币资金闲置的水平。

(3)判断流动比率是否合理,还应注意时期差别、行业差别、资产质量差别以

及报表以外因素的差别,不可一概而论。

(4) 在分析流动比率时应当剔除一些虚假因素的影响。

【例 2-2】 根据表 2-2 所示资料,该公司本年的流动比率分别为

$$年初流动比率 = \frac{7\,100}{3\,400} \times 100\% = 208.82\%$$

$$年末流动比率 = \frac{8\,050}{4\,000} \times 100\% = 201.25\%$$

该公司本年年初和本年年末的流动比率均超过一般公认标准,表明该公司具有较强的短期偿债能力。

2. 速动比率

速动比率是企业速动资产与流动负债的比值。速动资产是指货币资金、金融交易性资产、应收票据、应收款项等的总和。由于速动资产变现能力较强,因此,速动比率较之流动比率能够更加准确、可靠地评价企业资产的流动性及其偿还短期负债的能力。其计算公式为

$$速动比率 = \frac{速动资产}{流动负债} \times 100\%$$

一般情况下,速动比率越高,表明企业偿还流动负债的能力越强。国际上通常认为,速动比率等于 100% 时较为适当。如果速动比率小于 100%,则企业将面临很大的偿债风险;如果速动比率大于 100%,则尽管债务偿还的安全性很高,但却会因企业现金及应收账款资金占用过多而大大增加企业的机会成本。

【例 2-3】 根据表 2-2 所示资料,该公司某年的速动比率分别为

$$年初速动比率 = \frac{800 + 1\,000 + 1\,200}{3\,400} \times 100\% = 88.24\%$$

$$年末速动比率 = \frac{900 + 500 + 1\,300}{4\,000} \times 100\% = 67.5\%$$

分析表明,该公司本年年末的速动比率比年初的有所降低,虽然该公司流动比率超过一般公认标准,但由于流动资产中存货所占比重过大,导致公司速动比率未达到一般公认标准,公司的实际短期偿债能力并不理想,需采取措施加以扭转。

在分析时需注意:尽管速动比率较流动比率更能反映流动负债偿还的安全性和稳定性,但并不能认为速动比率较低的企业的流动负债到期绝对不能偿还。实际上,如果企业存货流转顺畅,变现能力较强,即使速动比率较低,只要流动比率高,企业仍然有能力偿还到期的债务本息。

3. 现金流动负债比率

现金流动负债比率是企业一定时期的经营现金净流量与流动负债的比率，它可以从现金流量角度来反映企业当期偿还短期负债的能力。其计算公式为

$$现金流动负债比率 = \frac{年经营现金净流量}{年末流动负债} \times 100\%$$

其中，年经营现金净流量是指一定时期内企业经营活动所产生的现金及现金等价物流入量与流出量的差额。

现金流动负债比率从现金流入和现金流出的动态角度对企业的实际偿债能力进行考察。由于有利润的年份不一定有足够的现金（含现金等价物）来偿还债务，所以，以收付实现制为基础计量的现金流动负债比率指标，能充分体现企业经营活动所产生的现金净流量可以在多大程度上保证当期流动负债的偿还能力，能直观地反映出企业偿还流动负债的实际能力。用该指标评价企业偿债能力更加谨慎。该指标越大，表明企业经营活动产生的现金净流量越多，越能保障企业按期偿还到期债务，但也并不是越大越好，该指标过大则表明企业流动资金利用不充分，盈利能力不强。

【例2-4】 根据表2-2所示资料，同时假定该公司上年度和本年度的经营现金净流量分别是3 000万元和5 000万元（经营现金净流量的数据可以从公司的现金流量表中获得），则该公司上年度和本年度的现金流动负债比率分别为

$$上年度的现金流动负债比率 = \frac{3\ 000}{3\ 400} \times 100\% = 88.24\%$$

$$本年度的现金流动负债比率 = \frac{5\ 000}{4\ 000} \times 100\% = 125\%$$

该公司本年度的现金流动负债比率比上年度有明显的提高，表明该公司的短期偿债能力增强。

（二）长期偿债能力分析

长期偿债能力是指企业偿还长期债务的能力。作为一个正常经营的企业，长期负债的偿还主要靠企业获得的利润，但从企业债权人借贷的最终安全性看，企业资产规模与负债规模的关系是至关重要的，因此，企业长期偿债能力可从盈利能力和资产规模两方面与长期债务的关系进行研究。衡量长期偿债能力的指标主要有资产负债率、产权比率和已获利息倍数三项。

1. 资产负债率

资产负债率又称负债比率，是指企业负债总额对资产总额的比率。它表明企业资产总额中债权人提供资金所占的比重，以及企业资产对债权人权益的保障程度。其中，负债总额不仅包括长期负债，还包括短期负债。因为短期负债作

为一个整体,企业总是长期占用着,资产变现后首先要用来偿还短期负债,总资产在保障了短期负债后才能保证长期负债的偿还,所以,出于稳健原则的考虑,将短期负债也包含在内一起计算。其计算公式为

$$资产负债率 = \frac{负债总额}{资产总额} \times 100\%$$

一般情况下,资产负债率越小,表明企业长期偿债能力越强。但是,也并非说该指标对谁都是越小越好。对债权人来说,该指标越小越好,这样企业偿债越有保证。对企业所有者来说,如果该指标较大,则说明利用较少的自有资本投资形成了较多的生产经营用资产,不仅扩大了生产经营规模,而且在经营状况良好的情况下,还可以利用财务杠杆的作用得到更多的投资利润。如果该指标过小,则表明企业对财务杠杆利用不够。但资产负债率过大,则表明企业的债务负担重,企业资金实力不强,不仅对债权人不利,而且加大了企业破产的风险。此外,企业的长期偿债能力与盈利能力密切相关,因此企业的经营决策者应当将偿债能力指标(风险)与盈利能力指标(收益)结合起来分析,予以平衡考虑。保守的观点认为资产负债率不应高于50%,而国际上通常认为资产负债率等于60%时较为适当。

【例 2-5】 根据表 2-2 所示资料,该公司本年的资产负债率分别为

$$年初资产负债率 = \frac{5\ 400}{20\ 000} \times 100\% = 27\%$$

$$年末资产负债率 = \frac{6\ 500}{23\ 000} \times 100\% = 28.26\%$$

该公司本年年初和本年年末的资产负债率均不高,说明公司长期偿债能力较强,这样有助于增强债权人对公司出借资金的信心。

2. 产权比率

产权比率是指负债总额与所有者权益总额的比率,是企业财务结构稳健与否的重要标志,也称资本负债率。它反映企业所有者权益对债权人权益的保障程度。其计算公式为

$$产权比率 = \frac{负债总额}{所有者权益总额} \times 100\%$$

一般情况下,产权比率越低,表明企业的长期偿债能力越强,债权人权益的保障程度越高,承担的风险越小,但企业不能充分地发挥负债的财务杠杆效应。所以,企业在评价产权比率适度与否时,应从提高盈利能力与增强偿债能力两个方面综合进行考虑,即在保障债务偿还安全的前提下,应尽可能提高产权比率。

【例 2-6】 根据表 2-2 所示资料,该公司本年的产权比率分别为

$$年初产权比率 = \frac{5\ 400}{14\ 600} \times 100\% = 36.99\%$$

$$年末产权比率 = \frac{6\ 500}{16\ 500} \times 100\% = 39.39\%$$

该公司本年年初和本年年末的产权比率都不高,同资产负债率的计算结果可相互印证,表明公司的长期偿债能力较强,债权人的保障程度较高。

3. 已获利息倍数

已获利息倍数是指企业一定时期息税前利润总额与利息支出的比率,反映获利能力对债务偿付的保证程度。其中,息税前利润总额是指利润总额与利息支出的合计数,利息支出是指财务费用中的利息和资本化利息的合计数。其计算公式为

$$已获利息倍数 = \frac{息税前利润总额}{利息支出}$$

已获利息倍数不仅反映了企业盈利能力的大小,而且反映了盈利能力对偿还到期债务的保证程度,它既是企业举债经营的基本依据,也是衡量企业长期偿债能力大小的重要指标。一般情况下,已获利息倍数越高,表明企业长期偿债能力越强。国际上通常认为该指标为 3 时较适当。从长期来看,若要维持正常偿债能力,已获利息倍数至少应当大于 1,如果已获利息倍数过小,则表明企业将面临亏损以及偿债的安全性与稳定性下降的风险。

【例 2-7】 根据表 2-3 所示资料,同时假定表中财务费用全部为利息支出,该公司上年度和本年度的已获利息倍数分别为

$$上年度的已获利息倍数 = \frac{4\ 000 + 200}{200} = 21$$

$$本年度的已获利息倍数 = \frac{4\ 200 + 300}{300} = 15$$

从以上的计算结果来看,该公司上年度和本年度的已获利息倍数都较高,有较强的偿付负债利息的能力。进一步还需结合公司负债规模是否合适进行判断,因为负债率很低的盈利企业,该比率可能是一个很高的值,但并不一定可取。

二、营运能力分析

营运能力主要是指企业资产管理方面的效率。营运能力的分析包括流动资产周转情况分析、固定资产周转情况分析及总资产周转情况分析。

1. 流动资产周转情况分析

反映流动资产周转情况的指标主要有应收账款周转率、存货周转率和流动资产周转率等。

1) 应收账款周转率

它是企业一定时期内主营业务收入净额与平均应收账款余额的比率,是反映应收账款周转速度的指标。其计算公式为

$$应收账款周转率(周转次数)=\frac{主营业务收入净额}{平均应收账款余额}$$

其中，　　主营业务收入净额＝主营业务收入－销售折扣与折让

平均应收账款余额＝(应收账款余额年初数＋应收账款余额年末数)÷2

$$应收账款周转期(周转天数)=\frac{平均应收账款余额 \times 360}{主营业务收入净额}$$

应收账款周转率反映企业应收账款变现速度的快慢及管理效率的高低。周转率高表明：①收账迅速,账龄较短；②资产流动性强,短期偿债能力强；③可以减少收账费用和坏账损失,从而相对增加了企业流动资产的投资收益。同时借助应收账款周转期与企业信用期限的比较,还可以评价购买单位的信用程度,以及企业原订的信用条件是否适当。

【例 2-8】 根据表 2-2 和表 2-4 所示资料,同时假定该公司前年年末的应收账款余额为 1 100 万元,该公司去年和今年的应收账款周转率的计算如表 2-5 所示。

表 2-5　应收账款周转率计算表　　　　　　　　　　单位:万元

项　目	前　年	去　年	今　年
主营业务收入		18 000	20 000
应收账款年末余额	1 100	1 200	1 300
平均应收账款余额		1 150	1 250
应收账款周转率/次		15.65	16
应收账款周转期/天		23.00	22.5

表 2-5 所示结果表明,该公司本年度的应收账款周转率比上年度略有改善,周转次数由 15.65 次提高为 16 次,周转天数由 23 天缩短为 22.5 天。这不仅说明公司的营运能力有所增强,而且说明流动资产的变现能力和周转速度也有所增强。

2) 存货周转率

它是企业一定时期主营业务成本与平均存货余额的比率,是反映企业流动资产流动性的一个指标,也是衡量企业生产经营各环节中存货运营效率的一个

综合性指标。其计算公式为

$$存货周转率（周转次数）=\frac{主营业务成本}{平均存货余额}$$

其中，　　平均存货余额＝（存货余额年初数＋存货余额年末数）÷2

$$存货周转期（周转天数）=\frac{平均存货余额 \times 360}{主营业务成本}$$

存货周转速度的快慢，不仅反映出企业采购、储存、生产、销售各环节管理工作状况的好坏，而且对企业的偿债能力及盈利能力起决定性的作用。一般来讲，存货周转率越高越好，存货周转率越高，表明其变现的速度越快，周转额越大，资金占用水平越低。因此，分析存货周转，有利于找出存货管理存在的问题，尽可能降低资金占用水平。存货既不能过少，以避免造成生产中断或销售紧张；存货又不能过多，以避免形成呆滞、积压。一定要保持结构合理、质量可靠。其次，存货是流动资产的重要组成部分，其质量和流动性对企业流动比率具有举足轻重的影响，并进而影响企业的短期偿债能力。

【例 2-9】 根据表 2-2 和表 2-4 所示资料，同时假定该公司前年年末的存货余额为 3 800 万元，该公司去年和今年的存货周转率的计算如表 2-6 所示。

表 2-6　存货周转率计算表　　　　　　　　单位：万元

项　　　目	前　年	去　年	今　年
主营业务成本		10 700	12 200
存货年末余额	3 800	4 000	5 200
平均存货余额		3 900	4 600
存货周转率/次		2.74	2.65
存货周转期/天		131.21	135.74

表 2-6 所示结果表明，该公司本年度的存货周转率比上年度有所延缓，存货周转次数由 2.74 次降为 2.65 次，周转天数由 131.21 天增加为 135.74 天。这反映出该公司本年度的存货管理效率不如上年度，其原因可能与本年度存货增长幅度过大有关。

3）流动资产周转率

它是企业一定时期主营业务收入净额与平均流动资产总额的比率，是反映企业流动资产周转速度的指标。其计算公式为

$$流动资产周转率（周转次数）=\frac{主营业务收入净额}{平均流动资产总额}$$

其中，　　主营业务收入净额＝主营业务收入－销售折扣与折让

平均流动资产总额＝(流动资产总额年初数＋流动资产总额年末数)÷2

$$流动资产周转期(周转天数)=\frac{平均流动资产总额\times 360}{主营业务收入净额}$$

在一定时期内,流动资产周转次数越多,表明以相同的流动资产完成的周转额越多,流动资产利用效果越好。从流动资产周转天数来看,周转一次所需要的天数越少,表明流动资产在经历生产和销售各阶段时所占用的时间越短。生产经营任何一个环节上的工作改善,都会反映到周转天数的缩短上来。

【例 2-10】 根据表 2-2 和表 2-4 所示资料,同时假定该公司前年年末的流动资产总额为 6 000 万元,该公司去年和今年流动资产周转率的计算如表 2-7 所示。

表 2-7 流动资产周转率计算表　　　　　　　　　　单位:万元

项　目	前　年	去　年	今　年
主营业务收入净额		18 000	20 000
流动资产年末总额	6 000	7 100	8 050
平均流动资产总额		6 550	7 575
流动资产周转率/次		2.75	2.64
流动资产周转期/天		131	136.35

表 2-7 所示结果表明,该公司本年度的流动资产周转期比上年度延缓了 5.35 天,流动资金占用增加,增加占用的数额为

(136.35－131)×20 000 万元÷360＝297.22 万元

2. 固定资产周转情况分析

反映固定资产周转情况的主要指标是固定资产周转率,它是企业一定时期主营业务收入净额与平均固定资产净值的比值,是衡量固定资产利用效率的一项指标。其计算公式为

$$固定资产周转率(周转次数)=\frac{主营业务收入净额}{平均固定资产净值}$$

其中,平均固定资产净值＝(固定资产净值年初数＋固定资产净值年末数)÷2

$$固定资产周转期(周转天数)=\frac{平均固定资产净值\times 360}{主营业务收入净额}$$

一般情况下,固定资产周转率高,表明企业固定资产利用充分,同时也能表明企业固定资产投资得当,固定资产结构合理,能够充分发挥效率。反之,如果固定资产周转率不高,则表明固定资产使用效率不高,提供的生产成果不多,企业的营运能力不强。运用固定资产周转率时,需要考虑固定资产因计提折旧的

影响，其净值在不断地减少，以及因更新重置，其净值突然增加的影响，同时，由于折旧方法的不同，可能影响其可比性。故在分析时，一定要剔出这些不可比因素。

【例 2-11】 根据表 2-2 和表 2-4 所示资料，同时假定该公司前年年末的固定资产净值为 11 800 万元，该公司去年和今年固定资产周转率的计算如表 2-8 所示。

表 2-8 固定资产周转率计算表　　　　　　　　　　单位：万元

项　　目	前　年	去　年	今　年
主营业务收入净额		18 000	20 000
固定资产年末净值	11 800	12 000	14 000
平均固定资产净值		11 900	13 000
固定资产周转率/次		1.51	1.54
固定资产周转期/天		238	234

表 2-8 所示结果表明，公司本年度的固定资产周转率比上年度有所加快，其主要原因是固定资产净值的增加幅度低于主营业务收入净增长幅度。这表明公司的营运能力有所提高。

3. 总资产周转情况分析

反映总资产周转情况的主要指标是总资产周转率，它是企业一定时期主营业务收入净额与平均资产总额的比值，可以用来反映企业全部资产的利用效率。其计算公式为

$$总资产周转率（周转次数）=\frac{主营业务收入净额}{平均资产总额}$$

其中，　　平均资产总额=（资产总额年初数+资产总额年末数）÷2

$$总资产周转期（周转天数）=\frac{平均资产总额 \times 360}{主营业务收入净额}$$

总资产周转率较高，表明企业全部资产的使用效率较高；反之，如果该指标较低，则说明企业利用全部资产进行经营的效率较差，最终会影响企业的盈利能力。企业应采取各项措施来提高企业的资产利用程度，比如提高销售收入或处理多余的资产。

【例 2-12】 根据表 2-2 和表 2-4 所示资料，同时假定该公司前年年末的资产总额为 19 000 万元，该公司去年和今年总资产周转率的计算如表 2-9 所示。

表 2-9 总资产周转率计算表 单位:万元

项　　目	前　年	去　年	今　年
主营业务收入净额		18 000	20 000
资产年末总额	19 000	20 000	23 000
平均资产总额		19 500	21 500
总资产周转率/次		0.92	0.93
总资产周转期/天		390	387

表 2-9 所示结果表明,该公司本年度的总资产周转率比上年度的略有加快。这是因为该公司固定资产平均净值的增长程度(9.24%)虽低于主营业务收入的增长程度(11.11%),但流动资产平均余额的增长程度(15.65%)却大大高于主营业务收入的增长程度,所以总资产的利用效果难以大幅度提高。

需要说明的是,在上述指标的计算中均以年度作为计算期,在实际中,计算期应视分析的需要而定,但应保持分子与分母在时间上一致。当资金占用的波动性较大时,企业应采用更详细的资料进行计算。如果各期占用额比较稳定,波动不大,则季度、年度的平均资金占用额也可以直接用期初数加期末数除以 2 的公式来计算。

三、盈利能力分析

盈利能力是指企业在一定时期内赚取利润的能力。反映盈利能力的指标很多,通常使用的主要有主营业务毛利率、主营业务净利率、盈余现金保障倍数、资产净利率、净资产收益率等。

(一)主营业务毛利率

主营业务毛利率是主营业务毛利与主营业务收入的比率,也称为销售毛利率。它反映主营业务的初始获利能力,是主营业务净利率的最初基础。其计算公式为

$$\text{主营业务毛利率} = \frac{\text{主营业务毛利}}{\text{主营业务收入}} \times 100\%$$

其中,　　　　主营业务毛利=主营业务收入-主营业务成本

主营业务毛利率指标越高,表明取得同样的主营业务收入的主营业务成本越低,主营业务的初始获利能力越强。

【例 2-13】 根据表 2-4 所示资料,该公司去年和今年的主营业务毛利率计算如表 2-10 所示。

表 2-10　主营业务毛利率计算表　　　　　　　　　　单位:万元

项　目	去　年	今　年
主营业务收入	18 000	20 000
主营业务成本	10 700	12 200
主营业务毛利	7 300	7 800
主营业务毛利率/(%)	40.56	39

表 2-10 所示结果表明,该公司本年度主营业务毛利率下降,将对主营业务净利率产生负面的影响。

(二)主营业务净利率

主营业务净利率是企业一定时期的净利润与主营业务收入净额的比率,也称为销售净利率。它反映企业主营业务收入的收益水平。其计算公式为

$$主营业务净利率 = \frac{净利润}{主营业务收入净额} \times 100\%$$

主营业务净利率越高,表明主营业务收入的收益水平越高。企业在增加主营收入的同时,必须相应地获得更多的净利润,才能使主营业务净利率保持不变或有所提高。

【例 2-14】 根据表 2-3 和表 2-4 所示资料,该公司去年和今年的主营业务净利率的计算如表 2-11 所示。

表 2-11　主营业务净利率计算表　　　　　　　　　　单位:万元

项　目	去　年	今　年
净利润	2 400	2 520
主营业务收入净额	18 000	20 000
主营业务净利率/(%)	13.33	12.6

由表 2-11 中所示结果可以看出,ABC 公司的主营业务利润率呈下降趋势,这种下降趋势主要由公司本年度的成本费用增加所致。公司应当深入检查导致成本费用上升的因素,改进有关工作,以便扭转效益指标下降的状况。

(三)盈余现金保障倍数

盈余现金保障倍数又称为利润含金量,是企业一定时期经营现金净流量与净利润的比值,反映企业当期净利润中现金收益的保障程度,即企业收益的质量。其计算公式为

$$盈余现金保障倍数 = \frac{经营现金净流量}{净利润}$$

盈余现金保障倍数是从现金流入和现金流出的动态角度,对企业收益的质

量进行评价的指标,在收付实现制的基础上,充分反映出企业当期净利润中有多少是有现金保障的。一般来说,当企业当期净利润大于 0 时,盈余现金保障倍数应当大于 1。该指标越大,表明企业经营活动产生的净利润对现金的贡献越大。

【例 2-15】 根据表 2-3 所示资料,同时假定该公司去年和今年的经营现金净流量分别为 3 000 万元和 5 000 万元,该公司去年和今年的盈余现金保障倍数的计算如表2-12所示。

表 2-12 盈余现金保障倍数   单位:万元

项　目	去　年	今　年
经营现金流量	3 000	5 000
净利润	2 400	2 520
盈余现金保障倍数	1.25	1.98

由表 2-12 所示结果可以看出,该公司本年度的盈余现金保障倍数比上年度有较大提高,这是因为在净利润略有增长(增长 120 万元)的情况下,经营现金净流量有较大幅度的增长(增长 2 000 万元),表明该公司收益的质量与流动性有很大提高。

(四) 资产净利率

资产净利率是指企业一定时期的净利润与平均资产总额的比率。它是反映企业资产综合利用效果的指标。其计算公式为

$$资产净利率 = \frac{净利润}{平均资产总额} \times 100\%$$

一般情况下,该指标越高,表明企业的资产利用效益越好,整个企业盈利能力越强,经营管理水平越高。资产净利率是一个综合指标,可以利用资产净利率来分析经营中存在的问题,提高主营业务净利率,加速资金周转速度。

【例 2-16】 根据表 2-2 和表 2-3 所示资料,假定该公司前年年末资产总额为 19 000 万元。该公司去年和今年资产净利率的计算如表 2-13 所示。

表 2-13 资产净利率   单位:万元

项　目	前　年	去　年	今　年
净利润		2 400	2 520
资产年末总额	19 000	20 000	23 000
平均资产总额		19 500	21 500
资产净利率/(%)		12.31	11.72

由表 2-13 所示结果表明,企业本年度的资产综合利用效率略微不如上年度,需要对公司资产的使用情况、增产节约工作等情况作进一步的分析考察,以便改进管理、提高效益。

(五) 净资产收益率

净资产收益率是企业一定时期净利润与平均净资产的比率,也称为权益净利率。它是反映自有资金投资收益水平的指标,是企业盈利能力指标的核心。其计算公式为

$$净资产收益率 = \frac{净利润}{平均净资产} \times 100\%$$

其中, 平均净资产 =（所有者权益年初数 + 所有者权益年末数）÷ 2

净资产收益率是评价企业自有资本及其积累获取报酬水平的最具综合性与代表性的指标,反映企业资本运营的综合效益。该指标的通用性强,适应范围广,不受行业局限,在国际企业综合评价中使用率非常高。通过对该指标的综合对比分析,可以看出企业盈利能力在同行业中所处的地位,以及与同类企业的差异水平。一般认为,净资产收益率越高,企业自有资本获取收益的能力越强,运营效益越好,对企业投资人、债权人的保证程度越高。具体分析详见本章杜邦财务分析体系。

(六) 每股收益

每股收益也称为每股利润或每股盈余,是指上市公司本年净利润与年末普通股总数的比值,反映普通股的获利水平,是衡量上市公司盈利能力时最常用的财务分析指标。其计算公式为

$$每股收益 = \frac{净利润}{年末普通股总数}$$

其中,分母也可以用普通股平均股数表示。按平均股数计算的每股收益指标可按下列公式进行分解:

$$每股收益 = \frac{净利润}{普通股平均股数} = \frac{净利润}{平均股东权益} \times \frac{平均股东权益}{普通股平均股数}$$
$$= 权益净利率 \times 平均每股净资产$$

由上式可知,每股净资产和权益净利率是影响每股收益的两个主要因素。每股净资产是指普通股权益与发行在外的普通股股数的比值,该指标可帮助投资者了解每股的权益,并有助于潜在的投资者进行投资分析。对每股收益的具体分析可参考杜邦财务分析体系。

为了更好地反映普通股所取得的利润,每股收益也可以用净利润减去优先

股股利后的余额(称为盈余)除以发行在外的普通股平均股数来计算,此时每股收益的正式名称为"每股盈余"。其计算公式为

$$每股盈余 = \frac{净利润 - 优先股股利}{发行在外的普通股平均股数}$$

(七) 每股股利

每股股利是指上市公司本年发放的普通股现金股利总额与年末普通股总数的比值。它反映每一普通股获取股利的大小。其计算公式为

$$每股股利 = \frac{普通股现金股利总额}{年末普通股总数}$$

每股股利指标越高,说明股本盈利能力越强。分析该指标时应注意公司所采用的股利分配政策,如果公司准备扩大规模,少分股利多留利润,就可能造成每股股利的减小,否则相反。一般认为,每股股利如能逐年持续稳定地增长,就表明上市公司有良好的盈利能力。

(八) 市盈率

市盈率是上市公司普通股每股市价与普通股每股收益的比值,反映投资者对上市公司每股净利润愿意支付的价格,可以用来估计股票的投资报酬和风险。其计算公式为

$$市盈率 = \frac{普通股每股市价}{普通股每股收益}$$

市盈率是反映上市公司盈利能力的一个重要财务比率,投资者对这个比率十分重视。这一比率是投资者作出投资决策的重要参考因素之一。一般来说,市盈率高,说明投资者对该公司的发展前景看好,愿意出较高的价格购买该公司股票,所以一些成长性较好的高科技公司股票的市盈率通常要高一些。但是,也应注意,如果某一种股票的市盈率过高,也意味着这种股票具有较高的投资风险。

四、发展能力分析

发展能力通常是指企业未来生产经营活动的发展趋势和发展潜能。它是由于企业自身的生产经营活动不断扩大积累并依托这种积累相应追加负债而形成的,主要表现为不断增长的销售收入、不断增加的资金投入和不断创造的利润等。分析发展能力时主要考察以下六项指标:销售(营业)增长率、净利润增长率、资本积累率、总资产增长率、三年销售平均增长率和三年资本平均增长率。

(一) 销售(营业)增长率

销售(营业)增长率是企业本年主营业务收入增长额与上年主营业务收入总额的比率。它反映企业主营业务收入的增减变动情况,是评价企业成长状况和发展能力的重要指标。其计算公式为

$$销售(营业)增长率 = \frac{本年主营业务收入增长额}{上年主营业务收入总额} \times 100\%$$

其中,

$$\begin{matrix}本年主营业务\\收入增长额\end{matrix} = \begin{matrix}本年主营业务\\收入总额\end{matrix} - \begin{matrix}上年主营业务\\收入总额\end{matrix}$$

销售(营业)增长率是衡量企业经营状况和市场占有能力、预测企业经营业务扩展趋势的重要指标。不断增加的主营业务收入是企业生存的基础和发展条件。该指标若大于0,则表示企业本年的主营业务收入有所增长,指标值越高,表明增长速度越快,企业市场前景越好;若该指标小于0,则说明产品或服务不适销对路、质次价高,或是在售后服务等方面存在问题,市场份额萎缩。该指标在实际操作时应结合企业历年的主营业务收入水平、企业市场占有情况、行业未来发展及其他影响企业发展的潜在因素进行前瞻性预测,或者结合企业前三年的销售(营业)增长率作出趋势性分析判断。

【例2-17】 根据表2-4所示资料,该公司本年度的销售(营业)增长率为

$(20\,000 - 18\,000) \div 18\,000 \times 100\% = 11.11\%$

(二) 净利润增长率

净利润增长率是本年净利润增长额与上年净利润的比率。净利润是企业经营业绩的结果,因此,净利润的增长是企业成长性的基本表现。其计算公式为

$$净利润增长率 = \frac{本年净利润增长额}{上年净利润}$$

其中,   本年净利润增长额 = 本年净利润 - 上年净利润

一般情况下,就净利润增长率本身而言,净利润增长率越大,企业收益增长就越多;相反,企业净利润增长率越小,企业收益增长就越少。具体分析时,应将净利润增长率和销售(营业)增长率结合起来分析,如果它们能同时增长,则可表明主营业务盈利能力强,企业发展潜力大。

【例2-18】 根据表2-3所示资料,该公司本年度的净利润增长率为

$(2\,520 - 2\,400) \div 2\,400 \times 100\% = 5\%$

(三) 资本积累率

资本积累率是企业本年所有者权益增长额与年初所有者权益的比率。它反映企业当年资本的积累能力,是评价发展潜力的重要指标。其计算公式为

$$资本积累率 = \frac{本年所有者权益增长额}{年初所有者权益} \times 100\%$$

其中，本年所有者权益增长额＝所有者权益年末数－所有者权益年初数

资本积累率是企业当年所有者权益总的增长速度,反映企业所有者权益在当年的变动水平,体现企业资本的积累情况,是企业发展强盛的标志,也是企业扩大再生产的源泉,展示企业的发展潜力。资本积累率还反映投资者投入企业资本的保全性和增长性。该指标若大于0,则指标越高表明企业的资本积累越多,应付风险、持续发展的能力越大;该指标若为负值,则表明企业资本受到侵蚀,所有者利益受到损害,应予充分重视。

【例2-19】 根据表2-2所示资料,该公司2013年度的资本积累率为

$(16\ 500 - 14\ 600) \div 14\ 600 \times 100\% = 13.01\%$

(四) 总资产增长率

总资产增长率是企业本年总资产增长额与年初资产总额的比率,它反映企业本期资产规模的增长情况。其计算公式为

$$总资产增长率 = \frac{本年总资产增长额}{年初资产总额} \times 100\%$$

其中， 本年总资产增长额＝资产总额年末数－资产总额年初数

总资产增长率是从企业资产总量扩张方面衡量企业的发展能力的指标,表明企业规模增长水平对企业发展后劲的影响程度。该指标越高,表明企业一定时期内资产经营规模扩张的速度越快。但在实际分析时,应注意考虑资产规模扩张的质和量的关系,以及企业的后续发展能力,避免资产盲目扩张。

【例2-20】 根据表2-2所示资料,该公司2013年度的总资本增长率为

$(23\ 000 - 20\ 000) \div 20\ 000 \times 100\% = 15\%$

(五) 三年销售平均增长率

三年销售平均增长率表明企业主营业务连续三年的增长情况,体现企业的持续发展态势和市场扩张能力。其计算公式为

$$三年销售平均增长率 = \left(\sqrt[3]{\frac{当年主营业务收入总额}{三年前主营业务收入总额}} - 1 \right) \times 100\%$$

其中,三年前主营业务收入总额是指企业三年前的主营业务收入总额数,例如,在评价企业2012年的绩效状况时,三年前的主营业务收入总额是指2009年的主营业务收入总额。

主营业务收入是企业积累和发展的基础,该指标越高,表明企业积累的基础越牢,可持续发展的能力越强,发展的潜力越大。三年销售水平增长率指标能够

反映企业的主营业务增长趋势和稳定程度,体现企业的连续发展状况和发展能力,避免因少数年份业务波动而对企业发展潜力的错误判断。一般认为,该指标越高,表明企业主营业务持续增长势头越好,市场扩张能力越强。

(六) 三年资本平均增长率

三年资本平均增长率表示企业连续三年的积累情况,在一定程度上体现了企业的持续发展水平和发展趋势。其计算公式为

$$三年资本平均增长率 = \left(\sqrt[3]{\frac{当年年末所有者权益总额}{三年前年末所有者权益总额}} - 1\right) \times 100\%$$

其中,三年前年末所有者权益总额是指企业三年前的所有者权益年末数,例如,在评价2012年企业绩效状况时,三年前所有者权益年末数是指2009年年末所有者权益总额。

一般增长率指标具有"滞后"性,仅反映当期情况,而该指标则能够反映企业资本积累或资本扩张的历史发展状况,以及企业稳步发展的趋势。一般认为,该指标越高,表明企业所有者权益得到保障的程度越大,企业可以长期使用的资金越充足,抗风险和持续发展的能力越强。

第三节 财务综合分析

一、财务综合分析的含义及特点

(一) 财务综合分析的含义

财务分析的最终目的在于全方位了解企业经营理财的状况,并借以对企业经济效益的优劣做出系统的、合理的评价。单独分析任何一项财务指标,都难以全面评价企业的财务状况和经营成果,要想对企业的财务状况和经营成果有一个总的评价,就必须进行相互关联的分析,采用适当的标准进行综合性的评价。所谓财务综合分析就是将营运能力、偿债能力、盈利能力和发展能力等诸方面的分析纳入一个有机的整体之中,全面地对企业经营状况、财务状况进行揭示与解释,从而对企业经济效益的优劣做出准确的评价与判断。

(二) 财务综合分析的特点

财务综合分析的特点体现在其财务指标体系的要求上。一个健全有效的综合财务指标体系必须具备如下三个基本要素。

1. 指标要素齐全、适当

这是指所设置的评价指标必须能够涵盖企业营运能力、偿债能力和盈利能力等诸方面总体考核的要求。

2. 主辅指标功能匹配

这里强调两个方面：第一，在确立营运能力、支付能力和盈利能力诸方面评价的主要指标与辅助指标的同时，进一步明晰总体结构中各项指标的主辅地位；第二，不同范畴的主要考核指标所反映的企业经营状况、财务状况不同侧面与不同层次信息的有机统一，应当全面而详实地揭示出企业经营理财的实绩。

3. 满足多方信息需要

这要求评价指标体系必须能够提供多层次、多角度的信息资料，既能满足企业内部管理当局实施决策对财务信息的需要，同时又能满足外部投资者和政府据以决策和实施宏观调控的要求。

二、财务综合分析方法

财务综合分析的方法很多，其中应用比较广泛的有杜邦财务分析体系和财务比率评分方法。

（一）杜邦财务分析体系

杜邦财务分析体系（简称杜邦体系）是利用各财务指标间的内在关系，对企业综合经营理财及经济效益进行系统分析评价的系统，因其最初由美国杜邦公司创立并成功运用而得名。该体系以净资产收益率为核心，将其分解为若干财务指标，通过分析各分解指标的变动对净资产收益率的影响来揭示企业盈利能力及其变动原因。

【例 2-21】 杜邦财务分析体系。

根据表 2-2、表 2-3 和表 2-4 所示资料，可计算杜邦财务分析体系中的各项指标，如图 2-1 所示。

杜邦体系中各主要指标之间的关系如下。

净资产收益率＝总资产净利率×权益乘数

＝主营业务净利率×总资产周转率×权益乘数

其中， 主营业务净利率＝净利润÷主营业务收入净额

总资产周转率＝主营业务收入净额÷平均资产总额

权益乘数＝资产总额÷所有者权益总额＝1÷（1－资产负债率）

需要说明的是，由于净资产收益率、总资产净利率、主营业务净利率和总资产周转率都是时期指标，而权益乘数和资产负债率是时点指标，为了使这些指标

具有可比性，图 2-1 中的权益乘数和资产负债率均采用本年年初和本年年末的平均值。

在具体运用杜邦体系进行分析时，可以采用前文所述的因素分析法，首先确定主营业务净利率、总资产周转率和权益乘数的基准值，然后顺次代入这三个指标的实际值（见图 2-1），分别计算分析这三个指标的变动对净资产收益率的影响方向和程度。还可以使用因素分析法进一步分解各个指标并分析其变动的深层次原因，找出解决的方法。

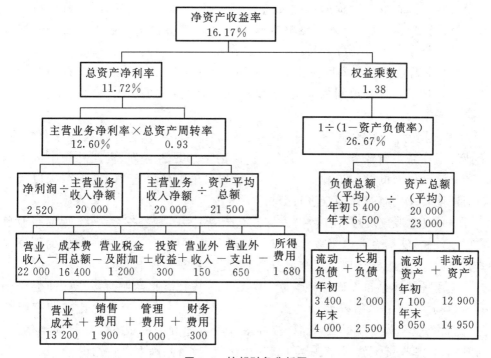

图 2-1 杜邦财务分析图

【例 2-22】 杜邦财务分析体系应用。

根据表 2-2、表 2-3 和表 2-4 所示资料以及前文中的假定，运用连环替代法对 ABC 公司本年度的净资产收益率进行分析。

净资产收益率＝主营业务净利率×总资产周转率×权益乘数

上年度指标：13.33%×0.92×1.41＝17.29%	①
第一次替代：12.60%×0.92×1.41＝16.34%	②
第二次替代：12.60%×0.93×1.41＝16.52%	③
第三次替代：12.60%×0.93×1.38＝16.17%	④

②-① = 16.34% - 17.29% = -0.95%　（主营业务净利率下降的影响）

③-② = 16.52% - 16.34% = 0.18%　（总资产周转率略有上升的影响）

④-③ = 16.17% - 16.52% = -0.35%　（权益乘数下降的影响）

上述指标之间的关系如下。

(1) 净资产收益率是一个综合性最强的财务比率，是杜邦体系的核心。其他各项指标都是围绕这一核心展开的，研究彼此间的依存制约关系，就可揭示企业的盈利能力及其前因后果。财务管理的目标是使所有者财富最大化，净资产收益率反映所有者投入资金的盈利能力，反映企业筹资、投资、资产运营等活动的效率，提高净资产收益率是实现财务管理目标的基本保证。该指标的高低取决于主营业务净利率、总资产周转率与权益乘数。

(2) 主营业务净利率反映企业净利润与主营业务收入的关系。提高主营业务净利率是提高企业盈利的关键，主要有两条途径：一是扩大主营业务收入；二是降低成本费用。

(3) 总资产周转率揭示企业利用资产总额实现主营业务收入的综合能力。企业应当联系主营业务收入分析企业资产的使用是否合理，资产总额中流动资产和非流动资产的结构安排是否适当。此外，还必须对资产的内部结构以及影响资产周转率的各具体因素进行分析。

(4) 权益乘数反映所有者权益与总资产的关系。权益乘数越大，说明企业负债程度较高，能给企业带来较大的财务杠杆利益，但同时也带来了较大的偿债风险。因此，企业既要合理使用全部资产，又要妥善安排资本结构。

应用杜邦体系自上而下地分析，不仅可以揭示企业各项财务指标间的结构关系，查明各项主要指标变动的影响因素，而且可以为决策者优化经营理财状况，提高企业经营效益提供思路。提高主权资本净利率的根本在于扩大销售、节约成本、合理投资配置、加速资金周转、优化资本结构、确立风险意识等。

杜邦分析方法的指标设计也具有一定的局限性，它偏重于企业所有者的利益。从杜邦指标体系来看，在其他因素不变的情况下，资产负债率越高，净资产收益就越高。较多负债利用财务杠杆作用可得到高收益，但是没有考虑财务风险因素，负债越多、财务风险越大，偿债压力也就越大。因此还要结合其他指标综合分析。

【技能指引】　产权比率和权益乘数的关系

已知：(1) 资产负债率＝负债总额/总资产

(2) 资产权益率＝所有者权益/总资产

(3) 资产负债率＋资产权益率＝1

> 因权益乘数和资产权益率互为倒数。
> 证得
> $$权益乘数 = 总资产/所有者权益$$
> $$= (负债总额 + 所有者权益)/所有者权益$$
> $$= 产权比率 + 1$$

(二)财务比率评分方法

1. 沃尔综合评分法

在进行财务分析时,人们遇到的一个主要困难就是在计算出财务比率之后仍无法判断它是偏高还是偏低。与本企业的历史财务状况比较只能看出自身的变化,却难以评价其在市场竞争中的优劣地位。为了弥补这些缺陷,美国银行家亚历山大·沃尔于20世纪初出版的《信用晴雨表研究》和《财务报表比率分析》等著作中提出了信用能力指数概念,将流动比率、产权比率、固定资产比率、存货周转率、应收账款周转率、固定资产周转率、自有资金周转率等七项财务比率用线性关系结合起来,并分别给定各自的分数比重,总和为100分。然后确定标准比率,将实际比率与之进行比较,确定各项指标的得分及总体指标的累计分数,用于对企业的信用水平做出评价(见表2-14)。

表2-14 沃尔综合评分法

财务比率	比重 ①	标准比率 ②	实际比率 ③	相对比率 ④=③/②	评分 ①×④
流动比率	25	2.00	2.02	1.01	25.25
净资产/负债	25	1.50	2.54	1.69	42.25
资产/固定资产	15	2.50	1.64	0.66	9.90
销售成本/存货	10	8.00	2.65	0.33	3.30
销售额/应收账款	10	6.00	16.00	2.67	26.70
销售额/固定资产	10	4.00	1.54	0.39	3.90
销售额/净资产	5	3.00	1.29	0.43	2.15
合计	100				113.45

若综合得分大于100,则说明企业的财务状况比较好;反之则说明企业的财务状况比同行业平均水平或者本企业历史先进水平要差。

对于沃尔综合评分法,一般认为它在理论上未能证明为何要选择这七个指标,以及每个指标所占权重的合理性。同时,还存在一个技术问题,即由于某项指标得分是根据"相对比率"与"权重"的乘积来确立的,因此,某一指标严重异常会对总评分产生不合逻辑的重大影响。但尽管如此,它还是被广泛运用在实践中。

2. 现代综合评分法

现代社会与沃尔的时代相比,已有很大变化。一般认为,企业财务分析与评价的内容主要是盈利能力,其次是偿债能力,以及成长能力,三者之间大致可按 5∶3∶2 来分配比重。反映盈利能力的主要指标是总资产净利率、销售净利率和净资产报酬率。虽然净资产报酬率最重要,但由于前两个指标已经分别使用了总资产和净利润,为减少重复性,三个指标可按 2∶2∶1 安排。偿债能力有四个常用指标,成长能力有三个常用指标(见表 2-15、表 2-16)。

标准比率应以本行业平均数为基础,适当进行理论修正。

表 2-15 现代综合评分法指标

盈利能力(5)	偿债能力(3)	成长能力(2)
总资产净利率(2)	自有资本比率(1.25)	销售增长率(2/3)
销售净利率(2)	流动比率(1.25)	净利增长率(2/3)
净值报酬率(1)	应收账款周转率(1.25)	人均净利增长率(2/3)
	存货周转率(1.25)	

表 2-16 现代综合评分法评分值

指标	标准评分	标准比率/(%)	行业最高比率/(%)	最高评分	最低评分	每分比率差/(%)
盈利能力:						
总资产净利率	20	10	20	30	10	1
销售净利率	20	4	20	30	10	1.6
净值报酬率	10	16	20	15	5	0.8
偿债能力:						
自有资本比率	8	40	100	12	4	15
流动比率	8	150	450	12	4	75
应收账款周转率	8	600	1 200	12	4	150
存货周转率	8	800	1 200	12	4	100
成长能力:						
销售增长率	6	15	30	9	3	5
净利增长率	6	10	20	9	3	3.3
人均净利增长率	6	10	20	9	3	3.3
合计	100			150	50	

在给每个指标评分时,应规定上限和下限,以减少个别指标异常对总分造成不合理的影响。上限可定为正常评分值的 1.5 倍,下限可定为正常评分值的 1/2。给分时不采用乘的关系,而采用加或减的关系来处理,以克服沃尔综合评分法的缺点。例如,总资产净利率的标准值为 10%,标准评分为 20 分,行业最高比率为 20%,最高评分为 30 分,则每 1 分的财务比率差为 1%,即(20%－10%)÷(30 分－20 分)。总资产净利率每提高 1%,多给 1 分,但该项得分不超过 30 分。现代综合评分法的关键技术是"标准评分值"的确定和"标准比率"的建立。某企业财务状况评分表如表 2-17 所示。

该企业综合得分 108.38 分,大于 100 分,说明企业财务状况较好。

表 2-17　某企业财务状况评分表

指　标	实际比率 /(%) ①	标准比率 /(%) ②	差异 ③= ①－②	每分比率 差/(%) ④	调整分 ⑤= ③/④	标准 评分 ⑥	得分 ⑦= ⑤+⑥
盈利能力:							
总资产净利率	11.72	10	1.72	1	1.72	20	21.72
销售净利率	12.6	4	8.6	1.6	5.38	20	25.38
净值报酬率	16.17	16	0.17	0.8	0.21	10	10.21
偿债能力:							
自有资本比率	72	40	32	15	2.13	8	10.13
流动比率	201	150	51	75	0.68	8	8.68
应收账款周转率	1 600	600	1 000	150	6.67	8	14.67
存货周转率	265	800	－535	100	－5.35	8	2.65
成长能力:							
销售增长率	11.11	15	－3.89	5	－0.78	6	5.22
净利增长率	5	10	－5	3.3	－1.67	6	4.33
人均净利增长率	8	10	－2	3.3	－0.61	6	5.39
合　计						100	108.38

复习思考题

1. 解释下列名词术语:
   财务分析　　比较分析法　　比率分析法　　因素分析法
   已获利息倍数　利润含金量　杜邦财务分析体系　权益乘数
   沃尔综合评分法
2. 简述财务分析的意义及基本内容。
3. 运用比较分析法应注意哪些问题?
4. 按形成比率的指标间的关系,可将财务比率分为哪些类型?

5. 运用因素分析法时应注意什么问题?
6. 企业短期偿债能力和长期偿债能力分别使用哪些比率予以分析判断?
7. 市盈率的高低在正常情况下说明什么?
8. 权益乘数的大小说明什么?为什么?
9. 沃尔综合评分法运用了哪些指标?

练 习 题

一、单项选择题

1. 与产权比率比较,资产负债率评价企业偿债能力的侧重点是(　　)。
   A. 揭示财务结构的稳健程度
   B. 揭示债务偿付安全性的物质保障程度
   C. 提示主权资本对偿债风险的承受能力
   D. 揭示负债与资本的对应关系
2. 评价企业短期偿债能力强弱最直接的指标是(　　)。
   A. 已获利息倍数　　　　　　　　B. 速动比率
   C. 流动比率　　　　　　　　　　D. 现金流动负债比率
3. 市净率指标的计算不涉及的参数是(　　)。
   A. 年末普通股股数　　　　　　　B. 年末普通股权益
   C. 年末普通股股本　　　　　　　D. 每股市价
4. 企业增加速动资产,一般会(　　)。
   A. 降低企业的机会成本　　　　　B. 提高企业的机会成本
   C. 增加企业的财务风险　　　　　D. 提高流动资产的收益率
5. 产权比率与权益乘数的关系是(　　)。
   A. 产权比率×权益乘数 = 1
   B. 权益乘数 = 1/(1－产权比率)
   C. 权益乘数 =(1＋产权比率)/产权比率
   D. 权益乘数 = 1＋产权比率
6. 运用杜邦体系进行财务分析的中心指标是(　　)。
   A. 净资产收益率　　　　　　　　B. 资产利润率
   C. 销售利润率　　　　　　　　　D. 总资产周转率
7. 下列指标中,可用于衡量企业短期偿债能力的是(　　)。
   A. 已获利息倍数　 B. 产权比率　 C. 资产周转率　 D. 流动比率
8. 如果流动负债小于流动资产,则期末以现金偿付一笔短期借款所导致的结果是(　　)。
   A. 营运资金减少　　　　　　　　B. 营运资金增加
   C. 流动比率降低　　　　　　　　D. 流动比率提高

9. 下列各项中,不会影响流动比率的业务是(   )。
   A. 用现金购买短期债券   B. 用现金购买固定资产
   C. 用存货进行对外长期投资   D. 从银行取得长期借款
10. 下列各项中,可能导致企业资产负债率变化的经济业务是(   )。
    A. 收回应收款   B. 用现金购买债券
    C. 接受所有者投资转入的固定资产   D. 以固定资产对外投资(按账面价值)

二、多项选择题

1. 在其他条件不变的情况下,缩短应收账款周转天数,有利于(   )。
   A. 提高短期偿债能力   B. 缩短现金周转期
   C. 企业减少资金占用   D. 企业扩大销售规模
2. 流动比率过高,意味着企业存在以下几种可能(   )。
   A. 存在闲置现金   B. 存在存货积压
   C. 应收账款周转缓慢   D. 偿债能力很差
3. 提高应收账款周转率有助于(   )。
   A. 加快资金周转   B. 提高生产能力
   C. 增强短期偿债能力   D. 减少坏账损失
4. 下列各项指标中可用于分析企业长期偿债能力的有(   )。
   A. 流动比率   B. 资产负债率
   C. 产权比率   D. 已获利息倍数
5. 利息保障倍数指标所反映的企业财务层面包括(   )。
   A. 盈利能力   B. 长期偿债能力
   C. 短期偿债能力   D. 发展能力
6. 从杜邦体系可知,提高净资产收益率的途径在于(   )。
   A. 加强负债管理,降低负债比率   B. 加强成本管理,降低成本费用
   C. 加强销售管理,提高销售利润率 D. 加强资产管理,提高资产周转率
7. 若流动比率大于1,则下列结论不一定成立的是(   )。
   A. 速动比率大于1   B. 速动比率小于1
   C. 资产负债率大于1   D. 短期偿债能力绝对有保障
8. 下列分析方法中,属于财务综合分析方法的是(   )。
   A. 趋势分析法   B. 杜邦分析法
   C. 沃尔比重分析法   D. 因素分析法
9. 企业财务分析的基本内容包括(   )。
   A. 偿债能力分析   B. 营运能力分析
   C. 发展能力分析   D. 盈利能力分析
10. 下列各项中,与净资产收益率密切相关的有(   )。
    A. 销售净利率   B. 总资产周转率   C. 流动比率   D. 权益乘数

三、判断题

1. 现金流动负债比率的提高不仅能增加资产的流动性,而且能使机会成本增加。（　）

2. 一般来说,市盈率高,说明投资者对该公司的发展前景看好,愿意出较高的价格购买该公司的股票,但是市盈率也不是越高越好。（　）

3. 本应借记应付账款,却误借记应收账款,这种错误必然会导致速动比率下降。（　）

4. 尽管流动比率可以反映企业的短期偿债能力,但有的企业存在流动比率较高,却没有能力支付到期的应付账款的情况。（　）

5. 既是企业盈利能力指标的核心,又是整个财务指标体系核心的指标是净资产收益率。（　）

6. 已获利息倍数指标中的"利息费用"既包括当期计入财务费用中的利息费用,又包括计入固定资产成本的资本化利息。（　）

7. 选择不同的折旧方法对企业的资产负债率不发生影响。（　）

8. 权益乘数表示企业的盈利能力,权益乘数越大,企业盈利能力越强。（　）

四、计算分析题

1. A公司去年的销售净利率为5.73%,资产周转率为2.17次,今年的销售净利率为4.88%,资产周转率为2.88次,若两年的资产负债率都为50%。要求：

（1）计算去年的权益净利率；

（2）计算今年的权益净利率；

（3）今年的权益净利率与去年相比,其变化趋势是什么？

2. C公司为上市公司,2012年股东权益总额为60 000万元,净利润额为8 000万元,没有优先股,发行在外的普通股数为2 000万股,年底每股市价50元,当年分配股利总额为2 400万元。据以上资料计算公司2012年度的下列财务指标：

（1）每股盈余；

（2）市盈率；

（3）每股股利；

（4）留存盈余比率；

（5）股利支付率；

（6）每股净资产。

3. 某公司流动资产由速动资产和存货构成,年初存货为145万元,年初应收账款为125万元,年末流动比率为300%,年末速动比率为150%,存货周转率为4次,年末流动资产余额为270万元。一年按360天计算。要求：

（1）计算公司流动负债年末余额；

（2）计算公司存货年末余额和年平均余额；

（3）计算公司本年销货成本；

(4)假定本年赊销净额为960万元,应收账款以外的其他速动资产忽略不计,计算公司应收账款周转期。

4.企业有关财务信息如下:(1)速动比率为200％;(2)长期负债是短期投资的4倍;(3)应收账款为4 000元,是速动资产的50％、流动资产的25％,同固定资产的价值相等;(4)所有者权益总额等于营运资金,实收资本是未分配利润的2倍。根据以上信息,将如下资产负债表的空白处填列完整。

单元:元

资产	金额	负债及所有者权益	金额
现金		应付账款	
短期投资		长期负债	
应收账款		实收资本	
存货		未分配利润	
固定资产			
合计		合计	

5.某公司××年度简化的资产负债表如下:

资产负债表

××公司　　××年12月31日　　　　　　　　　　　　单位:万元

资产		负债及所有者权益	
货币资金	50	应付账款	100
应收账款		长期负债	
存货		实收资本	100
固定资产		留收资本	100
资产合计		负债及所有者权益合计	

其他有关财务指标如下:
(1)长期负债与所有者权益之比为0.5;
(2)销售毛利率为10％;
(3)存货周转率(存货按年末数计算)为9次;
(4)平均收现期(应收账款按年末数计算,一年按360天计算)为18天;
(5)总资产周转率(总资产按年末计算)为2.5次。

请利用上述资料,填充该公司资产负债表的空白部分(要求在表外保留计算过程)。

6.ABC公司年末资产负债表如下所示。该公司的年末流动比率为200％;产权比率为70％;以销售额和年末存货计算的存货周转率为14次,以销售成本和年末存货计算的存货周转率为 10 次;本年销售毛利额为 40 000 元。请利用资产负债表中已有的数据和以上已知资料计算下表中空缺的项目金额。

资产负债表　　　　　　　　　　　　　　　　　　　　　　单位:元

资产	金额	负债及所有者权益	金额
货币资金	5 000	应付账款	
应收账款净额		应交税金	7 500
存货		长期负债	
固定资产净额	50 000	实收资本	60 000
		未分配利润	
合　计	85 000	合　计	

7. ABC 公司 2012 年 12 月 31 日资产负债简表如下表所示。已知:ABC 公司 2006 年产品成本为 315 000 元,存货周转次数为 4.5 次;年末流动比率为 150%;产权比率为 80%,期初存货等于期末存货。

ABC 公司资产负债表

2012 年 12 月 31 日　　　　　　　　　　　　　　　　　　单位:元

资产	金额	负债及所有者权益	金额
货币资产	25 000	流动负债	
应收账款净额		长期负债	
存货		所有者权益	240 000
固定资产净额	294 000		
资产总额		负债及所有者权益合计	

请根据上述资料计算 ABC 公司 2012 年 12 月 31 日资产负债表简表的下列项目的期末余额,并填写在上表中。

(1) 资产总额;

(2) 存货;

(3) 应收账款净额;

(4) 流动负债;

(5) 长期负债。

第三章 财务估价基础

【学习要点】本章对理财中的财富增长及相应风险进行描述,需掌握下列要点:
(1) 财务估价的范围及基本价值观念;
(2) 风险的种类,投资报酬与风险的关系;
(3) 资金时间价值及其计算;
(4) 风险衡量的方法。

【主旨语】物有所值,随时空变化。 ——编者

第一节 财务估价概述

一、财务的基本价值观念

财务价值观念是财务管理的基础,观念的更新会带来管理水平的提高。一般而言,财务管理应具备的价值观念很多,如资金的时间价值观念、风险收益均衡观念、机会损益观念、边际收益(成本)观念、弹性观念、预期收益观念等。资金时间价值观念和风险收益均衡观念是财务管理最基本的价值观念。

(一) 资金时间价值观念

资金时间价值就是一定量的货币在不同时点上具有不同的经济价值,其差异称为利息。资金时间价值可以用绝对数表示,也可以用相对数表示,它是资金所有权与资金使用权相分离后,资金使用者向资金所有者支付的一种报酬或代价,以利息额和利息率来表示。利息作为重要的经济杠杆,在宏观方面可以吸收社会闲散资金用于扩大再生产、促进资源合理配置,在微观方面可以刺激现代企业合理使用资金、加强资金周转、提高投资效益。因此,现代企业财务管理人员应充分认识资金时间价值,在财务管理活动中确立资金时间价值观念,重视利息的作用,并且按照经济上合理性和可能性的要求,进行最优方案的选择。

在实际的财务管理中,资金时间价值又往往与现金流量有关,同时还需把不同时期的现金流量按一定的折现率折算为同一时点的现金流量。所谓现金流量,是指在长期投资决策中,一个项目所引起的企业现金支出和现金收入增加的数量。按其发生的时间可分为初始现金流量、营业现金流量和终结现金流量等

三类。

(二) 风险收益均衡观念

风险是指在一定条件下和一定时期内可能发生的各种结果的变动程度,它与不确定性是有区别的。风险是现代企业在组织活动过程中不确定性因素的作用使实际财务收益与预期财务收益发生差异而带来的蒙受经济损失的机会和可能。市场经济的进一步发展,使企业在融资、投资、营运、分配等方面的风险日益加大。另外,企业内外部环境的变化也会给财务活动带来风险。因此,企业财务管理人员必须通过风险回避、风险转嫁、风险接受、风险分散等手段,对企业财务活动的风险加以控制,以正确、有效地实施财务决策。

风险与收益是一种对称关系,它要求等量风险带来等量收益,即风险收益均衡,这种均衡是市场竞争的结果。风险与收益均衡观念的核心就是要求企业不承担超过收益限度的风险,在一定的风险下收益必须达到较高的水平;在收益一定的情况下风险必须维持在较低的水平。

二、财务估价的应用范围

财务估价是指对一项资产价值的估计值。这里的资产可能是金融资产,也可能是实物资产,甚至可能是一个企业资产。这里的价值是指资产的内在价值,或者称为经济价值,是指用适当的折现率计算的资产预期未来现金流量的现值。财务估价也是对企业未来效率水平进行科学量化的过程,是对企业的持续经营价值进行判断、估计的过程。无论是对于投资者,还是对于企业管理人员,科学地进行财务估价,准确地了解企业价值,都具有重大意义。

(一) 财务估价的意义

1. 财务估价是企业理财决策的基础

企业的理财目标是企业价值最大化,为实现企业价值最大化,应科学地进行投资与融资决策。理财决策所应遵循的基本原则是,能够导致企业价值最大化的理财方案才是最优的决策方案。一般而言,在投资决策中拥有正的净现值的投资方案能导致企业价值最大化;在筹资决策中能使企业加权平均资本成本最低的筹资方案能导致企业价值最大化。

2. 财务估价是企业确定资产经济价值的重要方法

财务意义上的资产的价值,是该项资产在未来企业持续经营中所带来的现金净流量所折合成相当于当前的总现值,即资产的经济价值。在财务估价中,一项资产的经济价值与该项资产过去的支出无关,资产的经济价值在于其能够在未来的使用中带来经济利益,所带来的未来经济利益表现为现金净流量。在理财决策中,依据财务估价所确认的资产的价值是否大于其市场价值就可以对该项资产的投资进行决策。如果资产的经济价值大于市场价值,则说明市场低估了该项资产的价值,投资于该项资产,可以获得净现值,方案是可行的;反之,如果资产的经济价值低于市场价值,则说明市场高估了该项资产的价值,投资于该项资产的净现值为负数,方案是不可行的。

(二) 财务估价计量标准

对企业资产价值估价计量时,存在着多种标准,如历史成本、重置成本、可变现净值、现值、公允价值等。

1. 历史成本

在历史成本计量下,资产按照购置时支付的现金或现金等价物的金额,或者按照购置时所付出的对价的公允价值计量。负债按照因承担现时义务而实际收到的款项或者资产的金额,或者承担现时义务的合同金额,或者日常活动中为偿还负债预期需要支付的现金或现金等价物的金额计量。

2. 重置成本

在重置成本计量下,资产按照现在购买相同或相似资产所需支付的现金或现金等价物的金额计量。负债按照现在偿付该项债务所需支付的现金或现金等价物的金额计量。

3. 可变现净值

在可变现净值计量下,资产按照其正常对外销售所能收到现金或现金等价物的金额扣减该资产至完工时估计将要发生的成本、估计的销售费用,以及相关税费后的金额计量。

4. 现值

在现值计量下,资产按照预计从其持续使用和最终处置中所产生的未来净现金流入量的折现金额计量。负债按照预计期限内需要偿还的未来净现金流出量的折现金额计量。

5. 公允价值

在公允价值计量下,资产和负债均按照在公平交易中熟悉情况的交易双方自愿进行资产或负债清偿的金额计量。

上述计量属性中,按依据的基础不同,可分为两类。第一类计量属性以所处环境下的市场状态为基础,会计人员以现行已知的金额——交易价格作为入账金额。这类计量属性包括历史成本(收入)、现行成本和现行市价。这类计量属性着眼于价格。第二类计量属性根据现存信息预测未来的现金流量,根据未来利益或牺牲来确定资产的现行经济价值。这类计量属性包括可变现净值和现值。这类计量属性着眼于经济价值。若按时间序列又可分为过去、现在和未来三种属性。历史成本是过去交易的代价,属于过去时态的计量属性;现行市价和现行成本是计量对象现在的现金等值,是现在时态的计量属性;可变现净值和现值是计量对象未来的流入(或流出)金额,因而它具有未来时态的计量属性。

第二节 资金时间价值

一、资金时间价值原理

企业财务估价是借助资金时间价值的计算形式来进行的。资金时间价值是指一定量资金在不同时点上的价值量的差额。资金时间价值来源于资金在运动过程中,经过一定时间的投资与再投资后所产生的增值。

在市场经济条件下,今天的1元钱和将来的1元钱是不等值的,前者要比后者的价值大。例如,将今天的1元钱存入银行,若银行存款年利率为10%,一年以后就会是1.10元。可见,经过一年时间,这1元钱发生了0.10元的增值,今天的1元钱和一年后的1.10元钱等值。这就是资金在投资后随时间的推移而产生的增值,也就是资金时间价值,它可以用绝对数来表示(本例中的0.10元),即利息。也可以用相对数来表示,增加价值与投资价值的比值(本例中的10%),即利息率。

资金在投入生产经营过程后,其数额随时间持续而不断增长,这是客观存在的经济现象。资金在投资过程中,不断按照投入—回收—再投入—再回收周而复始地运动,资金时间价值是资金在周转使用中产生的,是资金所有者让渡资金使用权而参与社会财富分配的一种形式。

通常情况下,资金时间价值相当于在没有风险和没有通货膨胀条件下的社会平均资金利润率,这是利润平均化规律作用的结果。在市场经济中,由于竞争,企业的财务管理活动总是存在着不同的风险,而通货膨胀是客观存在的经济现象。因此,同样多的资金在相同的时间投资不同的项目,所获得的投资报酬率是不同的,而它们之所以不同,是由于它们所产生的风险报酬率不同,时间价值(社会平均利润率)是相同的。企业在投资中,所赚得的基本报酬也必须达到社会平均利润率,否则还不如投资于其他项目或其他行业。只有购买国库券等政府债券几乎才没有风险,如果通货膨胀率为零,则可以用政府债券利率来表现资金时间价值。

银行存款利率、贷款利率、各种债券利率、股票的股利率都可以看成是资金投资的报酬率,它们与资金的时间价值率是有区别的,只有在没有风险和没有通货膨胀的条件下,时间价值才与上述各报酬率相等。值得注意的是,通常情况下,在讲述资金时间价值时,均假设只有在没有风险和没有通货膨胀的条件下,以利息率来代表资金的时间价值。

资金时间价值以商品经济的高度发展和借贷关系的普遍存在为前提条件或存在基础,它是一个客观存在的经济范畴,是财务管理中必须考虑的重要因素。在经济活动中,应将资金时间价值作为一种观念引入财务管理中,在有关的融资、投资和资本收益分配的财务决策中,都要认真考虑资金时间价值。

二、资金时间价值的计算

(一) 一次性收付款项的终值与现值的计算

在某一特定时点上一次性支付(或收取),经过一段时间后再相应地一次性收取(或支付)的款项,即为一次性收付款项。例如,某人持有一笔现金 10 000 元,现在按年利率为 2% 的 5 年定期存入银行,5 年后取得本利 11 000 元,这种收付款项就属于一次性收付款项。

资金时间价值的计算,主要是对终值和现值的计算。

终值又称将来值,是现在一定量资金折合成未来某一时点上的资金的价值,俗称本利和。

现值又称本金,是指未来某一时点上的一定量资金折合为现在资金的价值。上例中,10 000 元存入银行,5 年后获得本利和 11 000 元,因而现在的 10 000 元经过 5 年后的终值为 11 000 元;反之,5 年后的 11 000 元折合为现在的价值为 10 000 元。现在的 10 000 元与 5 年后的 11 000 元在价值上是等量的。

终值与现值的计算涉及利息计算方式的选择。目前有两种利息计算方式,即单利和复利。单利方式下,每期都按初始本金计算利息,当期利息即使不取出也不计入下期本金,计算基数不变。复利方式下,以当期末本利和为计息基础计算下期利息,即利上加利。现代财务管理中一般用复利方式计算终值与现值。

1. 单利的终值和现值

为计算方便,这里假定如下符号含义:I 为利息;P 为现值;F 为终值;i 为利率(折现率);n 为计算利息的期数。

1) 单利终值的计算

单利终值的计算公式为

$$F = P \times (1 + i \times n)$$

【例 3-1】 某人将现金 10 000 元存入银行 4 年,银行年利率为 2%,若按单利计息,则 4 年后所获资金为

$$F = 10\ 000 \times (1 + 2\% \times 4) \text{元} = 10\ 800 \text{元}$$

2) 单利现值的计算

单利现值的计算公式为

$$P = F \div (1 + i \times n)$$

单利现值的计算同单利终值的计算是互逆的,由终值计算现值的过程称为折现。

2. 复利的终值和现值

1) 复利终值的计算

复利终值的计算公式为

$$F = P \times (1 + i)^n$$

【例 3-2】 某人将 10 000 元存入银行,年利率为 2%,则经过一年时间的本利和为

$$F = P + P \times i = P \times (1 + i)$$
$$= 10\ 000 \times (1 + 2\%) \text{元} = 10\ 200 \text{元}$$

如果此人并不提走现金,将 10 200 元继续存入银行,则第二年本利和为

$$F = P \times (1 + i) \times (1 + i) = P \times (1 + i)^2$$
$$= 10\ 000 \times (1 + 2\%)^2 \text{元} = 10\ 404 \text{元}$$

同理,第三年的本利和为

$$F = P \times (1 + i)^2 \times (1 + i) = P \times (1 + i)^3$$
$$= 10\ 000 \times (1 + 2\%)^3 \text{元} = 10\ 612.08 \text{元}$$

第 n 年的本利和为

$$F = P \times (1 + i)^n$$

其中,$(1+i)^n$ 通常称为"一次性收付款项终值系数",简称"复利终值系数",用符号 $(F/P, i, n)$ 表示。如本例 $(F/P, 2\%, 3)$ 表示利率为 2%、3 年复利终值的系数。复利终值系数可以通过查"1 元复利终值系数表"直接获得。

附录 A 复利终值系数表的第一行是利率 i,第一列是计息期数 n,相应的 $(1+i)^n$ 在其纵横相交处。由该表可查出,$(F/P, 2\%, 3) = 1.061$,即在利率为 2% 的情况下,现在的 1 元和 3 年后的 1.061 元在经济上是等效的,根据这个系数可以把现值换算成终值。

第三章 财务估价基础

> 【知识链接】 复利是世界第八大奇迹
>
> 如果有个储蓄罐,只要你每天按照倍增方式往里面存放面值一分的硬币,即第一天放进一枚、第二天放进两枚、第三天放进四枚,依此类推,坚持一个月,月底你就可以成为千万富翁。
>
> 换一个角度,仅以一元钱为本金,如果一定周期内能复利性质地增长一倍,那么只需三十个这样的周期,就可获得五亿三千六百八十七万多元。这就是复利的威力,也是财富增长的奥秘。对此,爱因斯坦有经典的评述:"复利的计算是人类世界的第八大奇迹"。

2) 复利现值的计算

复利现值的计算公式为

$$P = F \times (1+i)^{-n}$$

其中,$(1+i)^{-n}$ 通常称为"一次性收付款项现值系数",用符号 $(P/F, i, n)$ 表示,可以直接查阅附录 B 复利现值系数表。

【例 3-3】 某企业进行一项投资,预计 5 年后可获得收益 200 万元,按年利率(折现率)10% 计算,这笔收益的现值为

$$P = F \times (1+i)^{-n} = F \times (P/F, i, n)$$
$$= 200 \times (1+10\%)^{-5} \text{ 万元} = 200 \times (P/F, 10\%, 5) \text{ 万元}$$
$$= 200 \times 0.621 \text{ 万元} = 124.2 \text{ 万元}$$

(二)年金终值与现值的计算

年金是指一定时期内每期等额收付的系列款项,通常记为 A。年金的形式多种多样,如折旧、保险费、养老金、租金、等额分期收款、等额分期付款以及零存整取或整存零取储蓄等。年金按其每次收付发生的时点不同,可分为普通年金、即付年金、递延年金、永续年金等几种。

1. 普通年金终值与现值的计算

1) 普通年金终值的计算

普通年金是指从第一期起,在一定时期内每期期末等额发生的系列收付款项,又称后付年金。普通年金终值是指每期收付款项的复利终值之和,是折算到最后一期期末的本利和。

普通年金终值的计算公式为

$$F = A \times (1+i)^0 + A \times (1+i)^1 + A \times (1+i)^2 + \cdots + A \times (1+i)^{(n-2)} + A \times (1+i)^{(n-1)}$$

整理上式,可得

$$F = A \times \frac{(1+i)^n - 1}{i}$$

其中,分式称为"年金终值系数",记为$(F/A,i,n)$,可通过直接查阅附录C年金终值系数表求得有关数值。

【例3-4】 某企业投资一项目,项目的建设期为5年,若5年内每年年末从银行借款50万元,借款年利率为10%,则该项目竣工时应付本息的总额为

$$F = 50 \times \frac{(1+10\%)^5 - 1}{10\%} \text{万元}$$
$$= 50 \times (F/A, 10\%, 5) \text{万元}$$
$$= 50 \times 6.1051 \text{万元} = 305.255 \text{万元}$$

2) 年偿债基金的计算

偿债基金是指为了在约定的未来某一时点清偿某笔债务或积聚一定数额的资金而必须分次等额形成的存款准备金。由于每次形成的等额准备金类似普通年金存款,因而同样可以获得按复利计算的利息,债务实际上等于普通年金终值,每年提取的偿债基金等于A。也就是说,偿债基金的计算实际上是普通年金终值的逆运算。其计算公式为

$$A = F \times \frac{i}{(1+i)^n - 1}$$

其中,$\frac{i}{(1+i)^n - 1}$称为"偿债基金系数",记为$(A/F,i,n)$,可直接查阅"偿债基金系数表"或利用年金终值系数的倒数推算出来。

【例3-5】 某企业有一笔5年后到期的借款,到期值为1 500万元。若年利率为10%,则为偿还该项借款应建立的偿债基金为

$$A = 1\,500 \times \frac{10\%}{(1+10\%)^5 - 1} \text{万元}$$
$$= 1\,500 \times 0.1638 \text{万元} = 245.7 \text{万元}$$

或
$$A = 1\,500 \times [1/(F/A, 10\%, 5)] \text{万元}$$
$$= 1\,500 \times (1/6.105) \text{万元} = 245.7 \text{万元}$$

3) 普通年金现值的计算

普通年金现值是指一定时期内每期期末等额收付款项的复利现值之和。其计算公式为

$$P = A \times (1+i)^{-1} + A \times (1+i)^{-2} + \cdots + A \times (1+i)^{-(n-1)} + A \times (1+i)^{-n}$$

整理上式,可得

$$P = A \times \frac{1 - (1+i)^{-n}}{i}$$

其中,$\frac{1 - (1+i)^{-n}}{i}$称为"年金现值系数",记为$(P/A,i,n)$,可直接查阅附录D

年金现值系数表求得有关数值。上式也可以写为
$$P = A \times (P/A, i, n)$$

【例 3-6】 某企业租入某设备,每年年末需要支付租金 1 000 元,年复利率为 10%,则 5 年内应支付的租金总额的现值为

$$P = 1\,000 \times \frac{1-(1+10\%)^{-5}}{10\%} \text{元}$$
$$= 1\,000 \times (P/A, 10\%, 5) \text{元}$$
$$= 1\,000 \times 3.790\,8 \text{元} = 3\,790.8 \text{元}$$

4) 年资本回收额的计算

资本回收额是指在给定的年限内等额回收初始投入资本或清偿所欠债务的金额。年资本回收额的计算是年金现值的逆运算。其计算公式为

$$A = P \times \frac{i}{1-(1+i)^{-n}}$$

其中,$\frac{i}{1-(1+i)^{-n}}$ 称为"资本回收系数",记为 $(A/P, i, n)$,可直接查阅"资本回收系数表"或利用年金现值系数的倒数求得。上式也可写为

$$A = P \times (A/P, i, n) \quad \text{或} \quad A = P \times [1/(P/A, i, n)]$$

【例 3-7】 某企业现借款 1 000 万元,用于新产品开发,在 5 年内以年利率 12% 等额偿还,则每年应付的金额为

$$A = 1\,000 \times \frac{12\%}{1-(1+12\%)^{-5}} \text{万元}$$
$$= 1\,000 \times 0.277\,4 \text{万元} = 277.4 \text{万元}$$

或
$$A = 1\,000 \times [1/(P/A, 12\%, 5)] \text{万元}$$
$$= 1\,000 \times (1/3.604\,8) \text{万元} = 277.4 \text{万元}$$

【技能指引】 复利计算及其关系图解(见图 3-1)。

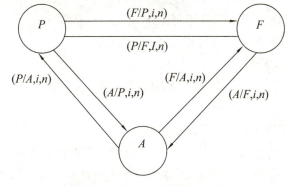

图 3-1 复利计算及其关系图解

2. 即付年金的终值与现值

即付年金是指从第一期起，在一定时期内每期期初等额收付的系列款项，又称先付年金。它与普通年金的区别仅在于付款时间的不同。

1) 即付年金终值的计算

n 期即付年金终值与 n 期普通年金终值的关系如图 3-2 所示。

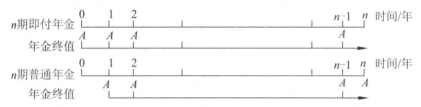

图 3-2　即付年金终值与普通年金终值的关系

即付年金终值是其最后一期期末的本利和，是各期收付款项的复利终值之和。

从图 3-2 可以看出，n 期即付年金与 n 期普通年金的付款次数相同，但由于其付款时间不同，n 期即付年金终值比 n 期普通年金终值多计算一期利息。因此，在 n 期普通年金终值的基础上乘以 $(1+i)$ 就是 n 期即付年金终值。其计算公式为

$$F = A \times \frac{(1+i)^n - 1}{i} \times (1+i) = A \times \left[\frac{(1+i)^{n+1} - 1}{i} - 1\right]$$

其中，$\left[\frac{(1+i)^{n+1} - 1}{i} - 1\right]$ 称为"即付年金终值系数"，它是在普通年金终值系数的基础上，期数加 1，系数值减 1 所得的结果。通常记为 $[(F/A, i, n+1) - 1]$。这样，查阅"1 元年金终值系数表"得到 $(n+1)$ 期的值，然后减去 1 便可得出对应的即付年金系数的值。这时即付年金的终值为

$$F = A \times [(F/A, i, n+1) - 1]$$

【例 3-8】　某企业在未来 5 年每年年初支付厂房租金 10 000 元，银行存款利率为 5%。则该企业期满后支付租金的本利和为

$$F = A \times [(F/A, i, n+1) - 1]$$
$$= 10\ 000 \times [(F/A, 5\%, 6) - 1] \text{元}$$
$$= 10\ 000 \times (6.802 - 1) \text{元} = 58\ 020 \text{元}$$

2) 即付年金现值的计算

n 期即付年金现值与 n 期普通年金现值的关系如图 3-3 所示。

从图 3-3 可以看出，n 期即付年金现值与 n 期普通年金现值的期限相同，但由于其付款时间不同，n 期即付年金现值比 n 期普通年金现值少折现一期。因此，在 n 期普通年金现值的基础上乘以 $(1+i)$，便可求出 n 期即付年金的现值。其计算

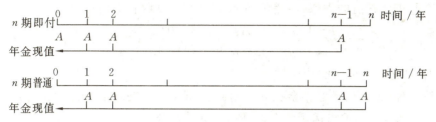

图 3-3 即付年金现值与普通年金现值的关系

公式为

$$P = A \times \left[\frac{1-(1+i)^{-n}}{i}\right] \times (1+i)$$
$$= A \times \left[\frac{1-(1+i)^{-(n-1)}}{i} + 1\right]$$

其中，$\left[\frac{1-(1+i)^{-(n-1)}}{i} + 1\right]$ 称为"即付年金现值系数"，它是在普通年金现值系数的基础上，期数减去1，系数加上1所得的结果。通常记为 $[(P/A,i,n-1)+1]$。这样，通过查阅"1元年金现值系数表"中 $(n-1)$ 期的值，然后加上1，便可得出对应的即付年金现值系数的值。这时即付年金的现值为

$$P = A \times [(P/A, n-1) + 1]$$

3. 递延年金终值与现值的计算

递延年金是指第一次收付款发生在第二期或第二期以后的年金（假设为 m 期，$m \geq 1$），它是普通年金的特殊形式，凡不是从第一期开始的普通年金都是递延年金。递延年金与普通年金的关系如图 3-4 所示。

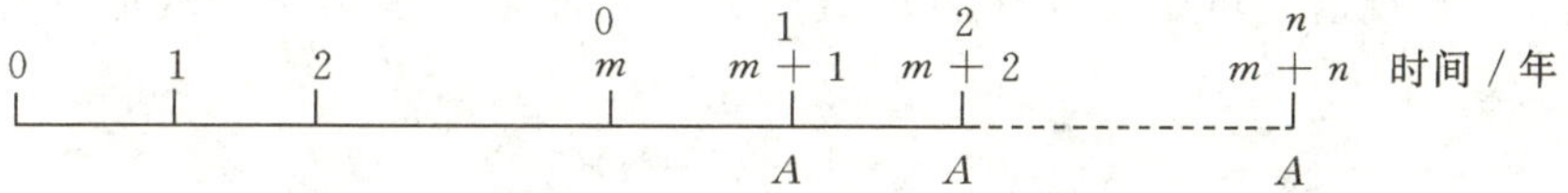

图 3-4 递延年金现值计算图

【例 3-9】 某企业现在进行一项目投资，项目的建设期为 5 年，5 年后该项目可连续 8 年为企业取得收益 100 万元，若年利率为 10%，则此项目取得的收益的终值和现值应是多少？

1) 递延年金终值的计算

由图 3-4 可以看出，该项目取得收益的形式属于递延年金，其中递延期（用 m 表示）为建设期 5 年，款项收付期（用 n 表示）为 8 年。而递延年金终值的计算方

法和普通年金终值的类似,与递延期无关,则例 3-9 收益的终值应为

$$F = 100 \times (F/A, 10\%, 8) \text{ 万元}$$
$$= 100 \times 11.436 \text{ 万元} = 1\,143.6 \text{ 万元}$$

2) 递延年金现值的计算

第一种,先求出递延年金在 n 期期初(m 期期末)的现值,再将它作为终值贴现至 m 期期初,即求出递延年金的现值。其计算公式为

$$P = A \times \left[\frac{1-(1+i)^{-n}}{i}\right] \times (1+i)^{-m} = A \times (P/A, i, n) \times (P/F, i, m)$$

例 3-9 中,有

$$P = 100 \times (P/A, 10\%, 8) \times (P/F, 10\%, 5) \text{ 万元}$$
$$= 100 \times 5.335 \times 0.621 \text{ 万元} = 331.304 \text{ 万元}$$

第二种,先求出 $(m+n)$ 期普通年金现值,再减去没有付款的前 m 期普通年金现值,二者之差为递延 m 期后 n 期普通年金的现值。其计算公式为

$$P = A \times \left[\frac{1-(1+i)^{-(m+n)}}{i} - \frac{1-(1+i)^{-m}}{i}\right]$$
$$= A \times [(P/A, i, m+n) - (P/A, i, m)]$$

例 3-9 中,有

$$P = A \times [(P/A, 10\%, 13) - (P/A, 10\%, 5)] \text{ 万元}$$
$$= 100 \times (7.103 - 3.791) \text{ 万元} = 331.2 \text{ 万元}$$

4. 永续年金现值的计算

永续年金是指无期限等额收付的特种年金,可视为普通年金的特殊形式,即期限趋于无穷的普通年金。由于永续年金持续期无限,没有终止的时间,因此没有终值,只有现值。可由普通年金现值计算公式推导出永续年金现值的计算公式为

$$P = A \times \sum_{n=1}^{\infty} \frac{1-(1+i)^{-n}}{i} = \frac{A}{i}$$

【例 3-10】 某企业建立一项永久性的奖励基金,每年颁发 20 万元奖金,若年利率为 5%,则现在应存入的资金是多少?

应存入的资金为

$$P = \frac{20}{5\%} \text{ 万元} = 400 \text{ 万元}$$

(三) 资金时间价值计算中的几个特殊问题

1. 利息率(折现率)的推算

对于一次性收付款项,根据其复利终值(或现值)的计算公式可得利息率的

计算公式为
$$i=(F\div P)^{1\div n}-1$$
对于永续年金,根据永续年金现值公式可得利息率的计算公式为
$$i=A\div P$$
普通年金利息率的推算比较复杂,无法直接套用公式,而必须利用有关的系数表,有时还要用到内插法。下面着重介绍利息率的推算方法。

(1) 根据普通年金终值 F、年金现值 P 的计算公式推算出年金终值系数 $(F/A,i,n)$ 和年金现值系数 $(P/A,i,n)$ 的计算公式分别为
$$(F/A,i,n)=F\div A, \quad (P/A,i,n)=P\div A$$
(2) 根据"年金终值系数表"或"年金现值系数表",查找所计算的年金终值系数或年金现值系数。

(3) 若在表所示的 n 期所对应的系数中找到所计算的年金终值系数或年金现值系数,则其对应的利息率就是所求的利息率 i。

(4) 若在表所示的 n 期所对应的系数中找不到所计算的年金终值系数或年金现值系数,则找出左右最临近的两个系数值,再用内插法计算所求的利息率 i。

【例 3-11】 某企业第一年年初投资 55.275 万元购置设备两台,投入即可使用,使用期 6 年,在使用期内每年为企业创造收益 15 万元,则该设备的投资收益率为多少?

依据题意,根据普通年金复利现值计算公式 $P=A\times(P/A,i,n)$,得
$$55.275=15\times(P/A,i,6) \rightarrow (P/A,i,6)=3.685$$
查找"普通年金现值系数表"的 $n=6$ 一行,恰好找到系数值为 3.685,其所对应的利率为 16%,则所求收益率为 16%。

【例 3-12】 某企业第一年年初投资 45 万元购置设备两台,投入即可使用,使用期 6 年,在使用期内每年为企业创造收益 15 万元,其投资收益率为多少?

依据题意,根据普通年金复利现值计算公式 $P=A\times(P/A,i,n)$,得
$$45=15\times(P/A,i,6) \rightarrow (P/A,i,6)=3$$
查找"普通年金现值系数表"的 $n=6$ 一行,无法找到恰好为 3 的系数值,于是在该行中找到大于和小于 3 的两个最临界的系数值,即分别为 $3.326(i=20\%)$ 和 $2.951(i=25\%)$,再利用内插法计算所求的收益率 i,即
$$\begin{Bmatrix} 20\% & 3.326 \\ i & 3 \\ 25\% & 2.951 \end{Bmatrix}$$

根据上述图示,按利率与相关系数呈线性相关,求得

$$\frac{20\%-i}{20\%-25\%}=\frac{3.326-3}{3.326-2.951}$$

$$i=24.35\%$$

2. 期间的推算

在资金时间价值的计算中,已知终值、现值、利率、年金等变量,便可以根据终值(现值)的计算公式求出期间 n,这一过程称为期间的推算。期间 n 的推算,其原理及其各步骤与利息率的推算相类似。

【例 3-13】 某企业第一年年初投资 45 万元购置设备两台,投入即可使用,在使用期内每年为企业创造收益 15 万元,若年利率为 10%,则该设备至少使用多少年才合算?

依据题意,根据普通年金复利现值计算公式 $P=A\times(P/A,i,n)$,得

$$45=15\times(P/A,10\%,n)\rightarrow(P/A,10\%,n)=3$$

查找"普通年金现值系数表"的 $i=10\%$ 一列,无法找到恰好为 3 的系数值,于是在该列中找到大于 3 和小于 3 的两个最临界的系数值,即分别为 2.487($n=3$)和 3.170($n=4$),再利用内插法计算所求的期间 n,即

$$\begin{Bmatrix}2.487 & 3\\3 & n\\3.170 & 4\end{Bmatrix}$$

根据上述图示,按利率与相关系数呈线性相关,求得

$$\frac{2.487-3}{2.487-3.170}=\frac{3-n}{3-4}$$

$$n=3.75\text{ 年}$$

3. 名义利率与实际利率

上面讨论资金时间价值时,均假定利率为年利率且每年复利一次。但实际上,复利的计息期间不一定是一年,有可能是季度、月份或日。例如,某些债券半年计息一次,有的抵押贷款每月计息一次,银行之间拆借资金均为每天计息一次。当每年复利次数超过一次时,这样的年利率称为名义利率,而每年只复利一次的利率才是实际利率。

对于一年内多次复利的情况,可采取两种方法计算资金时间价值。

第一种方法,将名义利率调整为实际利率,然后按实际利率计算资金时间价值。其计算公式为

$$i=(1+r\div m)^m-1$$

其中,i 为实际利率;r 为名义利率;m 为每年复利的次数。

【例 3-14】 某企业存在银行的一笔资金为 10 万元,年利率为 5%,每季度复利一次,到第 5 年年末的本利和是多少?

依据题意,$P=10, r=5\%, m=4, n=5$,有
$$i=(1+5\%\div 4)^4-1=5.09\%$$
$$F=10\times(1+5.09\%)^5 \text{万元}=12.82 \text{万元}$$

第二种方法,将名义利率 r 调整为每年复利周期一次时的利率 $r\div m$,设复利基数为 n 年,则总的复利次数为 $m\times n$。

【例 3-15】 利用例 3-14 的数据,求得
$$F=10\times(1+5\%\div 4)^{4\times 5} \text{万元}=12.82 \text{万元}$$

第三节 风险与收益分析

一、风险的含义与特征

(一)风险的含义

上节所提出的资金时间价值是在不存在风险和没有通货膨胀条件下的投资报酬。这仅仅是一种假定而已。企业在经济活动中会面临诸多风险,如企业产品市场的价格风险、原材料供应市场的价格风险、国际金融汇率波动的风险以及证券利率的风险等。也就是说,风险是一种客观经济现象,是客观存在的,财务管理应充分考虑风险问题。

风险本身具有一种不确定性。在风险存在的情况下,只能事先估计到采取某种行动可能导致的结果,以及每种结果出现的可能性,而行动的真正结果究竟会怎样,不能事先确定。例如,用 10 000 元购买 1 年期利率为 4% 的国库券,1 年后的收益是 400 元,由于国库券的无风险性,事先就可确定 1 年后的收益。但若将 10 000 元去购买某公司的股票,则无法事先确定 1 年后的收益,即购买股票的行为将面临风险。

总之,某一行动的结果具有多种可能而不肯定,就称有风险。反之,若某一行动的结果很肯定,就叫没有风险。从财务管理的角度看,风险是指企业在各项财务活动过程中,由于各种难以预料或无法控制的因素作用,企业的实际收益与预计收益发生背离,从而有蒙受经济损失的可能性。

(二)风险的特征

风险是企业财务管理环境的一个重要特征,财务管理的每一个环节都不可避免地要面对风险,企业在经营活动中,要强化风险意识。要有效地控制风险,

就必须针对不同的情况研究风险的特征。风险的特征是风险内涵的反映,主要包括以下方面。

1. 风险的客观性

风险是由客观存在的自然现象和社会现象引起的,它并不因人的意志而转移。企业在经营活动中无处不存在各种各样的风险,但可以认识和利用这些经济现象中的内在规律,科学地预测和决策,有效地控制风险,努力减少风险所造成的损失,但风险本身是不能消除的。

2. 风险的偶然性

从人类社会发展看,风险是一种客观存在的、普遍的现象,风险的发生具有其必然性。但对个体风险而言,风险的发生是偶然的,其发生的原因、发生的时间等都有不确定性。正是风险的偶然性,在面对风险时,一方面要处理好风险可能造成的损失;另一方面要有计划地提取减值准备金。

3. 风险的可测性

风险可以根据大量可靠的统计资料,以统计频率代替未知风险发生的真实概率;以主观概率进行有效的定量分析,运用科学的方法准确地估计和测算风险损失。

二、风险的分类与分散

(一) 风险的分类

风险可以从不同的角度进行分类。

(1) 从个别理财主体的角度看,风险可分为市场风险和企业特有风险两类。

① 市场风险,又称为系统风险或不可分散风险,是指那些影响所有企业的风险,如国家宏观经济的调控政策、国际金融市场利率的波动、自然灾害、经济衰退、通货膨胀等。这类风险不能通过多元化投资来分散,涉及所有的证券,是投资者进行投资所必须承担的风险。

② 企业特有风险,又称为可分散风险或非系统风险,是发生于个别企业的特有事项造成的风险,如罢工、诉讼失败、失去销售市场等。这类事件是随机发生的,可以通过多元化投资来分散。

(2) 从企业本身来看,按风险形成的原因可将企业特有风险进一步分为经营风险和财务风险两大类。

① 经营风险,是指生产经营方面的原因给企业盈利带来的不确定性。企业生产经营活动中会受到来源于企业外部和内部的诸多因素的影响,具有很大的不确定性。例如,原材料供应价格的市场波动、产品销售的波动、成本费用的变

动、生产技术水平的不稳定、产品更新时期的把握、新产品研发的成败等。总之，所有这些生产经营过程中所面临的不确定性，都会引起企业收益的高低变化。

② 财务风险，又称筹资风险，是指由于举债而给企业财务成果带来的不确定性。企业举债经营，全部资金中除自有资金外还有一部分借入资金，这会对自有资金的盈利能力造成影响；同时，借入资金需还本付息，到期无力偿付债务，企业便会陷入财务困境甚至破产。当企业息税前资金利润率高于借入资金利息率时，用借入资金获得的利润除了补偿利息外还会有剩余，因而自有资金利润率被提高了。但是，若企业息税前资金利润率低于借入资金利息率，则使用借入资金获得的利润就会不够支付利息，还需动用自有资金的一部分利润来支付利息，从而自有资金利润率就会降低。如果企业息税前利润还不够支付利息，就要用自有资金来支付，使企业发生亏损。若企业亏损严重，财务状况恶化，丧失支付能力，就会出现无法还本付息甚至会面临破产的危险。总之，财务风险的管理关键是要保证有一个合理的资金结构，维持适当的负债水平，既要充分利用举债经营这一手段获取财务杠杆收益，提高自有资金盈利能力，同时要注意防止过度举债而加大财务风险，避免陷入财务危机。

【知识链接】 雷曼兄弟破产事件

雷曼兄弟控股公司于1850年创办，是一家国际性金融机构及投资银行，环球总部设在美国纽约市，地区总部则位于伦敦及东京，在世界各国均设有办事处。该公司曾在全球范围内建立创造新颖产品、探索最新融资方式、提供最佳优质服务的良好声誉。2008年被美国《财富》杂志选为财富500强公司之一，为美国第四大投资银行。

2008年9月15日，该公司在次级抵押贷款市场危机（次贷危机）的强烈冲击下，在财务方面发生重大亏损而宣布申请破产保护。此时其负债高达6130亿美元，成为美国金融业最大的一宗公司破产案。

（二）风险的分散

非系统风险又称企业特有风险或可分散风险，是可以通过资产组合而分散掉的风险。它是指某种特定原因对某特定资产收益率造成影响而带来的不确定性。它是特定企业或特定行业所特有的，与政治、经济和其他影响所有资产的市场因素无关。企业特有风险可进一步分为经营风险和财务风险两大类。经营风险分散策略是企业通过开展多种风险活动，或者将高风险活动与低风险活动进行恰当组合，以使总体风险分散到各个项目的策略。企业具有一定的人、财、物资源优势，可通过多种经营活动的优化组合，在资源优化配置的同时，有效地分散风险，使多项经营活动的风险总和小于单一经营活动或经营形成的总体风险。

财务风险分散策略是基于现代投资组合理论，在有效分散风险的同时最大限度地获取收益，以达到最优资源配置的目的，从而有利于实现财富最大化的策略。其主要指采取多元化经营、多方投资、多方筹资、争取多方客户等分散风险的方式。"不要把所有的鸡蛋都放在一个篮子里"形象地说明了进行多元化投资与经营对分散财务风险的作用。实务中常见的组合方法有多样化经营、联合经营、兼并与合并以及货币组合等，但多元化并不是万能的，如果不切实际地涉足过多产品或项目，主业不突出，这不仅不能分散风险，反而会使企业很难兼顾，更加被动。进行多元化投资与经营通常适用于财力雄厚、技术和管理水平较高的大型企业。

三、单项资产风险与收益

单项资产风险与收益是假设投资者仅持有一项资产的情况下所面临的风险与投资收益。要做好财务管理工作，就必须弄清不同风险条件下投资报酬率之间的关系，掌握风险报酬的计算方法。

（一）确定概率分布

在现实生活中，某一事件在完全相同的条件下可能发生也可能不发生，既可能出现这种结果又可能出现那种结果，这类事件称为随机事件。如果把所有可能的事件或结果都列示出来，且每种结果都赋予相应的概率，把它们列示在一起，便构成了概率的分布。概率就是用百分数或小数来表示随机事件发生的可能性及出现某种结果可能性大小的数值。

概率分布必须符合下列两个要求。

(1) 所有的概率 P_i 都在 0 和 1 之间，即 $0 \leqslant P_i \leqslant 1$。

(2) 所有结果的概率之和应等于 1，即 $\sum_{i=1}^{n} P_i = 1$，这里，n 为可能出现结果的个数。

【例 3-16】 某企业现有 A、B 两个投资项目，预计项目投产后的收益情况与市场状况有关，A、B 项目的预计收益和概率分布分别如表 3-1、表 3-2 所示。

表 3-1 A 项目的概率分布   单位：万元

市场情况	年收益 X_i	概率 P_i
繁荣	4 000	0.2
一般	2 000	0.5
较差	1 000	0.3

表 3-2　B 项目的概率分布　　　　　　　　　　　　　单位:万元

市场情况	年收益 X_i	概率 P_i
繁荣	5 000	0.2
一般	2 800	0.5
较差	−1 000	0.3

将随机事件各种可能的结果按一定的规则进行排列,同时列出各结果出现的相应概率,这一完整的描述称为概率分布。概率分布有两种类型。一种是离散型分布,又称不连续的概率分布,即对于随机变量和相对应的概率只取有限个数值,在坐标图中表现为概率分布在各个特定的点(见图 3-5)上;另一种是连续型分布,即对所有的随机变量和对应的概率都予以估计,并且在坐标图中描述出来时表现为曲线,概率分布在相应的两点区间(见图 3-6)上。

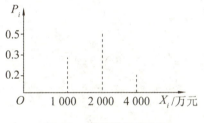
图 3-5　离散型概率分布

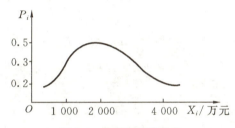
图 3-6　连续型概率分布

(二)计算期望报酬率

期望值是一个概率分布中的所有可能结果,以各自相应的概率为权数计算的加权平均值,是加权平均的中心值,通常用符号 E 表示,其计算公式为

$$E = \sum X_i P_i$$

【例 3-17】 根据例 3-16 的资料计算 A、B 两项目预计收益的期望值。

$E_A = (4\,000 \times 0.2 + 2\,000 \times 0.5 + 1\,000 \times 0.3)$ 万元 $= 2\,100$ 万元

$E_B = [5\,000 \times 0.2 + 2\,800 \times 0.5 + (-1\,000) \times 0.3]$ 万元 $= 2\,100$ 万元

预计收益的期望值反映了预计收益的平均化,在各种不确定性因素的影响下,它代表投资者的合理预期。例 3-17 中 A、B 两个项目的预期收益相等,说明两个项目平均收益是相同的,但其概率分布不同,A 项目预计收益的分散程度小,B 项目预计收益的分散程度大,这说明两个项目的预期收益值相等,但风险不同。为了定量地衡量风险的大小,还要使用统计学中衡量概率分布离散程度的指标。

(三) 计算离散程度

离散程度是用于衡量风险大小的统计指标。反映随机变量离散程度的指标包括平均差、方差、标准离差、标准离差率和全距等。下面主要介绍方差、标准离差和标准离差率三项指标。一般来说,离散程度越大,风险越大;离散程度越小,风险越小。

1. 方差

方差是偏差平方和以概率为权数的加权平均数,用来表示随机变量与期望值之间离散程度的一个数值。其计算公式为

$$\sigma^2 = \sum (X_i - E)^2 \times P_i$$

【例 3-18】 根据例 3-16 的资料计算 A、B 两项目预计收益的方差,即

$$\sigma_A^2 = [(4\,000 - 2\,100)^2 \times 0.2 + (2\,000 - 2\,100)^2 \times 0.5 + (1\,000 - 2\,100)^2 \times 0.3]\,万元^2$$
$$= 1\,090\,000\,万元^2$$
$$\sigma_B^2 = [(5\,000 - 2\,100)^2 \times 0.2 + (2\,800 - 2\,100)^2 \times 0.5 + (-1\,000 - 2\,100)^2 \times 0.3]\,万元^2$$
$$= 4\,810\,000\,万元^2$$

2. 标准离差

标准离差也称均方差,是方差的算术平方根,其计算公式为

$$\sigma = \sqrt{\sum (X_i - E)^2 \times P_i}$$

标准离差以绝对数衡量决策方案的风险,在期望值相同的情况下,标准离差越大,风险越大;反之,标准离差越小,则风险越小。

【例 3-19】 根据例 3-16 的资料计算 A、B 两项目预计收益的标准离差,即

$$\sigma_A = \sqrt{(4\,000 - 2\,100)^2 \times 0.2 + (2\,000 - 2\,100)^2 \times 0.5 + (1\,000 - 2\,100)^2 \times 0.3}\,万元$$
$$= \sqrt{1\,090\,000}\,万元 = 1\,044.03\,万元$$
$$\sigma_B = \sqrt{(5\,000 - 2\,100)^2 \times 0.2 + (2\,800 - 2\,100)^2 \times 0.5 + (-1\,000 - 2\,100)^2 \times 0.3}\,万元$$
$$= \sqrt{4\,810\,000}\,万元 = 2\,193.17\,万元$$

由上述计算结果可以看出,A 项目预期收益的取值较为集中,B 项目预期收益的取值较为分散,故一定程度上反映了 B 项目的风险较大。

3. 标准离差率

标准离差率是标准离差同期望值之比,通常用符号 q 表示,其计算公式为

$$q = \frac{\sigma}{E} \times 100\%$$

第三章 财务估价基础

标准离差率是一个相对指标,它以相对数反映决策方案的风险程度。方差和标准离差作为绝对数,只适用于期望值相同的决策方案风险程度的比较。对于期望值不同的决策方案,评价和比较其各自的风险程度时只能借助于标准离差率这一相对数值。在期望值不同的情况下,标准离差率越大,风险越大;反之,标准离差率越小,风险越小。

【例 3-20】 现仍根据例 3-16 的资料计算 A、B 两项目预计收益的标准离差率,即

$$q_A = \frac{1\,044.03}{2\,100} \times 100\% = 50\%$$

$$q_B = \frac{2\,193.17}{2\,100} \times 100\% = 104\%$$

由上述计算结果可以看出,A 项目预期收益的标准离差率小,风险小;B 项目预期收益的标准离差率大,风险大。

(四) 计算风险报酬率

标准离差率虽然能评价投资风险程度的大小,但它还不是风险报酬率。要计算风险报酬率,还必须借助一个系数。风险报酬率、风险报酬系数和标准离差率之间的关系为

$$R_R = b \times q$$

其中,R_R 为风险报酬率;b 为风险报酬系数;q 为标准离差率。

那么,投资总报酬率可以表示为

$$K = R_F + R_R = R_F + b \times q$$

其中,K 为投资总报酬率;R_F 为无风险报酬率。

无风险报酬就是加上通货膨胀贴水以后的货币时间价值,是指最低的社会平均报酬。可将国库券的报酬率和短期公债利率视为无风险报酬率。

风险报酬系数是将标准离差率转化为风险报酬的一种系数。风险报酬系数的确定方法有以下几种。

(1) 根据同行业、同类项目的历史资料,利用公式 $K = R_F + R_R = R_F + b \times q$,得

$$b = \frac{K - R_F}{q}$$

(2) 由企业的决策者或行业组织及专家小组来确定。

(3) 由国家有关部门组织专家确定。

由上述可知,投资者可以对风险加以量化,也可以据此推算出风险的报酬率,然后对投资作出正确的决策。对于单个方案,决策者可根据其标准离差(率)

的大小,并将其与设定可接受的此项指标最高限值对比,看前者是否低于后者,然后进行取舍。对于多方案择优,决策者的行动准则应是选择低风险高收益的方案,即选择标准离差最低、期望收益最高的方案。然而高收益往往伴有高风险,低收益方案其风险程度往往也较低,究竟选择何种方案,就要权衡期望收益与风险,而且还要视决策者对风险的态度而定。对风险比较反感的人可能会选择期望收益较低同时风险也较低的方案,喜欢冒风险的人则可能选择风险虽高但收益也高的方案。

四、组合资产风险与收益

(一) 组合资产

企业在生产经营过程中应该综合考虑各种资产的风险与报酬之间的联系,寻求将风险分散化的可能途径,即将两种或两种以上资产进行多方位的组合,称为组合资产。如果组合资产中的资产均是有价证券,则该组合资产就称为组合证券。

(二) 组合资产的预期收益率

组合资产的预期收益率是组合资产中单项资产期望收益率以投资比重为权数的加权平均数,其计算公式为

$$E(R_p) = \sum_{i=1}^{n} W_i R_i$$

其中,$E(R_p)$ 为组合资产期望收益率;W_i 为第 i 项资产在投资组合总体中所占比重;R_i 为第 i 项资产的期望收益率;n 为组合资产的个数。

【例 3-21】 某投资组合中有 A、B 两种资产,期望收益率分别为 10%、15%,若投资者把 40% 的资金投向 A,60% 的资金投向 B,则该组合资产的期望收益率为

$$E(R_p) = 10\% \times 40\% + 15\% \times 60\% = 13\%$$

(三) 组合资产风险的度量

1. 两项组合资产的风险

组合资产收益率方差通常包含三个变量,即每种资产的收益率、风险(方差或标准差)及相关系数。两种资产组合而成的投资组合收益率方差的计算公式为

$$\sigma_p^2 = w_1^2 \times \sigma_1^2 + w_2^2 \times \sigma_2^2 + 2 \times w_1 \times w_2 \times \rho_{1,2} \times \sigma_1 \times \sigma_2$$

其中,σ_p 为组合资产的标准差;w_1、w_2 分别为资产 1 和资产 2 在投资组合总体中所占比重;σ_1、σ_2 分别为两种资产的标准差;$\rho_{1,2}$ 反映两项资产收益率的相关程度,

即两项资产收益率之间相对运动的状态,称为相关系数,理论上该系数介于-1和1之间。

当 $\rho_{1,2}=1$ 时,两项资产的收益率具有完全正相关的关系,即它们的收益率变化方向和变化幅度完全相同,这时 σ_p^2 达到最大。说明两项资产正相关时风险不能抵消,这样的组合资产不能降低任何风险。

当 $\rho_{1,2}=-1$ 时,两项资产的收益率具有完全负相关的关系,即它们的收益率变化方向和变化幅度完全相反,这时 σ_p^2 达到最小。说明两项资产负相关时二者的风险可以相互抵消,甚至完全消除。这样的组合资产可以最大限度地抵消风险。

在实际工作中,两项资产的收益率具有完全正相关和完全负相关的情况几乎不可能。绝大多数资产两两之间都具有不完全相关的关系,即相关系数小于1且大于-1(多数情况下大于0)。因此 $0<\sigma_p<(w_1\times\sigma_1+w_2\times\sigma_2)$,即组合资产的标准差小于组合中各资产标准差的加权平均值,因此,组合资产可以分散风险,但不能完全消除风险。

2. 多项资产组合的风险

一般来讲,随着资产组合中资产个数的增加,资产组合风险会逐渐降低,当资产的个数增加到一定程度时,资产组合风险程度将趋于平稳,这时组合风险的降低将非常缓慢直到不再降低。

随着资产组合中资产数目的增加,由方差表示的各资产本身的风险状况对组合风险的影响逐渐减小,乃至于最终消失。但由协方差表示的各资产收益率之间相互作用、共同运动所产生的风险并不能随着组合中资产个数的增加而消失,它是始终存在的。

那些只反映资产本身的特性,也就是组合资产可通过增加组合中资产数目而最终消除的风险称为非系统风险。那些反映资产之间相互关系,共同运动,无法最终消除的风险称为系统风险。

3. 资本资产定价模型

资本资产定价模型 CAPM 由经济学家威廉·夏普(William F. Sharpe)、约翰·林特纳(John Lintner)于20世纪60年代提出,广泛地应用于资产组合特别是证券组合投资系统风险和收益确认上。

资本资产定价模型的表达式为

$$k_F = R_F + \beta \times (k_E - R_F)$$

其中,k_F 为投资组合的预期报酬率;R_F 为无风险报酬率;β 为投资组合的系统风险指数,即某资产的市场风险相对于全部资产市场风险的倍数;k_E 为市场平均报酬率；$(k_E - R_F)$ 为市场平均风险报酬率；$\beta \times (k_E - R_F)$ 为投资组合的预期风险报酬率。

【例 3-22】 某企业持有甲、乙、丙三种股票构成投资组合，它们的 β 系数分别为 0.5、1.0、2.0，在投资组合中所占比重分别为 20％、30％、50％，证券市场的平均报酬率为 10％，无风险报酬率为 5％，计算该投资组合的系统风险指数和预期报酬率分别为

$$\beta = \sum w_j \beta_j = 0.5 \times 20\% + 1.0 \times 30\% + 2.0 \times 50\% = 1.40$$

$$k_F = R_F + \beta \times (k_E - R_F) = 5\% + 1.40 \times (10\% - 5\%) = 12\%$$

从上述计算可得如下结论。

① 该证券组合投资的 β 系数为 1.40，说明其风险是整个市场风险的 1.4 倍。

② 证券市场的平均风险报酬率为 5％（10％－5％），而该证券组合的风险报酬率为 7％（1.40×5％）。

③ 该证券组合投资的预期报酬率为 12％（5％＋7％）。

资本资产定价模型也可用图形表示，即用所谓证券市场线（Security Market Line，简称 SML）来表示，例 3-22 的资本资产定价模型如图 3-7 所示。

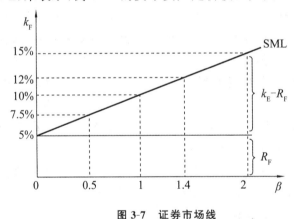

图 3-7 证券市场线

复习思考题

1. 解释下列名词术语：
   资金时间价值   年金   普通年金   即付年金
   系统风险   非系统风险   经营风险   财务风险

2. 什么是财务估价？估价的计量标准有哪些？

3. 终值、现值的含义是什么？

4. 复利的终值与现值如何计算？
5. 如何计算预付年金、递延年金的终值与现值？
6. 偿债基金系数与普通年金终值系数、资本回收系数与普通年金现值系数的关系是什么？为什么？
7. 对于一年内多次复利的情况，如何将名义利率调整为实际利率？
8. 风险的定义是什么？具有哪些特征？如何进行分类？
9. 简述风险度量指标。
10. 风险报酬的含义是什么？风险与报酬的关系是怎样的？

练 习 题

一、单项选择题

1. 某企业于年初存入银行10 000元，假定年利率为12%，每年复利两次，则第5年末的本利和为（　　）元。
   A. 13 382   B. 17 623   C. 17 908   D. 31 058

2. 在下列各项资金时间价值系数中，与资本回收系数互为倒数关系的是（　　）。
   A. $(P/F,i,n)$ B. $(P/A,i,n)$ C. $(F/P,i,n)$ D. $(F/A,i,n)$

3. 如果A、B两种证券的相关系数等于0.8，A的标准离差为18%，B的标准离差为10%，投资比率为0.6和0.4，则该证券组合的标准离差等于（　　）。
   A. 14.80%   B. 14.20%   C. 11.84%   D. 14%

4. 已知甲方案投资收益率的期望值为15%，乙方案投资收益率的期望值为12%，两个方案都存在投资风险，比较两方案风险大小应采用的指标是（　　）。
   A. 方差   B. 净现值   C. 标准离差   D. 标准离差率

5. 根据资金时间价值理论，在普通年金现值系数的基础上，期数减1，系数加1的计算结果应当等于（　　）。
   A. 递延年金现值系数   B. 后付年金现值系数
   C. 预付年金现值系数   D. 永续年金现值系数

6. 某企业向银行借款100万元，年利率为10%，半年复利一次，则该借款的实际利率是（　　）。
   A. 10%   B. 5%   C. 11%   D. 10.25%

7. 有一项年金，前3年无流入，后5年每年年初流入500万元，假设年利率为

10%,其现值为( )万元。

A.1 994.59　　　B.1 565.68　　　C.1 813.48　　　D.1 423.21

8.关于标准离差和标准离差率,下列表述正确的是( )。

A.标准离差是各种可能报酬率偏离预期报酬率的平均值

B.如果以标准离差评价方案的风险程度,则标准离差越小,投资方案的风险越大

C.标准离差率即风险报酬率

D.对比期望收益率不同的各个投资项目的风险程度,应使用标准离差率

9.某人拟在5年后用20 000元购买一台计算机,银行年复利率为12%,此人现在应存入银行( )元。

A.12 000　　　B.13 432　　　C.15 000　　　D.11 348

10.A方案在3年中每年初付款100元,B方案在3年中每年末付款100元,若利率为10%,则两者在第3年末的终值相差( )元。

A.33.1　　　B.31.3　　　C.133.1　　　D.13.31

11.假设以8%的年利率借得50 000元投资于某个寿命期为5年的项目,为使得项目成为有利可图的项目,每年本利的收回额至少为( )元。

A.10 000　　　B.12 522.9　　　C.12 052.7　　　D.13 120.8

二、多项选择题

1.在下列各种情况下,会给企业带来经营风险的有( )。

A.企业举债过度　　　　　　B.原材料价格发生变动

C.企业产品更新换代周期过长　　D.企业产品的质量不稳定

2.下列关于资金时间价值的表述,正确的有( )。

A.资金时间价值是资金经过投资和再投资增加的价值

B.资金时间价值必须按复利方式计算

C.资金时间价值是一种客观存在的经济现象

D.资金时间价值是指没有风险和没有通货膨胀条件下的社会平均资金利润率

3.下列因素引起的风险中,可以分散的有( )。

A.通货膨胀　　　　　　　　B.某公司工人罢工

C.公司在市场竞争中失败　　D.新产品开发失败

4.风险报酬的种类包括( )。

A.通货膨胀补偿　　　　　　B.期限风险报酬

C.流动性风险报酬　　　　　D.违约风险报酬

5.反映随机变量离散程度的指标有(   )。
    A.期望值   B.方差   C.标准离差   D.标准离差率
6.下列表述中,正确的有(   )。
    A.复利终值系数和复利现值系数互为倒数
    B.普通年金终值系数和普通年金现值系数互为倒数
    C.普通年金终值系数和偿债基金系数互为倒数
    D.普通年金现值系数和投资回收系数互为倒数
7.A项目的确定报酬率为10%;B项目的报酬率有两种可能:一是有50%的可能性获得30%的报酬率;二是有50%的可能性亏损10%的报酬率,则下列说法正确的有(   )。
    A.B项目的期望收益率为10%
    B.A项目风险小于B项目风险
    C.投资者绝不可能选择B项目
    D.投资B项目获得的实际报酬可能大大超过A项目的

三、判断题

1.1元钱按8%计单利,200年后的终值是17元,而若复利计,则是4 838 949.59元。(   )

2.利率为i、期限为n的预付年金现值,等于利率为i、期限为$n-1$的普通年金现值加该笔年金。(   )

3.在复利条件下,预得整取求零存,是一个年偿债基金的计算问题;而已知整存求零取,则是一个年资本回收额的计算问题。(   )

4.资金时间价值经常用利率来表示,所以,资金时间价值的实质就是利率。(   )

5.对于多个投资方案而言,无论各方案的期望值是否相等,标准离差率最大的方案一定是风险最大的方案。(   )

6.由于经营风险是指生产经营的不确定性带来的风险,是任何商业活动都有的,所以它是不可分散风险。(   )

7.在现值及期限一定的情况下,利率越高,终值越大;在终值及期限一定的情况下,利率越高,现值越小。(   )

8.各投资项目报酬率的期望值是否相同,都可以采用标准差比较其风险程度。(   )

9.国库券是一种几乎没有风险的有价证券,其利率可以视为资金时间价值。(   )

10.当每年复利次数超过一次时,给定的年利率称为名义利率。（　　）

四、计算分析题

1. ABC 公司在 2003 年 1 月 1 日存入银行 1 000 元,年利率为 10%。要求：

(1) 每年复利一次,2006 年 1 月 1 日存款账户余额是多少？

(2) 每季度复利一次,2006 年 1 月 1 日存款账户余额是多少？

(3) 分别在 2003 年、2004 年、2005 年、2006 年 1 月 1 日存入 250 元,年利率仍为 10%,每年复利一次,2006 年 1 月 1 日余额是多少？

(4) 假定分 4 年存入相等金额,为了达到第一问所得到的账户余额,每期应存入多少金额？

2. 假定 C 公司贷款 1 000 元,必须在未来 3 年每年底偿还相等的金额,而银行按贷款余额的 6% 收取利息。要求：编制如下还本付息表(保留小数点后 2 位)。

还本付息表　　　　　　　　　　　　　　　　　　　　　单位:元

年　度	支付额	利　息	本金偿还额	贷款余额
1				
2				
3				
合　计				

3. A 公司某项投资的资产利润率概率估计情况如下表所示。

资产利润率概率估计

可能出现的情况	概率	资产利润率
1.经济状况好	0.3	20%
2.经济状况一般	0.5	10%
3.经济状况差	0.2	−5%

假定该公司无负债,且所得税率为 40%。要求：

(1) 计算资产利润率的期望值；

(2) 计算资产利润率的标准离差；

(3) 计算税后资本利润率的标准离差；

(4) 计算资产利润率的变异系数。

(计算结果百分数中,保留到 2 位小数,2 位后四舍五入)

4. 一项 600 万元的借款,借款期限 3 年,年利率为 8%。要求：

(1) 若每半年复利一次,年实际利率是多少？

(2) 若每半年复利一次,年实际利率会高出名义利率多少？

5. A矿业公司决定将其一处矿产开采权公开拍卖,因此它向社会各煤矿企业招标开矿。已知甲公司和乙公司的投标书最具有竞争力,甲公司的投标书显示,如果该公司取得开采权,则从获得开采权的第1年起,每年末向A公司交纳10亿美元的开采费,直到10年后开采结束;乙公司的投标书表示,该公司在取得开采权时,直接付给A公司40亿美元,在8年后开采结束,再付给A公司60亿美元。如A公司要求的年投资回报率达到15%,应该接受哪个公司的投标?

6. 某公司拟购置一处房产,房主提出两种付款方案:(1)从现在起,每年年初支付20万元,连续支付10次,共200万元。(2)从第5年开始,每年年初支付25万元,连续支付10次,共250万元。假设该公司的资本成本率(即最低报酬率)为10%,你认为该公司应选择哪种方案?

7. 某公司拟在现有的甲证券的基础上,从乙、丙两种证券中选择一种风险小的证券与甲证券组成一个证券组合,资金比例为6:4,有关资料见下表。要求:

(1) 应该选择哪一种证券?

(2) 假定资本资产定价模型成立,如果证券市场平均收益率为12%,无风险利率为5%,请计算所选择的组合的预期收益率和β系数。

甲、乙、丙三种证券的收益率预测信息

可能情况的概率	甲证券在各种可能情况下的收益率	乙证券在各种可能情况下的收益率	丙证券在各种可能情况下的收益率
0.5	15%	20%	8%
0.3	10%	10%	14%
0.2	5%	−10%	12%

第四章 融资管理

【学习要点】本章讲述企业"聚财之道",需掌握下列要点:
(1) 企业融资的基本原则;
(2) 融资需求的预测方法;
(3) 权益融资的各种方式及其优缺点;
(4) 负债融资的各种方式及其特点。

【主旨语】君子爱财,取之有道。　　——《增广贤文》

第一节　企业融资概述

一、企业融资的基本原则

企业融资是指企业为了设立、经营、对外投资以及调整资本结构等需要,通过某种渠道和方式获取所需资金的一种财务行为。企业融资决定资金运动规模和生产经营发展程度,是财务管理的一项重要内容。

企业融资是企业的一项重要而复杂的工作,为了适应企业经营发展的需要,提高企业经济效益,企业融资必须遵循以下基本原则。

1. 资金适量,规模适当原则

企业融资的目的是确保企业生产经营所需的资金。在融资时,应根据企业发展的不同时期,合理确定融资规模,既要保证生产经营正常的资金需要,又要防止融资量过多,造成资金的闲置。

2. 注重时效,讲究效益原则

企业融资时要充分考虑资金的时间价值和风险价值,应将融资和资金的投放紧密地联系在一起。既要合理地安排融资时间,适时获取所需资金,又要把握资金的投放时机,力争以最小的代价获取融资最佳使用效果。

3. 来源合理,结构最佳原则

资金的来源渠道和资金市场为企业提供了资金的源泉和融资的场所,它反映资金的分布状况和供求关系,决定着融资的方式和融资的量。在融资时必须认真研究资金来源的结构,合理安排自有资金和借入资金、长期资金和短期资金的比例,确定合理的资金结构,以降低成本,减少风险。

二、企业融资的分类

企业融资可以按不同标准进行分类,最主要的有两种分类方式。

1. 按资金使用期限分类

按资金使用期限的长短可以把企业资金分为短期资金和长期资金两种。

短期资金是指一年以内使用的资金。短期资金主要投资于现金、应收账款、存货等,一般在短期内可以收回。短期资金常采用商业信用和银行流动资金借款等方式来融资。

长期资金是指使用年限在一年以上的资金。长期资金主要投资于新产品的开发和推广应用、生产规模的扩大、厂房和设备的更新,一般需要几年甚至十几年才能收回。长期资金通常采用吸收投资、发行股票、发行公司债券、长期借款、融资租赁和内部积累等方式来融资。

2. 按资金来源性质分类

按资金来源性质不同,可将企业融资获取的资金分为权益资金和借入资金两大类。此在第一章中已有说明,不再详述。

三、企业融资需求预测

资金需要量的预测方法有定性预测法和定量预测法两大类。

(一) 定性预测法

所谓定性预测法,就是依靠熟悉业务知识、具有丰富经验和综合分析能力的人员或专家,根据已经掌握的历史资料和直观材料,运用人的知识、经验和分析判断能力,预测企业未来的财务状况和资金需要量的方法。定性预测法偏重于事物发展性质上的分析,主要是凭借知识、经验和人的分析能力。它是一种很实用的预测方法。常用的定性预测法有个别专家预测法、专家集体会议法、德尔菲法等。

1. 个别专家预测法

这种方法是聘请专家顾问或个别征求专家意见,然后把各方面的意见整理、归纳、分析、判断后做出预测结论的方法。这种方法的片面与局限问题仍然不可避免。

2. 专家集体会议法

这种方法是组成有关各方专家委员会或工作组,在相互交换信息、充分讨论的条件下,把专家的意见集中起来,做出预测结论的方法。这有利于集中各方面专家的专业知识和各种意见,有利于克服片面性与局限性,但也常出现与专家意见严重相左,难以形成一致看法等问题。

3. 德尔菲法

这是一种较特殊的专家意见法。其基本特点是,由企业聘请一批专家,通常是7~20人,由预测主持人与他们建立联系。其突出特点有如下两点。

(1) 反复性。多次双向反馈,每个专家在多轮讨论中,可以多次提出和修正自己的意见,又可以多次听取其他专家的意见。

(2) 匿名性。专家讨论问题时,采取背对背方式,这样可以消除主观的和心理上的影响,使讨论比较快速和客观。

定性预测法通常在数据不足或不能充分说明问题的情况下采用。定性预测法是十分有用的,但它不能揭示资金需要量与有关因素之间的数量关系。在预测资金需要量时,可以先采用定量预测法进行预测,再用定性预测法予以修正。

(二) 定量预测法

定量预测法是根据各项因素之间的数量关系建立数学模型来对资金需要量进行预测的方法。定量预测法常用的有线性回归分析法、销售额比率法。

1. 线性回归分析法

线性回归分析法是假定资金需要量与业务量之间存在线性关系,并以此建立数学模型,然后根据有关的历史资料,用回归直线方程确定参数需要量的方法。一元回归线性方程式可用下列数学模型表示:

$$y = a + bx$$

其中,y 为资金需要量(因变量);a 为不变资金(常数);b 为单位业务量所需要的变动资金(x 的系数);x 为业务量(自变量)。

a 和 b 的值通常按照下列公式计算:

$$a = \frac{\sum y - b \sum x}{n}$$

$$b = \frac{n \sum xy - \sum x \sum y}{n \sum x^2 - (\sum x)^2}$$

其中,不变资金是指在一定的经营范围内不随业务量变动而变动的资金需要量;变动资金是指随着业务量的变动而成比例变动的资金。其预测的步骤是:①确定 a 和 b 的值;②根据自变量 x 求出因变量 y 的值。

【例 4-1】 某企业近5年的销售额与资金需要量资料如表4-1所示。

表 4-1　某企业 2008—2012 年销售额与资金需要量

年　度	销售额/万元	资金需要量/万元
2008	255	180
2009	260	186
2010	280	195
2011	300	200
2012	320	230

设 2013 年的销售额可达 350 万元，预测该企业 2013 年的资金需要量。

(1) 根据表 4-1 所示资料计算、整理得表 4-2 所示的数据。

表 4-2　线性回归方程各项数据计算表

年度	销售额/万元	资金需要量/万元	xy/万元^2	x^2/万元^2
2002	255	180	45 900	65 025
2003	260	186	48 360	67 600
2004	280	195	54 600	78 400
2005	300	200	60 000	90 000
2006	320	230	73 600	102 400
$\sum$	1 415	991	282 460	403 425

$$b = \frac{5 \times 282\,460 - 1\,415 \times 991}{5 \times 403\,425 - 1\,415^2} = \frac{10\,035}{14\,900} = 0.67$$

$$a = \frac{991 - 0.67 \times 1\,415}{5} \text{ 万元} = 8.59 \text{ 万元}$$

(2) 预测 2013 年的资金需要量。

将 a 和 b 的值代入 $y = a + bx$，即得

$$y = (8.59 + 0.67 \times 350) \text{ 万元} = 243.09 \text{ 万元}$$

上述计算结果表明，2013 年要完成 350 万元的销售额，相应需要 243.09 万元的资金。

2. 销售额比率法

销售额比率法是以资金与销售额的比率为基础，预测未来资金需要量的方法。应用销售额比率法预测资金需要量，是以下列假定为前提的。

(1) 企业的部分资产和负债与销售额同比例变化。

(2) 企业的各项资产、负债与所有者权益结构已达到最优(最佳资本结构)。

未来资金需要量为

$$\text{对外融资额} = (\Delta S) \times \frac{A}{S_0} - (\Delta S) \times \frac{B}{S_0} - \Delta P$$

其中，(ΔS)为销售的变动额；A 为随销售变化而变化的资产；S_0 为基期的销售额；B 为随销售变化的负债；ΔP 为预计年度留用利润增加额。

应用销售额比率法预测资金需要量的步骤如下：

① 预计销售额的增加率；

② 确定随销售额变动而变化的资产和负债项目；

③ 确定需要增加的资金数额；

④ 根据有关财务指标的约束确定对外协议融资的数额。

【例 4-2】 某企业 2012 年 12 月 31 日的资产负债表如表 4-3 所示。

表 4-3 资产负债表(简表)

2012 年 12 月 31 日　　　　　　　　　　　单位：万元

资产		负债与所有者权益	
现金	6 000	应付费用	15 000
应收账款	20 000	应付账款	6 000
存货	40 000	短期借款	30 000
固定资产净值	50 000	公司债券	20 000
		实收资本	30 000
		留存收益	15 000
资产合计	116 000	负债与所有者权益合计	116 000

假定该企业 2012 年的销售收入为 100 000 万元，销售净利率为 15%，股利支付率为 50%，企业现有生产能力尚未饱和，增加销售无需追加固定资产投资。经预测，2013 年企业销售收入将提高到 150 000 万元，企业销售净利率和利润分配政策不变。

运用销售额比率法预测如下。

① 预测销售额增长率为

(150 000 － 100 000)/100 000 × 100% ＝ 50%

② 确定随销售额变动而变动的资产和负债项目。

该企业资产负债表中，资产方除固定资产外都将随销售量的增加而增加，因为较多的销售量要占用较多的存货，发生较多的应收账款，导致现金需求量增加。在负债与所有者权益一方，应付账款和应付费用也会随销售量的增加而增加，形成自发性负债融资；但实收资本、公司债券、短期借款等不会自发增加，需通过外部协议融资。预计随销售量增加而自发增加的项目如表 4-4 所示。

在表 4-4 中，没有数据的表示该项目不随销售量的变化而变化。表中的各项目占销售收入百分比反映的是企业资本(资产)的相关程度，是以表 4-3 所示有关数据除以销售收入求得的，如存货为

$$40\ 000 \div 100\ 000 \times 100\% = 40\%$$

表 4-4　销售额比率表

资产	占销售收入/(%)	负债与所有者权益	占销售收入/(%)
现金	6	应付费用	15
应收账款	20	应付账款	6
存货	40	公司债券	—
固定资产	—	实收资本	—
		留存收益	—
合计	66	合计	21

③ 确定需要增加的资金数额。

从表 4-4 可以看出，销售收入每增加 100 元，就必须增加 66 元的资金占用，同时增加 21 元的资金来源。从 66% 的资金需求中减去 21% 自发产生的资金来源，还剩下 45% 的资金需求。因此，每增加 100 元的销售收入，该企业必须取得 45 元的资金来源。本例中，销售收入从 100 000 万元增加到 150 000 万元，增加了 50 000 万元，按照 45% 的比率，可预测将增加 22 500 万元的资金需求。

④ 根据有关财务指标的相关条件，确定对外融资数额。

上述 22 500 万元的资金需求有些可通过企业内部融资。依题意，该公司 2013 年净利润为 22 500 万元(150 000×15%)，公司股利支付率为 50%，还将有 50% 的利润即 11 250 万元被留存下来(留存收益率为 50%)，从 22 500 万元减去 11 250 万元的留存收益，还有 11 250 万元的资金必须向外界融通。

根据上述资料，2013 年该企业对外融资数额为

$(66\% \times 50\ 000 - 21\% \times 50\ 000 - 15\% \times 50\% \times 150\ 000)$ 万元 = 11 250 万元

第二节　权益资金的筹集

一、吸收直接投资

吸收直接投资是指企业按照"共同投资、共同经营、共担风险、共享利润"的原则直接吸收国家、其他法人单位、个人和外商投入资金的一种筹资方式。吸收直接投资可以直接形成企业的生产能力，是非股份制企业筹集自有资金的一种基本方式。

（一）吸收直接投资的种类

企业吸收直接投资可以有多种类型，一般可以分为以下四类：

(1) 吸收国家投资；

(2) 吸收其他法人单位投资；

(3) 吸收个人投资；

(4) 吸收外商投资。

(二) 吸收直接投资的程序

企业吸收直接投资，一般应遵循如下程序：

(1) 确定吸收直接投资所需的资金数量；

(2) 寻求投资单位，选择出资方式（如现金、实物、工业产权、土地使用权等）；

(3) 签订投资协议，评估验资，出具出资证明书。

(三) 吸收直接投资的优缺点

1. 吸收直接投资的优点

(1) 增强企业资本实力。吸收直接投资所筹集的资金属于企业的自有资金，它增强了企业资本实力，提高了企业的资信等级和偿债能力。

(2) 有利于尽快形成生产能力。吸收直接投资不仅可以筹集到现金，还能够直接获得所需要的先进的设备和技术，有利于尽快形成生产能力，尽快开拓市场。

(3) 吸收直接投资的财务风险较低。

2. 吸收直接投资的主要缺点

(1) 吸收直接投资的资金成本较高。

(2) 吸收直接投资产权关系有时不明晰，不便于进行产权交易，且容易分散企业的控制权。

二、发行股票

股票是股份有限公司为筹集自有资金而发行的有价证券，是公司签发的证明股东所持股份的凭证。

(一) 股票的特征

股票具有以下主要特征。

1. 盈利性

股票的盈利性特征是指股票持有者一方面有权按公司章程从公司领取股息和分享公司经营红利；另一方面还可以从证券市场上获取买卖差价收入。

2. 权益稳定性

股票持有者称为股东，股票所代表的是对公司的一种所有权，它将公司与股东紧紧地拴在一起。股东按所持股票的份额享有其权利，承担其责任。股票可以在市场中转让,使新股东延续这种权益关系,从而保证了股票权益的稳定性。

3. 风险性

股票持有者从持有之日起就承担了股票所带来的风险。这种风险一方面是股份公司经营不善,股东获得股利较少,甚至得不到股利;另一方面是股票随市场波动价格下跌,同时还有可能遭受公司破产带来的血本无归的风险。

4. 流通性

股票是一种流通性很强的证券,股票持有者可以按规定在证券市场上进行转让。股票一经认购,不能返还,具有不可逆反特点,只能在证券市场上流通、转让。

(二) 股票的分类

根据不同的标准,股票有不同的分类方法,通常有以下主要分类方式。

1. 按股东的权利和义务分类

以股东享受的权利和承担的义务的大小为标准,股票可以分为普通股票和优先股票。

(1) 普通股票简称普通股,是股份公司依法发行的具有管理权而股利不固定的股票。普通股具有股票的最一般特征,是股份公司资本最基本的部分。

(2) 优先股票简称优先股,是股份公司依法发行的具有一定优先权的股票。从资本构成上讲,优先股是企业自有资金的一部分,企业对优先股不承担法定的还本付息义务。

2. 按股票票面是否记名分类

以股票票面上有无记名为标准,股票可以分为记名股票和无记名股票。

(1) 记名股票是在股票上载明股东姓名或名称并将其记入公司股东名册的一种股票。记名股票的转让、继承都要办理过户手续。

(2) 无记名股票是指在股票上不记载股东姓名或名称的股票。凡持有无记名股票者,都可成为公司股东。无记名股票的转让、继承无需办理过户手续。

公司发行人、国家授权投资机构和法人发行的股票,应为记名股票。

对社会公众发行的股票,可以为记名股票,也可以为无记名股票。

3. 按股票票面是否标明金额分类

以股票票面上有无金额为标准,股票可分为有面值股票和无面值股票。

(1) 有面值股票是在票面上标有一定金额的股票。持有这种股票的股东,对公司享有的权利和承担的义务的大小,依其所持有的股票票面金额占公司发行在外的股票总面值的比例而定。

(2) 无面值股票是不在票面上标出金额,只载明其占公司股本总额的比例或股份数的股票。无面值股票的价值随公司财产的增减而变动,股东对公司享有的权利和承担的义务的大小直接依据股票票面上标明的比例而定。目前,我国《公司法》不承认无面值股票,规定股票应标明票面金额,并且股票的发行价格不得低于其票面金额。

4. 按股票发行对象和上市地区分类

以发行对象和上市地区为标准,股票可以分为A股、B股、H股、N股等。

在我国内地,有A股、B股。A股是以人民币标明票面金额并以人民币认购和交易的股票。B股是以人民币标明票面金额,以外币认购和交易的股票。H股为在我国香港上市的股票,N股是在纽约上市的股票。

(三)股票的发行

1. 股票发行的目的

1)筹集资本

股份有限公司在创立或扩大经营规模时,可以通过发行股票的方式来筹集资本。由股份有限公司设立并发行的股票称为始发股,在发展过程中再次发行的股票称为增资扩股。

2)分散风险

当股份有限公司持续成长时,原股权投资者财富不断聚集的同时,投资经营的风险同时也在不断地加剧,这就需要以发行股票的方式,将持有的一部分股票转让给其他的投资者,再将所得到的资金投资于其他方面,从而达到资产投资重新组合,分散个人单一投资的风险。

3)兼并与反兼并

股份有限公司在经营过程中,根据发展战略和竞争的需要,可以通过发行本公司股票交换被兼并公司的股票,也可以用发行股票所筹集到的资金去购买被兼并公司的股票。同样,为了反兼并维持公司经营权,也常常以发行新股的方式使对方计划落空。

4)其他目的

其他目的的股票发行通常与筹资没有直接联系,如将资本公积金转增资本、向股东派发股票股利等。

2. 股票发行的条件

根据国家有关法律、法规和国际惯例,股份有限公司发行股票必须具备一定的条件,取得发行资格,办理必要的手续。

(1)新设立的股份有限公司申请公开发行股票,应当符合下列条件。

① 生产经营符合国家产业政策。

② 发行普通股限于一种，同股同权，同股同利。
③ 在募集方式下，发起人认购的股份不少于公司拟发行股份总数的35％。
④ 发起人在近三年内没有重大违法行为。
⑤ 证监会规定的其他条件。
(2) 股份有限公司增资申请发行股票，必须具备下列条件。
① 前一次发行的股份已募足，并间隔一年以上。
② 公司在最近三年内连续盈利，并可向股东支付股利。
③ 公司在最近三年内财务会计文件无虚假记载。
④ 公司预期利润率可达到同期银行存款利率。

3. 股票发行的基本程序

根据国际惯例，各国股票的发行都有严格的法律规定和程序，任何未经法定程序发行的股票都不发生效力。这里介绍公开发行股票的最基本程序：①公司做出新股发行决议；②公司做好发行新股的准备工作，编写必备的文件资料和获取有关的证明材料；③提出发行股票的申请；④有关机构进行审核；⑤签署承销协议；⑥公布招股说明书；⑦按规定程序招股；⑧认股人缴纳股款；⑨向认股人交割股票；10改选董事、监事。

(四) 股票的上市

股票上市是指股份有限公司公开发行的股票经批准在证券交易所进行挂牌交易。经批准在交易所上市交易的股票称为上市股票。股票获准上市交易的股份有限公司简称为上市公司。我国《公司法》规定，股东转让其股份，即股票流通必须在依法设立的证券交易场所进行。

1. 股票上市应考虑的因素

股票上市作为一种有效的筹资方式，对公司的成长起着重要的作用。发达国家的绝大多数发展迅速的公司都选择了上市。股票上市也会给公司带来一些负面效果，因此，在作出股票上市的决定前，公司管理者应该非常慎重地考虑，以便作出的决策能够达到预期目的。

1) 股票上市可为公司带来的益处

(1) 有助于改善财务状况。公司公开发行股票可以筹得自有资金，能迅速改善公司财务状况，并有条件得到利率更低的贷款。同时，公司一旦上市，就可以在今后有更多机会从证券市场上筹集资金。

(2) 利用股票收购其他公司。一些公司常用出让股票而不是付现金的方式去对其他企业进行收购。被收购企业也乐意接受上市公司的股票。因为上市的股票具有良好的流通性，持股人可以很容易将股票出手而得到资金。

(3) 利用股票市场客观评价企业。对于已上市的公司来说,每日每时的股市,都是对企业的客观的市场估价。

(4) 利用股票可激励职员。上市公司利用股票作为激励关键人员的手段卓有成效。公开的股票市场提供了股票的准确价值,也可使职员的股票得以兑现。

(5) 提高公司知名度,吸引更多顾客。股票上市公司为社会所知,并被认为经营优良,这会给公司带来良好的声誉,从而吸引更多的顾客,扩大公司的销售。

2) 股票上市可能对公司产生不利影响

(1) 公开上市将负担较高的上市信息披露费用。

(2) 公开披露各种信息的要求可能会暴露公司的商业秘密。

(3) 股价有时不能真实反映公司的实际情况,可能造成企业的损失。

(4) 可能会分散公司的控制权,造成管理上的困难。

2. 股票上市的条件

公司公开发行的股票进入证券交易市场交易,必须符合一定的条件。我国《公司法》规定,股份有限公司申请股票上市,必须符合下列条件。

(1) 股票经国务院证券管理部门批准已向社会公开发行。

(2) 公司股本总额不少于人民币 5 000 万元。

(3) 开业时间在 3 年以上,最近 3 年连续盈利。原国有企业依法改建而设立的,或者在《公司法》实施后新组建成立、其主要发起人为国有大中型企业的股份有限公司,可连续计算。

(4) 持有股票面值人民币 1 000 元以上的股东不少于 1 000 人,向社会公开发行的股份达公司股份总数的 25% 以上;公司股本总额超过人民币 4 亿元的,其向社会公开发行股份的比例为 15% 以上。

(5) 公司在最近 3 年内无重大违法行为,财务会计报告无虚假记载。

(6) 国务院规定的其他条件。

具备上述条件的股份有限公司经申请,由国务院或国务院授权的证券管理部门批准,其股票方可上市。股票上市公司必须公告其上市报告,并将其申请文件存放在指定的地点供公众查阅。股票上市公司还必须定期公布其财务状况和经营情况,每半年公布一次财务会计报告。

3. 股票上市的暂停与终止

股票上市公司有下列情形之一的,由国务院证券管理部门决定暂停其股票上市。

(1) 公司股本总额、股权分布等发生变化,不再具备上市条件。

(2) 公司不按规定公开其财务状况,或者对财务会计报告做虚假记载。

（3）公司有重大违法行为。

（4）公司最近3年连续亏损。

(五) 普通股股东的权利

普通股的持有者称为普通股股东。普通股股东享有以下权利。

1. 投票选举权

股东有权参与公司的经营决策，这种经营决策包括在股东大会上选举董事、发表意见、投票表决等。普通股持有量的多少，可成为股东大会上各种决策能否顺利通过的有效力量。

2. 分享盈余权

分享盈余也是普通股股东的一项基本权利。盈余的分配取决于公司的盈利状况和分配的政策。

3. 优先认股权

当股份有限公司为增加公司资本而决定发行新股票时，现有的普通股股东有权优先认购，以保持其在公司中的股份权益比例。

4. 剩余财产要求权

当股份有限公司解散或破产清算时，普通股股东在公司资产满足了公司债权人和优先股股东分配剩余资产的请求权之后，有权参与公司剩余资产的分配。

(六) 发行普通股筹资的优缺点

1. 普通股筹资的优点

（1）没有固定的利息负担，从而大大减小了公司的财务压力，筹资风险小。

（2）所筹资金具有永久性，没有固定的到期日，除非公司清算时有剩余财产可折算清偿。

（3）提高了公司的信誉，增强了公司的资本实力，有了较多的自有资金，就可以为债权人提供较大的损失保证。

（4）与优先股和公司债券相比，有较好的预期收益和防止通货膨胀的保值方法，所以比其他方式更容易吸收资金。

2. 普通股筹资的缺点

（1）筹资资金成本较高。普通股筹资的成本要大于债务资金成本。

（2）可能分散公司的控制权。发行新股筹资带来的新股东的增加，可能分散原有股东的控制权或表决权。

（3）可能引起股价的下跌。发行新股可能被投资者认为是公司资金方面等出现问题，被视为一种消极信号，同时新股东分享了公司发行新股以前积累的盈余，会降低普通股每股盈余，从而造成股价的下跌。

> 【知识链接】 史上最有价值的上市公司
>
> 　　2012年8月20日,苹果公司每股股价创下664.74美元的新高,公司市值达6 230亿美元。刷新了微软公司于1999年创下的6 205.8亿美元的历史纪录,成为历史上最有价值的上市公司。根据统计资料,我国四大国有银行的总市值为3.9万亿元人民币(约合6 160亿美元),不及苹果一家公司。
>
> 　　2004年,苹果公司价值评估不到100亿美元。2007年,苹果公司已估价达1 000亿美元。自2007年开始,苹果公司已经成为一个不可阻挡的快速发展公司。单iPhone手机业务的营业额已超过微软。从销售总体状况来看,苹果公司在2012年年底有望成为世界上最大的科技公司,也将成为世界上最盈利的公司之一。

三、内部积累融资

留存收益是指公司历年实现利润中提取或形成的留存于公司内部的积累,包括盈余公积和未分配利润,是公司权益资金的一部分。

留存收益融资的优点如下。

(1)留存收益属于公司的权益资本。从长远的眼光看,企业可持续性成长速度取决于内部积累的能力,表现为由留存收益推动的股东权益增长率。以这种内部融资为基点,平衡推进负债的合理扩大,企业才能真正做大做强。

(2)留存收益无须筹资费用和花费时日寻求外部支持,部分解决了企业规模扩张的现实性资金需求,且其资金成本相对于普通股资金成本要低。

留存收益融资的缺点如下。

(1)筹资数量有限。留存数量往往受各种因素的影响,如股东意见,有一定的不确定性。同时法定盈余公积的提取数量毕竟是有限的,任意盈余公积金的提取更要受公司经营状况的制约。

(2)资金成本相对较高。和普通股的资金成本相比,留存收益的资金成本只是没有筹资费用而已,几乎接近普通股的成本,比债务筹资的成本高。

第三节 长期负债融资

一、长期借款

长期借款是指企业向银行以及其他金融机构借入的期限在一年以上的借款。长期借款主要用于企业长期资产投资和满足永久性流动资产的资金需要。

（一）长期借款的种类

长期借款可以按照不同的标准进行分类。

（1）按照借款的用途，可以分为基本建设借款、专项借款和流动资金借款等。

（2）按照有无抵押做担保，可以分为信用借款和抵押借款等两类。

（3）按照贷款机构的不同，可以分为政策性银行贷款、商业性银行贷款和其他金融机构贷款等。

（二）长期借款融资的程序

企业向银行借款，需要按照一定程序办理，办理程序大致包括以下几个方面。

（1）由企业向银行和其他金融机构提出借款申请。

（2）核准企业申请的借款额度和用款计划。

（3）签订借款合同。

（4）借款合同生效，所借款项到账。

（三）长期借款融资成本

长期借款的成本主要包括利息和筹资中发生的相关费用。

通常，虽然长期借款的利息率高于短期借款的利息率，但信誉好或抵押品流动性强的借款企业，仍然可以争取到较低的长期借款利息率。长期借款利率有固定利率和浮动利率两种。除了利息之外，银行和其他金融机构还会向借款企业收取其他费用。

（四）长期借款筹资的优缺点

与其他长期负债筹资相比，长期借款筹资的优缺点如下。

1. 长期借款的优点

1）筹资速度快

长期借款的手续比发行股票、债券的简单得多，因此，筹资时间相对比较短。

2）筹资成本低

借款利息可以在税前列支，长期借款利率低于债券利率，筹资的取得成本较低。

3）筹资灵活性强

长期借款合同中的条款是企业与银行和其他金融机构协商确定的，这对于借款企业来讲，具有较大的灵活性。

4）便于企业利用财务杠杆效应

银行借款的利率固定，当企业的投资收益率高于银行借款利率时，可以提高企业的每股收益率。

2. 长期借款的缺点

1) 财务风险高

长期借款通常有固定的利息负担和固定的本金偿付期,因此,采用该方式筹集资金的风险较大。

2) 限制性条款多

长期借款的限制性条款比较多,制约了企业的生产经营和借款的作用。

3) 筹资数额有限

该方式不能像发行股票、债券一样,能够一次性筹集到大量资金。

二、发行债券

债券是指公司依照法定程序发行的、约定在一定期限还本付息的有价证券。公司债券是持有人拥有公司债权的证书,它代表持有人同公司之间的债权债务关系。持券人拥有按期取得固定利息,到期收回本金以及获得公司剩余财产的权利,但无权参与公司经营管理和经营决策,也无权参与公司分红,同时,对公司经营亏损也不承担责任。相对股票而言,公司债券是一种风险较小的有价证券。

(一) 债券的种类

公司债券主要有以下分类标准。

1. 按是否记名分

按是否记名,公司债券可分为记名债券和无记名债券两种。

1) 记名债券

发行记名公司债券时,应当在公司债券存根簿上载明下列事项。

(1) 债券持有人的姓名或者名称及住所。

(2) 债券持有人取得债券的日期及债券的编号。

(3) 债券总额、债券的票面金额、债券的利率、债券还本付息的期限和方式。

(4) 债券的发行日期。

2) 无记名债券

发行无记名公司债券时,票面未注明持有人的姓名或者名称及住所,应当在公司债券存根簿上载明债券总额、债券的利率、债券的偿还期限和方式、债券的发行日期及债券的编号。

2. 按有无抵押品担保分

按有无抵押品担保,债券可以分为抵押债券和信用债券两种。

1) 抵押债券

抵押债券又称担保债券,是指发行公司有特定财产作为担保品而发行的债券。按抵押品的不同,抵押债券还可以分为全部资产抵押债券、不动产抵押债券、动产抵押债券、证券信托抵押债券等。当发行公司到期无力偿还本息时,持券人可以行驶抵押权,将抵押品拍卖来偿还债券本息。

2) 信用债券

信用债券又称无担保债券,是指发行公司没有抵押品作担保,完全凭借公司信用和经济实力而发行的债券。这种债券的风险较大,其利率一般略高于抵押债券。只有那些大公司、效益高、信誉好的公司才能发行信用债券。

3. 按是否可以转换为公司股票分

按是否可以转换为公司股票,债券可以分为可转换债券和不可转换债券两种。

1) 可转换债券

可转换债券是指根据发行公司债券募集办法的规定,债券持有人在一定时期内可以按某一固定的价格或一定的比例将所持债券转换为一定数量的普通股的债券。发行可转换为股票的公司债券时,应当报请国务院证券管理部门批准。公司债券可转换为股票的,除具备发行公司债券的条件外,还应当符合股票发行的条件。

2) 不可转换债券

不可转换债券是指不能转换为普通股的债券。

4. 按是否上市分

按是否上市,债券可以分为上市债券和非上市债券两种。

1) 上市债券

上市债券是指经有关部门批准可以在证券交易所挂牌交易的债券。上市债券信用高、变现速度快,因而十分吸引投资者,但是,上市债券的上市条件比较严格,而且资金成本较高。

2) 非上市债券

非上市债券是指不能在证券交易所挂牌交易的债券。

(二) 发行债券的资格和条件

1. 发行债券的资格

股份有限公司、国有独资公司和两个以上的国有企业或者其他两个以上的国有投资主体投资设立的有限责任公司,为筹集生产经营资金,可以依照《公司法》发行公司债券。

2. 发行债券的条件

(1) 股份有限公司的净资产额不低于人民币 3 000 万元,有限责任公司的净资产额不低于人民币 6 000 万元。

(2) 累计债券总额不超过公司净资产额的 40%。

(3)最近三年平均可分配利润足以支付公司债券一年的利息。

(4)筹集的资金投向符合国家产业政策。

(5)债券的利率不得超过国务院限定的利率水平。

(6)国务院规定的其他条件。

发行公司债券筹集的资金,必须用于审批机关批准的用途,不得用于弥补亏损和非生产性支出。

(三)发行债券的程序

发行公司债券的程序如下。

1. 股东大会做出决议

股份有限公司、有限责任公司发行公司债券时,由董事会制订方案,提交股东大会审议并做出决议。国有独资公司发行公司债券时,应由国家授权投资的机构或者国家授权的部门做出决议。

2. 提出申请

公司向国务院证券管理部门申请批准发行公司债券,应当提交下列文件:公司登记证明、公司章程、公司债券募集办法、资产评估报告和验资报告。

3. 上报审批

以公司的名义向国务院证券管理部门报请批准发行公司债券。国务院证券管理部门对符合《公司法》规定的发行公司债券的申请予以批准;对不符合《公司法》规定的申请不予批准。

4. 向社会公告

发行公司债券的申请经批准后,应当公告公司债券募集办法,载明下列主要事项:公司名称、债券总额和债券票面金额、债券的利率、还本付息的期限和方式、债券发行的起止日期、公司净资产额、已经发行的尚未到期的公司债券总额、公司债券的承销机构。

5. 募集债券款

公司按国务院证券管理部门审批进行公司债券的发行时,在确定的规模范围以内,应选择发行代理机构、签代发协议,按债券发行的起止日期募集债券款。

6. 终止

对已经批准发行债券的公司,如果发现不符合《公司法》规定的,应予撤销。尚未发行公司债券的,应停止发行;已经发行公司债券的,发行的公司应当向认购人退还所缴款项并加算银行同期存款利息。

【知识链接】 债券信用评级

目前国际上公认的最具权威性的信用评级机构,主要有美国标准·普尔公司和穆迪投资服务公司。这两家公司负责评级的债券很广泛,包括地方政府债券、公司债券、外国债券等,由于其占有详尽的资料,采用先进科学的分析技术,又有丰富的实践经验和大量专门人才,因而其评级具有很高的权威性。

标准·普尔公司信用评级标准由高至低可划分为:AAA级、AA级、A级、BBB级、BB级、B级、CCC级、CC级、C级和D级。穆迪投资服务公司信用评级标准由高至低可划分为:Aaa级、Aa级、A级、Baa级、Ba级、B级、Caa级、Ca级、C级和D级。

两家机构信用评级的划分大同小异。而前四个级别的债券信誉高,风险小,定义为"投资级债券";第五级开始往后的债券信誉低,定义为"投机级债券"。

(四)债券发行的价格

公司债券发行的价格是指发行公司或其承销机构发行债券时所使用的价格,也是投资者向发行公司或承销机构认购债券时实际支付的价格。公司在发行债券时,应首先计算分析债券发行的价格。

1. 影响债券发行价格的因素

公司债券发行的价格并不一定是债券面额。公司债券发行的价格有三种,即按面额等价发行,高于面额溢价发行,低于面额折价发行。公司债券发行价格的高低取决于以下四个因素。

1)债券面额

债券面额就是债券券面标明的价格。它是债券到期应偿还的本金,也是据以按票面利率计算利息的本金数。债券发行价格的高低从根本上取决于债券面额的大小。

2)票面利率

债券票面利率是债券的名义利率,通常在发行债券时已经确定,并在债券票面注明。一般而言,债券的票面利率越高,债券发行的价格就越高;反之亦然。

3)市场利率

市场利率是由资本市场的资金供求关系所决定的,它是影响债券发行价格的一个很重要的因素,或者可以说是影响债券是否能按票面额发行的一个重要因素。当债券票面利率和市场利率不一致时,债券的发行不按债券面额发行。发行时市场利率越高,债券发行的价格也就越低;反之亦然。

4) 债券期限

债券的期限越长,债权人的风险就越大,他所要求的报酬也就应该越高,债券发行的价格就会越低;反之亦然。

由上述可知,债券发行价格是以上四个因素共同作用的结果,而债券发行价格与债券面额的关系主要取决于票面利率与市场利率是否一致。当票面利率与市场利率一致时,债券等价发行;当票面利率高于市场利率时,债券溢价发行;当票面利率低于市场利率时,债券折价发行。

2. 债券发行价格的确定

确定企业债券发行价格时,首先要理解终值、现值、复利现值和复利终值等概念,并能熟练地掌握它们之间的转换运算,尤其是确定债券发行等价、溢价、折价三种情况价格时。

公司债券发行时价格的确定,一般采用复利计算法。计算公式为

债券发行价格 = 债券面值的现值 + 各期利息的现值

【例 4-3】 某公司发行面值 1 000 元的债券,票面利率 8%,期限为 10 年的公司债券,每年末付息一次。假定债券发行时的市场利率分别为 8%、10%、6%,该债券的发行价格如下。

(1) 市场利率为 8% 时,市场利率与票面利率一致,应等价发行。

(2) 市场利率为 10% 时,市场利率高于票面利率,应折价发行。

查利率为 10%,10 年期的 1 元复利现值系数和年金现值系数分别是 0.385 5 和 6.144 6,故

债券售价 = (1 000 × 0.385 5 + 80 × 6.144 6) 元 = 877 元

(3) 市场利率为 6% 时,市场利率低于票面利率,应溢价发行。

查利率为 6%,10 年期的 1 元复利现值系数和年金现值系数分别为 0.558 4 和 7.360 1,故

债券售价 = (1 000 × 0.558 4 + 80 × 7.360 1) 元 = 1 147 元

(五) 债券融资的优缺点

1. 债券融资的优点

1) 资金成本低

利用债券融资,其成本要比股票融资的成本低。一方面是债券的发行费用较低;另一方面是债券利息在税前支付,可以抵减税收而获得一部分收益。

2) 财务杠杆效应

由于债券的利率是固定的,在企业投资效益良好的情况下,可获得更高的投资报酬,提高企业的每股收益。

3) 保证企业控制权

债券持有人无权管理企业的经营活动,若现有股东担心企业控制权过于分散,则可以采用债券融资。

2. 债券融资的缺点

1) 融资风险高

债券有固定的到期日,并定期支付利息。债券融资要承担还本、付息的义务。在企业经营不景气时,向债券持有人还本、付息,会给企业带来更大的困难,甚至导致企业破产。

2) 限制条件多

发行债券的限制条件一般比长期借款、租赁融资的限制条件要多且更严,从而可能影响企业的正常发展和以后的融资能力。

3) 融资额有限

利用债券融资有一定的限度,当企业的负债比率超过一定程度后,债券融资的成本要迅速上升,有时甚至会发行不出去。我国《公司法》规定,发行公司流通在外的债券累计总额不得超过公司净资产的40%。

三、融资租赁

融资租赁是指当企业需要添置设备时,不是以现金或向金融机构借款购买,而是由租赁公司融资,租赁公司把租赁得来的设备或购入的设备租给承租人使用,承租人按合同规定,定期向租赁公司支付租金,租赁期满后,选择退租、续租或留购的一种融资方式。融资租赁是现代租赁的主要形式,是指在实质上转移与一项资产所有权有关的所有风险和报酬的一种租赁方式。

(一) 融资租赁的主要特点

融资租赁通常为长期租赁,可以满足承租企业对设备等的长期需要,故又称资本租赁或财务租赁。融资租赁的主要特点如下:

(1) 出租方仍然保留租赁资产的所有权,但与租赁资产有关的全部风险和报酬实际上已经转移。

(2) 租约通常是不能取消的,或者只有在某些特殊情况下才能取消。

(3) 租赁期限较长,几乎包含了租赁资产全部的有效使用期限。

(4) 一般情况下,融资租赁只需通过一次租赁就可收回租赁资产的全部投资,并取得合理的利润。

(5) 租赁期满时,承租人有优先选择廉价购买租赁资产的权利,或者采取续租的方式,或者将租赁资产退还给出租方。

(二) 经营租赁与融资租赁的区别

在企业融资中，租赁已成为解决企业资金来源的一种筹资方式。企业资产的租赁有经营租赁和融资租赁两种。经营租赁是指以提供设备等资产的短期使用权为特征的租赁形式；而融资租赁是以融资为目的，从而最终获得租赁资产所有权的一种租赁形式。二者的区别体现在以下几方面。

1. 租赁程序不同

经营租赁出租的设备由租赁公司根据市场需要选定，然后再寻找承租企业；而融资租赁出租的设备由承租企业提出要求购买或由承租企业直接从制造商或销售商那里选定。

2. 租赁期限不同

经营租赁期较短，短于资产有效使用期；而融资租赁的租赁期较长，接近于资产的有效使用期。

3. 设备维修、保养的责任方不同

经营租赁由租赁公司负责；而融资租赁由承租方负责。

4. 租赁期满后设备处置方法不同

经营租赁期满后，承租资产由租赁公司收回；而融资租赁期满后，企业可以很少的"名义货价"（相当于设备残值的市场售价）留购。

5. 租赁的实质不同

经营租赁实质上并没有转移与资产所有权有关的全部风险和报酬；而融资租赁的实质是将与资产所有权有关的全部风险和报酬转移给了承租人。

(三) 融资租赁的形式

融资租赁的形式按租赁业务的不同特点可分为如下几种。

1. 售后租回

根据协议，企业将某资产卖给出租人，再将其租回使用。资产的售价大致为市价。采用这种租赁形式时，出售资产的企业可得到相当于售价的一笔资金，同时仍然可以使用资产。当然，在此期间，该企业要支付租金，并失去了财产所有权。从事售后租回的出租人为租赁公司等金融机构。

2. 直接租赁

直接租赁是指承租人直接向出租人租入所需要的资产，并付出租金的一种租赁方式。直接租赁的出租人主要是制造厂商、租赁公司。除制造厂商外，其他出租人都是从制造厂商购买资产出租给承租人的。

3. 杠杆租赁

杠杆租赁要涉及承租人、出租人和资金出借者三方当事人。从承租人的角度来看，这种租赁与其他形式并无区别，同样是按合同的规定，在基本租赁期内定期支付定额租金,取得资产的使用权。但对于出租人却不同,出租人只出购买资产所需的部分资金(30%),作为自己的投资;另外以该资产作为担保向资金出借者借入其余资金(70%);因此,他既是出租人也是借款人,同时拥有对资产的所有权,即收取租金来偿付债务。如果出租人不能按期偿还借款,那么资产的所有权就要转归资金出借者。

(四)融资租赁的程序

1. 选择租赁公司

企业决定采用租赁方式融资取得某项设备时,首先要了解各个租赁公司的经营范围、业务能力以及与其他金融机构的关系和资信情况,取得租赁公司的融资条件和租赁费率等资料,并加以比较,从而择优选定。

2. 办理租赁委托

企业选定租赁公司后,便可向其提出申请,办理委托。这时,筹资企业需填写"租赁申请书",说明所需设备的具体要求,同时还要提供企业的财务状况文件,包括资产负债表、利润表和现金流量表等。

3. 签订购货协议

由承租企业与租赁公司的一方或双方合作选定设备制造厂商,并与其进行技术与商务谈判,签署购货协议。

4. 签订租赁合同

租赁公司与承租人签订租赁合同,它是租赁业务具有法律效力的重要文件,明确了租赁公司与承租人之间的权利和责任及租赁期满后对设备的处理等条款。承租人收到货物并办妥验收手续后,租赁合同正式生效,租赁业务开始。

5. 期满物权选择

租赁期满,承租人按合同的规定可以做出如下选择:①将设备退还给出租人;②延长租期;③留购。

(五)融资租赁的租金计算

在融资租赁筹资方式下,承租人应按租赁合同的有关规定及时、足额地支付租金。租金的支付直接影响承租人未来的财务状况,因此,租金的计算是融资租赁融资决策的重要依据。

1. 租金的构成

租金主要由三部分构成。

1) 购买租赁设备的货款

租赁者根据生产需要向出租者洽租,租赁公司根据承租人的要求出资购置设备而发生的费用就构成购置租赁资产的成本。

2) 租赁公司手续费

出租者为承租人办理租赁资产所开支的营业费用(如办公费用、工资、差旅费、税金等)和利润。

3) 利息

一般来说,租赁公司采用不同类型的资本来源筹措购置租赁资产的资金,可以是短期债务,也可以是长期债务。不同的资金来源有不同的利息率,可用加权平均法来计算。

2. 影响租金的因素

影响租金的因素主要有以下几方面。

(1) 构成融资租赁租金的内容。

(2) 预计租赁资产的残值。即设备的未来市场价值是租赁双方洽谈租赁合同时最有商讨余地的。

(3) 租赁期限。租赁期限的长短主要取决于租赁设备的法定折旧年限和经济寿命,即使用年限和设备价值的大小。

3. 租金的计算方法

1) 平均分摊法

平均分摊法是指承租人将应付的租金在租赁期内平均计算的一种方法,这种方法简单,但没有考虑资金的时间价值。其公式为

$$A = \frac{(P-S) + I + F}{N}$$

其中,A 为每次支付的租金;P 为租赁设备的购置成本;S 为租赁设备的预计残值;I 为租赁期间的利息费用;F 为租赁期间的手续费用;N 为租赁期限。

【例 4-4】 某企业于 2012 年 1 月 1 日从某租赁公司租入工程设备一套。该设备的价值为 180 万元,租赁期为 5 年,预计租赁期满后设备的残值为 25 万元(归租赁公司所有),年利率为 6%,租赁手续费率为设备价值的 2%;每年年末支付一次租金,则该设备每年年末应支付的租金为

$$A = \frac{(180-25) + [180 \times (1+6\%)^5 - 180] + 180 \times 2\%}{5} \text{ 万元}$$

$$= 43.90 \text{ 万元}$$

2) 年金法

(1) 后付租金的计算。

后付租金是指在合同规定的期限内于每年年末等额支付租金的方法。后付租金具有普通年金的性质,故租金的计算按普通年金现值的公式确定。其公式为

$$A = \frac{P}{(P/A, i, n)}$$

其中，P 为租金现值；A 为等额租金；i 为折现率；n 为租金支付的期数。

【例 4-5】 某企业 2012 年 1 月 1 日从某租赁公司租入工程设备一台。该设备的价值为 120 万元，租赁期为 5 年，不考虑残值，年利率为 5%，于每年年末支付租金，则该设备每年年末应支付的租金为

$$A = \frac{120}{(P/A, 5\%, 5)} \text{万元} = \frac{120}{4.3295} \text{万元} = 27.72 \text{万元}$$

(2) 即付租金的计算。

即付租金是指在合同规定的期限内于每年年初等额支付租金的方法。即付租金具有即付年金的性质，故租金的计算按即付年金现值的公式确定。其公式为

$$A = \frac{P}{[(P/A, i, n-1) + 1]}$$

【例 4-6】 沿用例 4-5 的资料，假设租金于每年年初支付，则该设备每年年初应支付的租金为

$$A = \frac{120}{[(P/A, 5\%, 5-1) + 1]} \text{万元} = \frac{120}{4.5460} = 26.40 \text{万元}$$

(六) 融资租赁的优缺点

1. 融资租赁的优点

1) 融资速度快

租赁往往比借款购置设备更迅速、更灵活，因为租赁是融资与设备购置同时进行的，可以缩短设备的购进、安装时间，使企业尽快形成生产能力，有利于企业尽快占领市场，打开销路。

2) 限制条款少

相对于债券、长期借款等融资方式，融资租赁受限制条件较少。

3) 设备淘汰风险少

随着科学技术的不断进步，设备淘汰的风险很高，而多数租赁协议规定由出租人承担，承租企业可以减少这种风险。

4) 财务风险小

租金在整个租赁期内分摊支付，可以大大降低到期不能偿付租金的风险。

5) 税收负担轻

租金费用可以在所得税前扣除，承租企业能享受税上利益。

2. 融资租赁的缺点

融资租赁的最主要缺点是资金成本较高。一般来说，其租金要比银行借款

或发行债券所负担的利息高得多,承租企业在财务困难时期,支付固定的租金也将构成一项沉重的负担。

第四节 短期负债融资

企业对资金的需求通常并不是稳定的,而是具有一定的周期性,或者说具有波动性。短期负债融资所筹资金的可使用时间较短,一般不超过一年。当企业预测未来的经营规模扩大,或由于经营活动的周期性或季节性而出现资金需求时,短期融资是解决这些资金需求的一种较佳途径。

一、自发性短期负债融资

自发性短期负债融资是指企业在正常生产经营过程中,通过日常交易自发形成短期负债的一种融资方式。形成自发性短期负债融资的主要项目有应付账款、应付票据、预收账款和应计费用。这些融资是在经营过程中自发形成的,是与收付规模有一定比例的负债,并且会伴随收付规模的扩大而增加。以下着重对应付账款和应计费用的相关内容加以说明,应付票据和预收账款的自发融资内容不再赘述。

(一) 应付账款融资

对企业而言,在商品交易中,供应商负债几乎是一种普遍的短期自发性融资方式。特别是商业企业,这种交易负债构成了企业最大的短期负债融资。在现代市场经济条件下,大多数企业对购买者不要求在收到商品时立即付款,而是在支付到期前允许存在一个较短的延期。在这一时期,商品供应商实际上向购买者提供了一种商业信用。这种信用无需签订协议,较金融机构提供的信用更自由。很多企业,特别是那些中小企业,在日常经营中都很大程度上依赖这种商业信用。

1. 信用条件

企业在采用赊购方式采购商品时,供货单位会开出一定的信用条件。信用条件中包括现金折扣百分数,折扣期限和信用期。信用条件通常表示为"2/10, $n/30$"的形式。它说明现金折扣是2%,折扣期是10天,信用期是30天,即发票开出后10天内付款可享受现金折扣2%,超过10天后没有折扣,30天内必须付款。

2. 信用成本

企业在采用赊购方式采购商品时,若放弃供货商开出的优惠折扣,就意味着丧失了折扣而增加了机会成本。

$$\text{放弃现金折扣成本} = \frac{\text{现金折扣百分比}}{1-\text{现金折扣百分比}} \times \frac{360}{\text{信用期}-\text{折扣期}}$$

【例 4-7】 某企业拟以"2/10,n/30"信用条件购进商品一批。根据信用条件,若企业在 10 天之内付款,可享受 2%的现金折扣;若不享受现金折扣,则货款应在 30 天内付清。放弃折扣的成本为

$$\text{放弃现金折扣成本} = \frac{2\%}{1-2\%} \times \frac{360}{30-10} = 36.73\%$$

这表明只要企业融资成本不超过隐含的利息成本即机会成本 36.73%,就应当在第 10 天付款而享受其折扣。从中也可看出,买方企业放弃现金折扣所获得的信用,其代价是昂贵的。

(二)应计费用融资方式

应计费用是指实际已发生的,但在会计期末尚未被支付的费用。应计费用亦称应计负债,这些费用并不表示会被拖欠偿还。如尚未支付的工资、税金、利息和股利等,这些都是企业的短期负债。在企业自发性短期负债融资中,与应付账款融资相比,应计费用更能体现自发融资的特点。

对一般企业而言,最普遍的应计费用包括工资和税金。这两种费用在其支付前都有一定的积累数额,在规定的时间支付前是企业的一种无成本的短期融资来源。

对企业来说,应计费用并不真正代表一种自由的融资。对税金费用来说,企业必须准时缴纳税金,否则就会受处罚,并会征收利息罚金。对应付工资来说,若不能及时发放,就会损害员工的利益,影响员工的积极性,从而影响企业的发展。

(三)自发性短期负债融资的优缺点

优点:筹资便利,筹资成本低,限制条件少。

缺点:期限较短,若放弃折扣优惠则资金成本很高。

二、协议性短期负债融资

协议性短期负债融资是指通过协议方式向银行和非银行金融机构融资而形成短期负债的一种融资方式。协议性短期负债融资主要包括短期借款和短期融资债券两种。

(一)短期借款

短期借款是指企业向银行和其他非银行金融机构借入的期限在一年以内的借款。短期借款一般分为无担保借款和担保借款两大类。无担保借款是指企业凭借自身信誉从银行取得的借款,又称信用借款;担保借款是指借款企业以本公

司某些资产作为偿债担保品而取得的借款,又称抵押借款。其具体内容包括应收账款担保(抵押给银行)借款和应收账款让售(将债权卖给银行)借款、应收票据贴现借款、存货担保借款等。

1. 无担保借款的信用条件

按照国际惯例,银行发放短期无担保贷款往往要涉及以下信用条件。

1) 信贷限额

信贷限额即信贷额度,是借款人与银行在协议中规定的允许借款人借款的最高限额。

2) 周转信贷协定

它是银行从法律上承诺向企业提供不超过某一最高限额的贷款协定。在协定的有效期内,只要企业借款总额未超过最高限额,银行必须满足企业任何时候提出的借款要求。企业要享有周转协定,通常要对贷款限额的未使用部分付给银行一笔承诺费。

【例 4-8】 某企业与银行商定周转信贷额为 2 000 万元,承诺费率为 0.5%,借款企业年度内使用了 1 500 万元,余额 500 万元,则借款企业应向银行支付承诺费的金额为

$$承诺费 = 500 \times 0.5\% \text{万元} = 2.5 \text{万元}$$

3) 补偿性余额

它是银行要求借款人在银行中保持按贷款限额或实际借款额的一定百分比计算的最低存款余额。补偿性余额的要求提高了借款的实际利率。实际利率的计算公式为

$$实际利率 = \frac{名义借款金额 \times 名义利率}{名义借款金额 \times (1 - 补偿性余额比例)} = \frac{名义利率}{1 - 补偿性余额比例}$$

补偿性余额有助于银行降低贷款风险,补偿其可能遭受的损失,但对借款企业来说,补偿性余额则提高了借款的实际利率,加重了企业的利息负担。

【例 4-9】 某企业按年利率 8% 向银行借款 200 万元,银行要求保留 20% 的补偿性余额,企业实际可动用的借款只有 160 万元,则该项借款的实际利率为

$$补偿性余额贷款实际利率 = \frac{8\%}{1 - 20\%} \times 100\% = 10\%$$

4) 偿还条件

无论何种借款,银行一般都会规定还款的期限。根据我国金融制度的规定,贷款到期后仍无能力偿还的,视为逾期贷款,银行要照章加收逾期罚息。

5) 以实际交易为贷款条件

当企业发生经营性临时资金需求,向银行申请贷款以求解决时,银行会以企

业将进行的实际交易为贷款基础,单独立项,单独审批,最后做出决定并确定贷款的相应条件和信用保证。

2. 短期借款利息支付方法

1) 利随本清法

利随本清法亦称收款法,是在借款到期时间向银行支付利息的方法。采用这种方法,借款的名义利率等于其实际利率。

2) 贴现法

贴现法是银行向企业发放贷款时,先从本金中扣除利息部分,在贷款到期后借款企业再偿还全部本金的一种计息方法。贴现法实际贷款利率公式为

$$贴现贷款实际利率 = \frac{利息}{贷款金额 - 利息} \times 100\%$$

【例 4-10】 某企业从银行取得借款 200 万元,期限 1 年,名义利率 8%,利息 16 万元。按照贴现法付息,企业实际得到的贷款额为 184 万元,该项贷款的实际利率为

$$贴现贷款实际利率 = \frac{16}{200-16} \times 100\% = 8.7\%$$

或

$$贴现贷款实际利率 = \frac{名义利率}{1-名义利率} \times 100\% = \frac{8\%}{1-8\%} \times 100\% = 8.7\%$$

3) 加息法

加息法是银行发放分期等额偿还贷款本息时采用的利息收取方法。在约定分期等额偿还贷款本息的情况下,银行将根据名义利率计算的利息加到贷款本金上,计算出贷款本利和,要求企业在贷款期内分期还本付息。由于贷款分期均衡偿还,借款企业实际上只平均使用了贷款本金的半数,却支付全额利息。这样,企业实际利率 2 倍于名义利率。

3. 短期借款融资的优缺点

1) 短期借款融资的优点

(1) 融资速度快。企业获得的短期借款受限制性条件比长期借款少,借款所需时间要短得多。

(2) 融资弹性大。企业可根据需要,在资金短缺时进行短期资金的融资,在资金充裕时还款,企业可以灵活安排。

2) 短期借款融资的缺点

(1) 融资风险大。短期资金的偿还期短,在融资数额较大的情况下,若企业资金周转不灵,就有可能出现无力按期偿付本金和利息的情况,甚至被迫破产。

(2) 与其他短期融资方式相比,其资金成本较高,尤其是在补偿性余额和附

加利率情况下,实际利率通常高于名义利率。

(二)短期融资券

1. 短期融资券的含义与特征

短期融资券是由企业发行的无担保短期本票。在我国,短期融资券是指企业依据《短期融资券管理办法》的条件和程序,在银行间债券市场发行和交易并约定在一定时间内(一年以内)的融资。

我国短期融资券具有以下特征:①发行人为非金融企业;②它是一种短期债券品种;③发行利率(价格)由发行人和承销商协商确定;④发行对象为银行间债券市场的机构投资人,不向社会公众发行;⑤实行余额管理,待偿还融资券余额不超过企业净资产的40%;⑥可以在全国银行间债券市场机构投资人之间流通转让。

2. 短期融资券的种类

(1) 按发行方式,可将短期融资券分为经纪人代销的融资券和直接销售的融资券两种。

(2) 按发行人的不同,可将短期融资券分为金融企业的融资券和非金融企业的融资券两种。

(3) 按融资券的发行和流通范围,可将短期融资券分为国内融资券和国际融资券两种。

3. 短期融资券的发行

一般来讲,只有实力雄厚、资信度很高的大企业才有资格发行短期融资券。在我国,短期融资券的发行必须符合《短期融资券管理办法》中规定的发行条件。

4. 短期融资券融资的优点

(1) 短期融资券的融资成本较低。一般情况下,短期融资券的利率加发行成本要低于同期贷款利率。

(2) 短期融资券融资数额比较大。银行发行贷款限制条件较多,一般情况下,银行不会向企业发行巨额短期贷款,而发行短期融资券的数额往往较大,可以融到更多的资金。

(3) 发行短期融资券可以提高企业信誉知名度。发行短期融资券的企业都是知名企业,若能发行自己的短期融资券,则说明企业有较好的信誉度。

5. 短期融资券融资的缺点

(1) 发行短期融资券的风险比较大。短期融资券还本付息的时间短、数额大,若到期不能按时偿还,就会影响企业的信誉度,甚至造成严重的后果。

(2) 发行短期融资券的弹性比较小。只有需要的资金量达到一定量时,才能发行短期融资券,且即使企业资金充裕,也要到期才能偿还。

(3) 发行短期融资券的条件比较严格。必须是企业资本实力强、信誉好、经济效益高的企业才能发行短期融资券。

复习思考题

1. 解释下列名词术语：
   企业融资   吸收直接投资   股票   债券   融资租赁
   自发性负债   协议性负债   补偿性余额   短期融资券
2. 融资渠道和融资方式有哪些？二者的关系如何？
3. 吸收直接投资的方式有哪几种？
4. 股票的特征有哪些？
5. 银行借款的种类有哪些？信用条件有哪些？
6. 长期债券的要素应有哪些？
7. 商业信用的形式有哪些？
8. 经营租赁和融资租赁有什么区别？
9. 融资租赁的租金如何计算？
10. 短期借款利息支付方法有哪些？如何计算？
11. 短期融资券的含义、特征有哪些？短期融资券融资的优缺点是什么？

练 习 题

一、单项选择题

1. 下列关于公开间接方式发行股票的说法,不正确的是(   )。
   A. 发行范围广,易募足资本   B. 股票变现性强,流通性好
   C. 有利于提高公司知名度   D. 发行成本低
2. 股份有限公司采用募集设立方式,发起人至少须认购公司应发行股份的(   )。
   A. 20%   B. 50%   C. 35%   D. 30%
3. 在股票推销方式中,能免于承担发行风险,但会损失部分溢价的是(   )。
   A. 自销方式   B. 承销方式   C. 包销方式   D. 代销方式
4. 某企业按年利率5.8%向银行借款1 000万元,银行要求保留15%的补偿性余额,则这项借款的实际利率约为(   )。
   A. 5.8%   B. 6.4%   C. 6.8%   D. 7.3%

5. 长期借款筹资与长期债券筹资相比,其特点是(　　)。
   A.利息能节税　　B.筹资弹性大　　C.筹资费用大　　D.债务利息高

6. 相对于发行股票而言,发行公司债券的优点为(　　)。
   A.筹资风险小　　B.限制条款少　　C.筹资额度大　　D.资金成本低

7. 相对于发行债券和利用银行借款购买设备而言,通过融资租赁方式取得设备的主要缺点是(　　)。
   A.限制条款多　　B.筹资速度快　　C.资金成本高　　D.财务风险大

8. 企业从银行借入短期借款,不会导致实际利率高于名义利率的利息支付方式是(　　)。
   A.收款法　　　　　　　　　　B.贴现法
   C.加息法　　　　　　　　　　D.分期等额偿还本利和的方法

9. 在下列各项中,能够引起企业自有资金增加的筹资方式是(　　)。
   A.吸收直接投资　　　　　　　B.发行公司债券
   C.利用商业信用　　　　　　　D.留存收益转增资本

10. 相对于负债融资方式而言,采用吸收直接投资方式筹集资金的优点是(　　)。
    A.有利于降低资金成本　　　　B.有利于集中企业控制权
    C.有利于降低财务风险　　　　D.有利于发挥财务杠杆作用

11. 下列属于短期资金筹集方式的有(　　)。
    A.发行公司债券　　B.银行借款　　C.内部积累　　D.商业信用

12. 某企业拟以"2/20,N/40"的信用条件购进原料一批,则企业放弃现金折扣的机会成本为(　　)。
    A.2%　　　　　　B.36.73%　　　　C.18%　　　　D.36%

二、多项选择题

1. 放弃现金折扣的成本受折扣百分比、折扣期和信用期的影响。下列各项中,使放弃现金折扣成本提高的情况有(　　)。
   A.信用期、折扣期不变,折扣百分比提高
   B.折扣期、折扣百分比不变,信用期延长
   C.折扣百分比不变,信用期和折扣期等量延长
   D.折扣百分比、信用期不变,折扣期延长

2. 股份有限公司申请股票上市,将会使公司(　　)。

　　A. 资本大众化,分散风险的同时也会分散公司的控制权

　　B. 便于筹集新资金

　　C. 便于确定公司价值

　　D. 负担较低的信息披露成本

3. 与其他长期负债筹资相比,债券筹资的特点包括(　　)。

　　A. 筹资对象广　　B. 成本低　　C. 限制条件少　　D. 风险大

4. 下列关于融资租赁的说法,正确的是(　　)。

　　A. 出租人通常负责租赁资产的折旧计提和日常维护

　　B. 租赁合同稳定,非经双方同意,中途不可撤销

　　C. 租赁期满后,租赁资产归还出租人

　　D. 租赁期限较长,一般超过租赁资产寿命的一半

5. 融资租赁的租金中包括(　　)。

　　A. 租赁资产的成本

　　B. 租赁资产的成本利息

　　C. 出租人承办租赁业务的费用

　　D. 出租人向承租企业提供租赁服务所赚取的利润

6. 相对权益资金的筹集方式而言,长期借款筹资的缺点主要有(　　)。

　　A. 财务风险大　　B. 筹资风险大　　C. 筹资数额有限　　D. 筹资速度较慢

7. 下列各项中,属于吸收直接投资与发行普通股筹资方式所共有的缺点有(　　)。

　　A. 限制条件多　　B. 财务风险大　　C. 控制权分散　　D. 资金成本高

8. 下列属影响债券发行价格的因素有(　　)。

　　A. 债券面值　　B. 债券票面利率　　C. 债券期限　　D. 市场利率

9. 普通股成本比债务资金高的主要原因有(　　)。

　　A. 股利要从税后利润中支付　　　　B. 股东人数众多

　　C. 发行费用较高　　　　　　　　　D. 股利支付率较高

三、判断题

1. 从理论上说,债权人不得干预企业的资金投向和股利分配方案。(　　)

2. 无面值股票的最大缺点是该股票既不能直接代表股份,也不能直接体现其实际价值。(　　)

3. 一般情况下,发行信用债券的企业不得将财产抵押给其他债权人。(   )

4. 尽管融资租赁比借款购置设备更迅速、更灵活,但租金也比借款利息高得多。(   )

5. 根据资金筹集的及时性原则,企业应尽早地筹集生产所需的资金,以免影响生产经营的进行。(   )

6. 企业负债占销售额的比重越大,外部资金需要量就会越小。(   )

7. 某公司2012年1月1日与银行签订的周转信贷协定额为1 000万元,期限为1年,年利率为4%,年承诺费为2%,当年该公司实际使用了600万元,使用期为4个月,2012年12月31日,该公司应支付的承诺费和利息合计为24万元。(   )

8. 甲企业有一笔应付账款100万元,卖方提供的现金折扣条件为"2/10,n/30",该企业有一个短期投资项目,期限为50天,投资额为100万元,预计投资收益率为20%,假设不考虑展期付款带来的其他影响,则该企业应该在第50天(项目结束后)付款。(   )

四、计算分析题

1. A公司股票被核准上市挂牌交易,该公司上市前一年税后净利润为5 100万元,公司总股份为15 000万股,股东权益总额为30 000万元。其中,股本15 000万元,资本公积2 500万元,盈余公积4 500万元,未分配利润8 000万元。本次上市核准发行3 750万股(15 000×25%),预计发行上市当年净利润可达到6 000万元,证券管理机构按该公司上市前一年每股收益的70%和发行当年摊薄后每股收益的30%计算其加权平均每股收益,并按20倍的市盈率核定其发行价格。要求:

(1) A公司核准的股票发行价格是多少?

(2) 股票上市后公司股东权益总额是多少?其中股本是多少?资本公积是多少?

2. A公司拟采购一批零件,供应商的报价如下:①立即付款,价格9 630元;②30天内付款,价格为9 750元;③31~60天内付款,价格为9 870元;④61~90天内付款,价格为10 000元。要求:

(1) 假设银行短期贷款利率为15%,每年按360天计算,计算放弃现金折扣的成本(比率),并确定对该公司最有利的付款日期和价格。

(2) 若目前有一短期投资机会,报酬率为40%,确定对该公司最有利的付款日期和价格。

3. C公司向银行借入短期借款10 000元,支付银行贷款利息的方式同银行协商后的结果是:如果采用收款法,则利率为14%;如果采用贴现法,则利率为12%;如果采用补偿性余额,则利率为10%,银行要求的补偿性余额比例为20%。要求:

(1) 计算采用贴现法的实际利率。

(2) 计算采用收款法的实际利率。

(3) 计算采用补偿性余额的实际利率。

(4) 哪种支付方式对公司最有利?

4. B公司作为国有企业拟在明年初改制为独家发起的股份有限公司。现有净资产经评估价值为6 000万元,全部投入新公司,折股比率为1。按其计划经营规模需要总资产3亿元,合理的资产负债率为30%,预计明年税后利润为4 500万元。要求:

(1) 通过发行股票应筹集多少股权资金?

(2) 如果市盈率不超过15倍,每股盈利按0.40元规划,最高发行价格是多少?

(3) 若按每股5元发行,至少要发行多少社会公众股?发行后,每股盈余是多少?市盈率是多少?

5. 某公司发行面值为1 000元,期限为5年,票面年利率为8%的定期付息企业债券200张。要求:

(1) 若发行时市场利率为10%,债券的发行价格应定为多少?

(2) 若企业以1041元价格发行,发行时市场利率是多少?

6. 某公司采用融资租赁方式从租赁公司租入设备,设备价款100万元,租期6年,到期后设备归本公司所有;双方商定的折现率为14%。现有两种付款方式可供选择:①从租赁当年的年末起每年末等额付款25万元;②从租赁当年的年初起每年初等额付款23万元。要求:

(1) 公司每年应该支付的先付租金和后付租金是多少?

(2) 判断公司选择何种付款方式较合理。

7. F公司2012年有关的财务数据如下表所示,假设该公司实收资本一直保持不变,要求:

(1) 若2013年计划销售收入为5 500万元,需要补充多少外部融资(保持目前的股利支付率、销售净利率不变)?

(2) 若利润留存率为 100%，销售净利率提高到 6%，目标销售额为 4 500 万，需要筹集补充多少外部融资（保持其他财务比率不变）？

F 公司 2012 年有关的财务数据　　　　　　　　　　单位：万元

项　目	金　额	占销售收入的百分比
流动资产	3 600	90%
长期资产	2 600	无稳定关系
资产合计	6 200	—
短期借款	600	无稳定关系
应付账款	800	20%
长期负债	1 000	无稳定关系
实收资本	3 400	无稳定关系
留存收益	400	无稳定关系
负债及所有者权益合计	6 200	—
销售额	4 000	100%
净利	200	5%
当年利润分配额	60	—

第五章　资本成本和资本结构

【学习要点】本章阐述与企业融资决策相关的内容。需掌握下列要点：
　　（1）资本成本的内容及其计算；
　　（2）经营杠杆、财务杠杆及复合杠杆的作用与计量方法；
　　（3）财务杠杆与财务风险；
　　（4）资本结构优化决策。
【主旨语】给我一个支点，我将撬起地球。　　——阿基米德

第一节　资本成本

一、资本成本概述

企业筹集资金的方式有多种，不同方式筹集的资金，由于所承担的风险不同，其资金成本也不相同。那么，企业应选择何种筹资方式，如何确定最佳的筹资组合呢？一般从成本和风险两个方面来研究筹资决策问题。确定合理的资本结构，使资金成本最低、风险最小、企业价值最大是筹资决策的主要目标。广义上讲，企业筹集和使用任何短期和长期资金都要付出代价，但短期资金一般不影响企业长期资本结构，从这个意义上讲，资金成本主要指长期资金的成本，因此，资金成本也称资本成本。

在市场经济条件下，投资者将资金投入企业，其根本目的是获得投资报酬。企业从各种途径筹集到的资金，无论是权益资金，还是债务资金，都不能无偿使用，必须付出一定的代价，即要向投资者支付一定的报酬。因此，从投资者角度看，资本成本是投资者提供资金所要求的报酬率，从企业角度看，是企业为获取资金所必须支付的最低价格。

（一）资本成本的概念

资本成本就是企业筹集和使用资金而支付的各种费用，即付出的代价。资本成本从内容上包括筹资费用和用资费用两部分。

1. **筹资费用**

筹资费用是指企业在筹集资金的过程中所支付的各种费用，包括股票、债券

的发行费用,银行借款的手续费等。筹资费用一般在筹措资金时一次性支付,在以后资金的使用过程中不再发生。因此,筹资费用在计算资本成本时,可作为筹资额的扣除额处理,即可从筹资总额中直接扣除。

2. 用资费用

用资费用是指企业在使用资金的过程中付出的费用,如支付给股东的股息,向债权人支付的利息等。

(二) 资本成本的计算公式

资本成本可以用绝对数表示,也可以用相对数表示,但在财务管理中,一般用相对数表示,即可表示为用资费用与实际筹得的可用资金的比率。实际筹得的可用资金是筹资数额扣除资金筹集费用后的差额。资本成本通用的计算公式为

$$K = \frac{D}{P-F}$$

或

$$K = \frac{D}{P(1-f)}$$

其中,K 为资本成本;D 为用资费用;P 为筹集资金总额;F 为筹资费用;f 为资金筹资费用率,其计算公式为

$$f = F/P$$

(三) 资本成本的意义

资本成本是企业财务管理中的一个重要概念,资本成本的高低是衡量投资决策能否实施的重要标准。因此,计算资本成本对于比较筹资方式、选择筹资方案、评价投资项目、衡量企业经营业绩都具有重要意义。

(1) 资本成本是选择筹资方式、确定最佳资本结构的重要依据。企业可以从多种渠道采用多种方式来筹集资金,而通过不同渠道和方式筹集的资金,其资本成本是不同的。站在融资方即资金使用者的立场看,债务资金的成本通常低于权益资金的成本,但债务资金的风险也总是高于权益资金的风险。另外,企业筹集长期资金往往会同时采用多种筹资方式,存在不同的筹资组合,每种筹资组合的成本和风险也各不相同。为了经济有效地筹集资金,企业必须分析各种筹资方式资本成本的高低,并进行合理的组合,以确定最佳资本结构。所谓最佳资本结构就是综合资本成本最低、企业价值最大的资本结构。

(2) 资本成本是评价投资项目、进行投资方案决策的重要标准。一个投资项目是否可行、是否值得投资,可有多种评价方法,但最基本的要求是,该项目的投资收益率应高于其资本成本率。如果该项目的投资收益率低于其资本成本率,企业将无利可图。因此,国际上通常将资本成本视为投资项目的"最低收益率",它是取舍投资项目的重要依据。

(3) 资本成本是衡量企业经营业绩的重要尺度。资本成本同一定的风险相联系。对资金使用者来说,使用资金所得到的收益是否大于所付出的代价,对企业的经营非常重要。尤其是对于负债资金,如果企业业绩不佳,到期无法偿还债务的本息,则有可能导致企业亏损甚至破产。因此,评价企业经营业绩的好坏,可将企业的收益率指标,如利润率,与资本成本相比较,若前者大于后者,则说明企业经营业绩较好;否则,说明企业经营业绩欠佳。

二、资本成本的计量形式

资本成本有多种计量形式。在比较各种筹资方式时,使用个别资本成本,包括长期债券成本、银行借款成本、优先股成本、普通股成本和留存收益成本。前二者统称为债务资本成本,后三者统称为权益资本成本。在进行资本结构决策时,使用加权平均资本成本;在进行追加筹资决策时,使用边际资本成本。

(一) 个别资本成本

企业资金来源不同,风险不同,成本也不同。所以,不同的个别成本就有不同的计量形式。

1. 长期债券成本

发行债券成本主要是指债券利息和筹资费用。债券利息如同银行借款利息一样是在税前支付的,这样企业实际上就少交了一部分所得税。企业实际负担的债券利息应为:债券利息×(1－所得税税率)。企业发行债券会发生筹资费用,且筹资费用一般比较高,在计算资金成本时不可省略。筹资费用发生后企业实际取得的资金将少于债券的票面金额。企业实得资金应为:债券发行总额×(1－筹资费率)。因此,长期债券成本的计算公式为

$$K_b = \frac{I \times (1-T)}{B \times (1-f)}$$

其中,K_b 为债券资金成本;I 为债券年利息;T 为所得税税率;B 为债券发行总额;f 为筹资费用率。

【例 5-1】 某公司发行面额为 2 000 万元的 10 年期债券,票面利率为 10%,发行费用率为 5%,发行价格为 2 400 万元,公司所得税率为 33%。该债券成本为

$$K_b = \frac{2\,000 \times 10\% \times (1-33\%)}{2\,400 \times (1-5\%)} = 5.88\%$$

2. 银行借款成本

银行借款成本的计算基本与债券相同,其计算公式为

$$K_l = \frac{I \times (1-T)}{L \times (1-f)}$$

其中，K_l 为银行借款成本；I 为银行借款年利息；L 为银行借款筹资额（即借款本金）；f 为筹资费用率。

由于银行借款的手续费很低，常常可以忽略不计，此时上式可简化为

$$K_l = i \times (1-T)$$

其中，i 为银行借款利息率。

另外，有的银行可能要求借款企业在银行中保持一定的存款余额作为抵押，称为补偿性余额，此时在计算企业所取得的借款总额时，应从借款总额中扣除该项补偿性余额。

在个别资本成本中，负债资金成本最低。这是因为在企业资产不足偿付全部债务时，债权人的索赔权先于各种股票持有人，其投资风险小，因而利率较低，而且企业支付债务利息后还可少缴纳所得税。

【例 5-2】 某企业取得 10 年期长期借款 500 万元，年利率为 10%，每年付息一次，到期一次还本。企业所得税率为 33%，筹资费率很低，为简化核算，忽略不计。该项借款的资本成本为

$$K_l = 10\% \times (1-33\%) = 6.7\%$$

3. 优先股成本

企业发行优先股股票同发行债券一样，也需要支付筹资费，比如注册费、代销费等，其股利也要定期支付。但与债券利息不同的是，其股利在税后支付，不会减少企业应上缴的所得税，且没有固定到期日。因此，优先股成本的计算公式为

$$K_p = \frac{D}{P_p \times (1-f)}$$

其中，K_p 为优先股成本；D 为优先股每年的股利支出；P_p 为发行优先股总额；f 为筹资费用率。

【例 5-3】 某企业按面值发行 1 000 万元的优先股，筹资费用率为 5%，每年支付 12% 的股利，则优先股的成本为

$$K_p = \frac{1\,000 \times 12\%}{1\,000 \times (1-5\%)} = 12.63\%$$

当企业资不抵债时，优先股股票持有人的索赔权次于债券持有人的索赔权，而先于普通股股票持有人的索赔权，所以优先股持有人的投资风险比债券持有人的大，这就使得优先股股利率高于债券利率；发行优先股股票的筹资费也比较高，而且支付优先股股息并不会减少企业应缴的所得税。所以，优先股成本明显

高于债券成本。但是,优先股股票筹集的资金属于企业自有资金,一般是长期占用不能退股的,因此在一定条件下企业仍然乐意采用这种能增加企业产权的筹资方式。

4. 普通股成本

确定普通股成本的方法,原则上与优先股成本的相同,但是普通股股利是不固定的,通常是逐年增长的。如果每年以固定比率 g 增长,则确定普通股成本的公式可以简化为

$$K_c = \frac{D_c}{P_c \times (1-f)} + g$$

其中,K_c 为普通股成本;P_c 为普通股股金总额;D_c 为普通股股利;g 为普通股预计年增长率;f 为筹资费用率。

【例 5-4】 某公司普通股每股发行价为 30 元,筹资费用率为 5%,第一年末每股发放股利 3 元,以后每年股利增长率为 4%,则普通股成本为

$$K_c = \frac{3}{30 \times (1-5\%)} + 4\% = 14.53\%$$

当企业资不抵债时,普通股股票持有人的索赔权不仅在债券持有人之后,而且次于优先股股票持有人,其投资风险最大,因而其利率比债券利率和优先股股利率高,另外,其利率还将随着经营状况的改善而逐年增加,所以普通股成本最高。

5. 留存收益成本

企业的税后利润除用来支付股利以外,还要留一部分用于发展生产、追加投资。留存收益是企业内部形成的资金来源。从表面上看,使用留存收益似乎不花费什么成本,实则不然。因为留存收益是投资者留在企业内的资金,投资者之所以愿意把资金留在企业中进行再投资,是因为希望有适当的报酬,否则投资者会把资金投到别处去获取利润。因此,留存收益的成本是投资者放弃其他投资机会而应得的报酬,是一种机会成本。留存收益成本在一般情况下可按普通股成本的计算方法进行计算,只是不用考虑筹资费用。

(二)加权平均资本成本

在实务中,由于受多种因素的制约,企业不可能只用某种单一的筹资方式,而往往需要通过多种方式筹集所需资金,因此,要计算确定企业全部长期资金的综合成本——加权平均资本成本。加权平均资本成本一般是以各种资金占全部资金的比重为权数,对个别资本成本进行加权平均确定的。其计算公式为

$$K_w = \sum_{i=1}^{n} K_i \times W_i$$

其中，K_w 为加权平均资本成本；K_i 为第 i 种资金来源的资本成本；W_i 为第 i 种资金来源占全部资金的比重。

【例 5-5】 某企业账面反映的长期资金共 1 000 万元，其中长期借款 200 万元，应付长期债券 300 万元，留存收益 240 万元，普通股 260 万元，个别资金占全部资金的比重分别为 20%、30%、24%、26%；资本成本分别为 6.13%、9.56%、12%、12.15%。该企业的加权平均资本成本为

$K_w = 20\% \times 6.13\% + 30\% \times 9.56\% + 24\% \times 12\% + 26\% \times 12.15\%$
$\quad = 10.13\%$

上述计算中的个别资金占全部资金的比重是按账面价值确定的，其资料容易取得。但是当资金的账面价值与市场价值差别较大，比如股票、债券的市场价格发生较大变动时，其计算结果会与实际有较大的差距，从而贻误筹资决策。为了克服这一缺陷，个别资金占全部资金比重的确定还可以按市场价值或目标价值来确定，分别称为市场价值权数或目标价值权数。

市场价值权数是指债券、股票以现行市场价格来确定的权数。这样计算的加权平均资本成本能反映企业目前的实际情况，有利于筹资决策。其不足之处是证券市场价格变动频繁，为弥补这一缺陷，可选用平均价格。

目标价值权数是指债券、股票以未来预计的目标市场价值确定的权数。由于这种权数能体现期望的资本结构，而不是像账面价值权数和市场价值权数那样只反映过去和现在的资本结构，所以按目标价值权数计算的加权平均资本成本更适用于企业筹集新资金。其不足之处是，企业很难客观、合理地确定证券的目标价值，所以这种计算方法不易推广。

(三) 边际资本成本

一般来讲，企业无法以某一固定的资本成本来筹集无限的资金，当其筹集的资金超过一定限度时，原来的资本成本就会增加。当企业追加投资时，需要知道投资额在什么数额上会引起资本成本怎样的变化。这就要用到边际资本成本的概念。

边际资本成本是指资金每增加一个单位而增加的资本成本。边际资本成本也是按加权平均法来计算的，是追加筹资时所使用的加权平均成本，其权数必须为市场价值权数，不应采用账面价值权数。

一般而言，初期的边际资本成本与加权平均资本成本是重合的，但随着所筹

集资金的增加,边际资本成本上升的速度将比加权平均资本成本快。现举例说明边际资本成本的计算。

【例 5-6】 公司目前有资金 400 万元,其中长期借款 60 万元,长期债券 100 万元,普通股 240 万元。现在公司为满足投资要求,准备筹集 110 万元的资金,试计算确定边际资本成本。

这一计算过程需按如下步骤进行。

(1) 确定公司最优的资金结构。

公司的财务人员经过慎重分析,认为企业目前的资金结构即为最优的资金结构,因此,在今后筹资时,继续保持长期借款占 15%、长期债券占 25%、普通股占 60%的资本结构。

(2) 确定各种筹资方式的资本成本。

公司的财务人员认真分析了目前金融市场状况和企业筹资能力,了解到随着公司筹资规模的不断增加,各种筹资成本率水平也会随之而升高,详细情况如表 5-1 所示。

表 5-1 筹资资料

筹资方式	目标资本结构	新筹资的数量范围/元	资本成本
长期借款	15%	0~45 000	3%
		45 000~90 000	5%
		大于 90 000	7%
长期债券	25%	0~200 000	10%
		200 000~400 000	11%
		大于 400 000	12%
普通股	60%	0~300 000	13%
		300 000~600 000	14%
		大于 600 000	15%

(3) 计算筹资总额分界点。

筹资总额分界点是保持目标资金结构和各种筹资方式资本成本变化的分界点所计算的筹资总额的总限度。具体计算公式为

$$BP = \frac{TF_i}{W_i}$$

其中,BP 为筹资总额分界点;TF_i 为第 i 种筹资方式的成本分界点;W_i 为目标资本结构中第 i 种筹资方式所占的比重。

公司计算的筹资总额分界点如表 5-2 所示。

表 5-2　筹资总额分界点计算表

筹资范围/元	资本种类	个别资本成本	资本结构	综合资本成本
0～300 000	长期借款 长期债券 普通股	3% 10% 13%	15% 25% 60%	10.75%
300 000～500 000	长期借款 长期债券 普通股	5% 10% 13%	15% 25% 60%	11.05%
500 000～600 000	长期借款 长期债券 普通股	5% 10% 14%	15% 25% 60%	11.65%
600 000～800 000	长期借款 长期债券 普通股	7% 10% 14%	15% 25% 60%	11.95%
800 000～1 000 000	长期借款 长期债券 普通股	7% 11% 14%	15% 25% 60%	12.20%
1000 000～1 600 000	长期借款 长期债券 普通股	7% 11% 15%	15% 25% 60%	12.80%
大于 1 600 000	长期借款 长期债券 普通股	7% 12% 15%	15% 25% 60%	13.05%

从表 5-2 可以看出，如果企业追加筹资 110 万元，则其边际资本成本为 12.80%。但如果能将追加筹资额控制在 100 万元以内，则边际资本成本下降为 12.20%，成本降低了。所以，企业在确定追加筹资方案时，应使筹资总额尽量不超过一个分界点的总额限度范围，否则将面临下一个分界点的更大的边际资本成本。

【技能指引】 类金融模式

商业终端连锁企业利用自己的销售网络和渠道价值，倒逼上游的供应商先供货、后收款，或者采取收进场费等方式，长期占用供应商资金。用占用的资金用于开设分店，进一步扩大分销渠道，提高渠道价值。从而形成"分销规模和渠道价值——占用供应商资金——规模扩张和渠道价值提高——占用更多供应商资金"的循环。当连锁企业的网点达到相当规模，提供的产品和服务达到相当水准，企业品牌效应获得消费者的信任时，通过产品定价和促销等方式，还可以吸纳众多下游消费者的预付款，同样通过滚动的方式供自己长期使用。

> 类金融模式使得连锁企业可以像银行吸储一样,并以滚动的方式长期廉价使用外部资金。这样,连锁企业就具备了主干金融机构——银行经营货币的类似功能。实践中,类金融模式也在房产中介、高尔夫球会、美容院、洗衣店等很多行业中蔓延,其功能一般通过收取会员费、保证金等方式来实现。

第二节 财务杠杆

一、企业风险与杠杆原理

古希腊伟人阿基米德说过:"给我一个支点,我将撬起地球"。这句名言形象地描述了自然科学中的杠杆作用。这种杠杆作用使得"力"得以"放大"。人们利用杠杆,可以用较小的力量移动较重的物体。财务管理中也存在着类似的杠杆效应,它是由于固定成本的存在而导致的,当某一财务变量以一定幅度变动时,另一相关变量会发生更大幅度的相对变动。了解这些杠杆原理,有助于企业合理地规避风险,提高财务管理水平。

财务管理中的杠杆效应有三种形式,即经营杠杆、财务杠杆和复合杠杆,要说明这些杠杆的原理,需要首先了解成本习性、边际贡献和息税前利润等相关术语的含义。

(一)成本习性

1. 成本习性概念

所谓成本习性,是指成本总额与业务量之间在数量上的依存关系。按照成本习性对成本进行分类,对于正确地进行财务决策,有十分重要的意义。

2. 成本按成本习性分类

按成本习性,可把全部成本划分为以下三类。

1)固定成本

固定成本是指总额在一定时期和一定业务量范围内不随业务量发生任何变动的那部分成本。属于固定成本的主要有按直线法计提的折旧费、保险费、管理人员工资、办公费等。这些费用每年的支出水平基本相同,即使产销业务量在一定范围内变动,它们也保持固定不变,因而,单位固定成本随产量的增加而逐渐变小。例如,某台设备专门用来加工 A 零件,年最大加工量为 5 000 件,该设备年折旧费用为 20 000 元。若某年加工 A 零件 1 000 件,则每件分摊折旧费用为 20 元;若加工 2 500 件,则每件分摊折旧费用为 8 元;若加工 4 000 件,则每件分摊折旧费用为5元。

2) 变动成本

变动成本是指其总额随着业务量成正比例变动的那部分成本。直接材料、直接人工等都属于变动成本。但从产品的单位成本来看,则恰好相反,产品单位成本中的直接材料、直接人工将保持不变。例如,加工A零件,每件需支付人工费用45元,若某年加工A零件1 000件,则人工费用总额为45 000元;若加工2 500件,则人工费用总额为112 500元;若加工4 000件,则人工费用总额为180 000元。

3) 混合成本

有些成本虽然也随业务量的变动而变动,但不成同比例变动,是一种半固定半变动的成本,这类成本称为混合成本。为使成本类别清晰而满足决策计量的要求,混合成本按一定的方法可分解归属于变动成本和固定成本。

3. 总成本习性模型

从以上分析可知,成本按习性可分为变动成本、固定成本和混合成本三类,而混合成本又可以按一定方法分解成变动部分和固定部分,这样,总成本习性模型可表示为

$$总成本=固定成本总额+单位变动成本\times产销量$$
$$=固定成本总额+变动成本总额$$

即
$$y=a+bx$$

其中,y 为总成本;a 为固定成本总额;b 为单位变动成本;x 为产销量。

显然,若能求出公式中 a 和 b 的值,就可以利用这个直线方程来进行成本预测、成本决策和其他短期决策,所以,总成本习性模型是一种非常重要的模型。

(二)边际贡献

边际贡献是指销售收入减去变动成本以后的差额,这是一个十分有用的价值指标。其计算公式为

$$边际贡献总额=销售收入-变动成本$$
$$=(单价-单位变动成本)\times产销量$$

即
$$M=px-bx=(p-b)x=mx$$

其中,M 为边际贡献总额;p 为销售单价;b 为单位变动成本;x 为产销量;m 为单位边际贡献。

(三)息税前利润

息税前利润是指企业支付利息和缴纳所得税之前的利润。成本按习性分类后,息税前利润可表示为

息税前利润＝销售收入－变动成本－固定营业成本
　　　　　＝（单价－单位变动成本）×产销量－固定营业成本
　　　　　＝边际贡献总额－固定营业成本

即 $\quad \text{EBIT} = px - bx - F = (p-b)x - F = M - F$

其中，EBIT 为息税前利润；F 为固定营业成本（固定成本总额－固定利息成本）。

显然，不论利息费用的习性如何，它不会出现在计算息税前利润公式之中，即在上式的固定成本和变动成本中不应包括利息费用因素。因此，息税前利润也可以用利润总额加上利息费用求得。

二、经营杠杆

（一）经营杠杆的概念

经营杠杆是指企业在经营决策时对经营成本中固定成本的利用，也就是在成本结构中固定营业成本对息税前利润的影响。因为固定营业成本不随产销量的变动而变动，或者说，固定营业成本在一定产销量范围之内保持不变，因此，增加企业的产销量将会使每单位的产品所分摊的固定营业成本减少，息税前利润增加，因而就产生了经营杠杆，给企业带来额外收益。

（二）经营杠杆利益

经营杠杆利益是指在扩大销售量的条件下，经营中固定营业成本这个杠杆所带来的增长幅度更大的息税前利润，即运用经营杠杆，可使企业获得的额外收益。

【例 5-7】 某企业生产产品数量在相关范围（0~20 000 件）内，其单位变动成本为 10 元，固定经营成本总额为 2 000 元，销售单价为 15 元，分别计算产销量在 1 000、2 000、3 000、4 000 件时的息税前利润及其变化。计算结果如表 5-3 所示。

表 5-3 经营杠杆利益

销售量/件	1 000	2 000	3 000	4 000
销售额/元	15 000	30 000	45 000	60 000
变动成本额/元	10 000	20 000	30 000	40 000
固定营业成本额/元	2 000	2 000	2 000	2 000
息税前利润/元	3 000	8 000	13 000	18 000
销售量增长幅度	—	100%	200%	300%
息税前利润增长幅度	—	167%	333%	500%

可见，在一定销售范围（称为相关范围）内，固定营业成本保持不变，随着销售量的增长，息税前利润以更快的速度增长，给企业带来了额外收益；反之，销售量减少，息税前利润会以更快的速度下降，给企业带来了经营风险损失。

(三) 经营杠杆的计量

只要企业存在固定营业成本,就存在经营杠杆效应。为了反映经营杠杆的作用程度,估计经营杠杆利益的大小,评价经营风险的高低,需要对经营杠杆进行计量。对经营杠杆进行计量最常用的指标是经营杠杆系数。

所谓经营杠杆系数,是指息税前利润变动率相当于销售量变动率的倍数。其计算公式为

$$经营杠杆 = \frac{息税前利润变动率}{销售量变动率}$$

即

$$DOL = \frac{\frac{\Delta EBIT}{EBIT}}{\frac{\Delta Q}{Q}}$$

其中,DOL 为经营杠杆系数;EBIT 为变动前的息税前利润;Δ EBIT 为息税前利润的改变量;Q 为变动前的销售量;ΔQ 为销售量的改变量。

上述公式是计算经营杠杆系数的理论公式,利用该公式,必须以已知变动前后的相关资料为前提,比较麻烦,而且无法预测未来的经营杠杆系数。因此,经营杠杆系数还可以进行以下的推导,得到其应用式。

因为

$$EBIT = Q(P-V) - F$$

所以

$$\Delta EBIT = \Delta Q(P-V)$$

$$DOL = \frac{\frac{\Delta Q(P-V)}{Q(P-V)-F}}{\frac{\Delta Q}{Q}} = \frac{Q(P-V)}{Q(P-V)-F} = \frac{M}{EBIT}$$

【例 5-8】 某企业本年销售收入为 1 000 万元,边际贡献率为 40%,固定营业成本为 200 万元。要求计算:

(1) 企业的经营杠杆系数;

(2) 若预计下年销售收入增长 20%,则下年息税前利润为多少?

(3) 若预计下年销售收入降低 30%,则下年息税前利润为多少?

(1) $DOL = \dfrac{1\,000 - 1\,000 \times (1-40\%)}{1\,000 - 1\,000 \times (1-40\%) - 200} = 2$

(2) $EBIT = 200 \times (1 + 20\% \times 2)$ 万元 $= 280$ 万元

(3) $EBIT = 200 \times (1 - 30\% \times 2)$ 万元 $= 80$ 万元

(四) 经营杠杆与经营风险的关系

引起企业经营风险的主要原因是市场需求和成本等因素的不确定性,经营杠杆本身并不是利润不稳定的根源,但是,销售量增加时,息税前利润将以 DOL

倍数的幅度增加；而销售量减少时，息税前利润又将以 $\frac{1}{DOL}$ 的幅度减少。可见，经营杠杆扩大了市场和生产等不确定因素对利润变动的影响。而且经营杠杆系数越高，利润变动越激烈，企业的经营风险就越大。于是，企业经营风险的大小和经营杠杆就有了重要关系。一般来说，在其他因素不变的情况下，固定成本越高，经营杠杆系数越大，经营风险越大。由经营杠杆系数的计算公式可知，DOL与固定成本的变化呈同方向变化，即在其他因素一定的情况下，固定成本越高，DOL越大。同理，固定成本越高，企业经营风险也越大。如果固定成本为0，则DOL等于1，也就不存在经营杠杆效应。

三、财务杠杆

（一）财务杠杆的概念

企业不论其营业利润为多少，债务的利息和优先股的股利（统称为固定利息成本）通常都是固定不变的。当息税前利润增大时，每1元盈余所负担的固定利息成本就会相对减少，这就给普通股股东带来了更大的盈余；反之，当息税前利润减少时，每1元盈余所负担的固定利息成本就会相对增加，这就会大幅度减少普通股的盈余。这种负债经营产生的固定利息成本的存在，会导致普通股股东权益的变动大于息税前利润变动的杠杆效应，称为财务杠杆。

（二）财务杠杆利益

财务杠杆是一种有效的财务手段，企业运用财务杠杆可以获得一定的财务杠杆利益。现以表5-4所示进行分析说明。

表 5-4　财务杠杆利益分析表　　　　　　　　（％）

息税前利润	债务利息	所得税	税后利润
30	12	5.4	12.6
40	12	8.4	19.6
50	12	11.4	26.6
60	12	14.4	33.6

(1) 当息税前利润增长幅度为33％，即
$$(40-30) \div 30 = 33\%$$
时，税后利润增长幅度为56％，即
$$(19.6-12.6) \div 12.6 = 56\%$$

(2) 当息税前利润增长幅度为67％，即
$$(50-30) \div 30 = 67\%$$
时，税后利润增长幅度为111％，即

$$(26.6 - 12.6) \div 12.6 = 111\%$$

（3）当息税前利润增长幅度为 100%，即

$$(60 - 30) \div 30 = 100\%$$

时，税后利润增长幅度为 167%，即

$$(33.6 - 12.6) \div 12.6 = 167\%$$

在资本结构一定，债务利息保持不变的条件下，随着息税前利润的上升，税后利润则以更快的速度上升，企业所有者能从中获得更高的收益；反之，当息税前利润下降时，税后利润会以更快的速度下降，从而给企业带来财务风险。

（三）财务杠杆的计量

从上述分析可知，只要在企业的筹资方式中有固定财务支出的债务和优先股，就会存在财务杠杆效应。但不同企业财务杠杆的作用程度是不完全一致的，为此，需要对财务杠杆进行计量。对财务杠杆进行计量的最常用指标是财务杠杆系数。财务杠杆系数是指普通股每股利润变动率相当于息税前利润变动率的倍数。其计算公式为

$$财务杠杆系数 = \frac{普通股每股利润变动率}{息税前利润变动率}$$

即

$$DFL = \frac{\frac{\Delta EPS}{EPS}}{\frac{\Delta EBIT}{EBIT}}$$

其中，DFL 为财务杠杆系数；EPS 为变动前普通股每股利润；ΔEPS 为普通股每股利润的改变量；EBIT 为变动前息税前利润；ΔEBIT 为息税前利润的改变量。

上述公式是计算财务杠杆系数的理论公式，必须以已知变动前后的相关资料为前提，比较麻烦。因此，可以进行以下的推导，得到其应用式。

$$EPS = \frac{(EBIT - I) \times (1 - T)}{N}$$

$$\Delta EPS = \frac{\Delta EBIT \times (1 - T)}{N}$$

即

$$DFL = \frac{EBIT}{EBIT - I}$$

其中，DFL 为财务杠杆系数；EBIT 为息税前利润；I 为债务利息；T 为所得税税率。

【例 5-9】 某公司资金总额为 700 万元，负债比率为 50%，负债利息率为 10%，2006 年公司实现息税前利润 70 万元，所得税税率为 25%，该公司的财务杠杆系数为

$$DFL = \frac{70}{70 - 700 \times 50\% \times 10\%} = 2$$

财务杠杆系数2表明息税前利润增长所引起的每股收益增长的幅度。当息税前利润增长1倍时,其每股收益增长2倍。

(四) 财务杠杆与财务风险的关系

企业对财务杠杆的运用(适度负债)会使企业每股收益超过未运用财务杠杆的每股收益。这种财务杠杆的运用对企业每股收益产生有利的影响,通常称为"正财务杠杆"。运用财务杠杆可能产生有利影响的原因在于:①运用财务杠杆尽管增加了企业的利息负担,并导致税后利润下降,但由于税后利润下降的幅度小于普通股发行数下降的幅度,因而每股收益会上升;②总资本营业利润率高于举债成本,每股收益必定上升,正财务杠杆必然出现。但是,在其他条件不变的情况下,财务杠杆对企业每股收益也可能会产生不利的影响,这种现象通常称为"负财务杠杆",即财务杠杆的运用将导致企业每股收益低于未运用财务杠杆的每股收益,即财务风险。财务风险是指企业为取得财务杠杆效应而利用负债资金时,增加了破产概率或普通股利润大幅度变动所带来的风险。这是因为企业为取得财务杠杆效应,就要增加负债,当企业息税前利润下降不足以补偿固定利息支出时,企业的每股利润就会下降得更快。但是不管怎样,负债比率是可以控制的。企业可以通过合理安排资本结构,适度负债,使财务杠杆利益抵消风险增大所带来的不利影响。

四、复合杠杆

从以上介绍可知,经营杠杆通过扩大销售影响息税前利润,而财务杠杆通过扩大息税前利润影响每股收益。如果两种杠杆共同作用,则销售量或销售额稍有变动都会使每股收益产生更大的变动。通常把这两种杠杆的连锁作用称为复合杠杆作用。其作用的大小可以用复合杠杆系数来表示,为

$$DTL = \frac{每股收益的变动率}{销售量的变动率}$$

即

$$DTL = \frac{\frac{\Delta EPS}{EPS}}{\frac{\Delta Q}{Q}}$$

推导其应用式为

$$DTL = \frac{边际贡献}{息税前利润-利息}$$

复合杠杆系数与经营杠杆系数和财务杠杆系数之间的关系为

$$DTL = DOL \times DFL$$

即复合杠杆系数等于经营杠杆系数与财务杠杆系数之积。

【例5-10】 公司长期资本总额为200万元,其中长期负债占50%,利率为10%,公司销售额为50万元,固定营业成本为5万元,变动成本率为60%,则有

$$DOL = \frac{50 - 50 \times 60\%}{50 - 50 \times 60\% - 5} = 1.33$$

$$DFL = \frac{15}{15 - 200 \times 50\% \times 10\%} = 3$$

故复合杠杆系数为

$$DTL = DOL \times DFL = 1.33 \times 3 = 4$$

复合杠杆作用的意义,首先在于能够估计出销售量变动对每股收益造成的影响;其次,它使我们看到了经营杠杆与财务杠杆之间的相互关系,即为了达到某一复合杠杆系数,经营杠杆和财务杠杆可以有很多种不同的组合。比如,经营杠杆程度较高的公司可以在较低的程度上使用财务杠杆;经营杠杆程度较低的公司可以在较高的程度上使用财务杠杆等。这有待公司在考虑了各有关的具体因素之后做出选择。

在复合杠杆作用下,企业销售量的上升会引起每股利润的更大幅度的上升,销售量下降会引起每股利润的更大幅度的下降。复合杠杆作用使每股利润大幅度波动而造成的风险,称为复合风险。复合风险直接反映企业的整体风险。在其他因素不变的情况下,复合杠杆系数越大,复合风险越大;复合杠杆系数越小,复合风险越小。在实务中可以通过计算分析复合杠杆系数以及每股利润的标准离差来了解复合杠杆同复合风险的内在联系。

【技能指引】 会计损益与财务主题关系(见表5-5)。

表5-5 会计损益与财务主题

会计损益	符号	财务主题	符号
销售收入	PQ	产品定位与营销	
减:变动成本	VC	资源价格及变动	
边际贡献	M	垄断与竞争	
减:固定营业成本	F	经营杠杆系数(经营风险)	DOL
息税前利润	EBIT	利率高低	
减:利息	I	财务杠杆系数(财务风险)	DFL
税前利润	EBT	税率高低	
减:所得税	T	纳税筹划	
净利润	NI	股利政策选择	
除:股份数	N	公司规模战略	
每股收益	EPS	复合杠杆系数(总风险)	DTL

第三节 资本结构

一、资本结构原理

资本结构是企业筹资决策的核心问题。企业应综合考虑有关影响因素,运用适当的方法来确定最佳资本结构,并在以后追加筹资时继续保持。若现行资本结构不合理,则应通过筹资活动进行调整,使其趋于合理,以至达到最优化。

(一) 资本结构的概念

资本结构是指在企业资本总额中债务资本和权益资本的比例。企业的筹资往往是长期筹资与短期筹资、债务筹资与权益筹资、内部筹资与外部筹资、直接筹资与间接筹资等的组合。在财务管理中要认真研究上述各种比例关系,甚至可以深化研究这些课题,例如,普通股与优先股的比例关系、普通股中国家股的比重问题、普通股的结构与股价的关系等。资本结构侧重研究长期资本来源中债务资本与自有资本的比例关系。国际上,将此比例关系称为"搭配资本结构"或"杠杆资本结构"。流动负债由于在整个资本来源中所占比重较低,而且经常变动,所以在资本结构研究中往往忽略不计。在我国不少企业,流动负债在资本来源中所占比重不低,这就要将流动负债考虑在内,研究企业的资产负债率的合理性、负债内部结构等问题。可以将这种研究看成是资本结构问题研究的延伸。

一个企业的债务资本是企业外部债权人对企业的投资,企业使用债权人的投资进行经营就是举债经营。举债经营能为企业和股东创造更大的经济利益,被认为是最精明的举动。在经济处于上升阶段和通货膨胀比较严重的情况下,举债经营无论对企业还是对股东都是有益处的。

(1) 举债可以降低资本成本。债务资本的利息率一般低于企业权益资本的股息率或分红率,并且债务的利息在税前支付,企业可以减少所得税,因而债务资本成本通常低于权益资本成本。

(2) 举债可以获得杠杆利益。由于债务利息一般是相对固定的,随着息税前利润的增加,单位利润所负担的固定利息就会减少,企业所有者所分得的税后利润就会随之增加。

(3) 举债可以增加权益资本收益。这除了杠杆利益的原因之外,还由于在经济上升阶段,企业经营比较顺利,获利水平往往较高,特别是当投资收益率大于债务资本利息率时,企业举债越多,其权益资本的收益率就会越高,从而给股东带来超额利润。

(4) 举债可以减少货币贬值的损失。在通货膨胀日益加重的情况下，利用举债扩大再生产，比利用权益资本更为有利，可以减少通货膨胀造成的贬值损失。

但是，举债经营并非完美无缺，也存在一些弊端，主要有如下几点。

(1) 资本来源不稳定。如果权益资本比重过低，负债比例过大，企业再举债会因风险过大而被贷款方拒绝。

(2) 资本成本可能升高。虽然债务资本成本一般都小于权益资本成本，似乎举债始终是有利的，但是，随着企业负债比例的逐步提高，债权人在提供贷款时会逐步提高利息率或提出额外要求，这势必增加资本成本，给企业经营带来压力。在企业负债率超过一定幅度之后，使用债务资本的资本成本会超过使用权益资本的资本成本。

(3) 财务杠杆风险会出现。企业举债后的资本若使用不当，或者出现整个宏观经济不景气，企业投资报酬率甚至低于借款利息率，这就会降低股东的净资产利润率。

(4) 现金流量需求的增加。举债以后意味着要定期向债权人付出现金，如果企业收益质量稍差或财务状况不佳，则企业的信誉与财务形象将受到损害，再融资的资本成本会提高。过度负债、对未来盲目乐观、不善的经营管理和财务管理是很多问题企业破产或被兼并的主要原因。

(二) 影响资本结构的因素

举债虽然可以发挥财务杠杆作用，但同时会给企业带来一定的财务风险，因此，举债必须要在风险和报酬之间进行权衡，控制企业负债规模。除此之外，还有以下一些重要因素。

1) 企业经营者与所有者的态度

从经营者的角度看，一旦发生财务危机，其职务和利益将受到重大影响，故经营者就可能较少地使用财务杠杆尽量减低债务资本的比例。相反，企业的所有者往往不愿分散其控制权，故不愿增发新股而要求经营者去举债。经营者与所有者在资本结构这个重大问题上是有矛盾的，企业财务人员对此往往无能为力，资本结构的最终决定权在所有者或其代表(如董事会)手中。

2) 企业信用等级与债权人的态度

企业能否以借债的方式筹资和能筹集到多少资本，不仅取决于企业经营者和所有者的态度，而且取决于企业的信用等级和债权人的态度。如果企业的信用等级不高，而且负债率已经较高，则债权人将不愿意向企业提供信用，从而企业无法达到它所希望达到的负债水平。

3）政府税收

因为利息费用可以在应税所得额中合法抵扣,即举债可以享受税收屏蔽的好处,所以所得税率越高,举债融资的好处就越大,企业资本结构中债务资本的比重就会大一些。

4）企业的盈利能力

盈利能力强的企业可以产生大量的税后利润,其内部积累可以在很大程度上满足企业扩大再生产的资本需求,对债务资本的依赖程度较低。

5）企业的资产结构

技术密集型企业的资产中固定资产所占比重较高,总资产周转速度较慢,这些企业必须有相当比重的自有资本作后盾。劳动密集型企业的流动资产所占比重很大,资本周转速度快,这些企业对负债特别是短期负债很青睐。

6）企业的成长性

在其他因素相同的条件下,发展速度快的企业对外部资本的依赖性较强。因此,增长率较高的企业倾向于使用更多的债务资本。

7）法律限制

法律对于企业的筹资行为是有限制的。如我国《公司法》第161条规定:累计债券总额不超过公司净资产的40%。这就使得企业资本结构中债券的比重受到限制。

8）行业差异

一般而言,从事公用事业的企业有责任提供持续不断的服务,因而其在运用财务杠杆时就谨慎得多,举债较少。

9）国别或地区差异

由于历史文化因素的影响,各国或地区的融资传统存在差异,有些国家或地区的企业偏好债务融资,另一些国家或地区在融资时比较谨慎,倾向于维持较低的负债率。欧洲经济合作组织的统计数据表明:平均来讲,日本公司的债务与总资产的比率是85%,德国公司是63%,美国公司仅仅为37%。在美国,财务经理们普遍认为,慎重地、有节制地使用债务有利于提高公司的价值。大部分公司长期债务与资本总额的目标比率确定在26%至40%范围内,而财务报告上实际比率通常不超过30%。

二、资本结构优化决策

下面介绍几种常用的确定资本结构的方法,以帮助企业管理人员有效地确定合理的资本结构。但这些方法并不能当做绝对的判别标准,在应用这些方法时,还应结合其他因素,以便使资本结构趋于最优化。

(一) 资本成本比较法

资本成本比较法是指在适度的财务风险下,测算可供选择的不同资本结构或筹资组合方案的综合资本成本率,并以此为标准进行相互比较,确定最佳资本结构的方法。

企业筹资可分为创立初期筹资和发展过程中的追加筹资两种。相应的企业资本结构决策可分为初始筹资的资本结构决策和追加筹资的资本结构决策两种。

1. 初始筹资的资本结构决策

在企业筹资活动中,企业对拟定的筹资总额可以采用多种筹资方式来筹资,每种筹资方式的筹资额亦可有不同安排,由此形成若干预选资本结构或筹资组合方案。在资本成本比较法下,可以通过综合资本成本率的测算及比较来做出选择。

【例 5-11】 某企业初创时,设计了三种筹资方案,有关资料如表 5-6 所示。

表 5-6　不同方案下的资本结构　　　　　　　　　单位:万元

筹资方式	方案Ⅰ		方案Ⅱ		方案Ⅲ	
	筹资额	资本成本	筹资额	资本成本	筹资额	资本成本
长期借款	35	8	45	9.5	75	11
债券	100	10	150	11.5	110	10
优先股	65	13	105	14	55	13
普通股	300	15	200	14	260	14.5
合　　计	500		500		500	

下面分别测算三种筹资方案的加权平均成本,并比较其高低,从而确定最佳的资本结构。

(1) 方案Ⅰ。

① 计算各种筹资方式占筹资总额的比重。

长期借款　　　　　　　　$35 \div 500 = 7\%$

债券　　　　　　　　　　$100 \div 500 = 20\%$

优先股　　　　　　　　　$65 \div 500 = 13\%$

普通股　　　　　　　　　$300 \div 500 = 60\%$

② 计算加权平均资本成本。

$K_1 = 7\% \times 8\% + 20\% \times 10\% + 13\% \times 13\% + 60\% \times 15\% = 13.25\%$

(2) 方案Ⅱ。

① 计算各种筹资方式占筹资总额的比重。

长期借款	$45 \div 500 = 9\%$
债券	$150 \div 500 = 30\%$
优先股	$105 \div 500 = 21\%$
普通股	$200 \div 500 = 40\%$

② 计算加权平均资本成本。

$K_2 = 9\% \times 9.5\% + 30\% \times 11.5\% + 21\% \times 14\% + 40\% \times 14\% = 12.85\%$

（3）方案Ⅲ。

① 计算各种筹资方式占筹资总额的比重。

长期借款	$75 \div 500 = 15\%$
债券	$110 \div 500 = 22\%$
优先股	$55 \div 500 = 11\%$
普通股	$260 \div 500 = 52\%$

② 计算加权平均资本成本。

$K_3 = 15\% \times 11\% + 22\% \times 10\% + 11\% \times 13\% + 52\% \times 14.5\% = 12.82\%$

从以上计算可以看出，方案Ⅲ的加权平均资本成本最低，故可选用方案Ⅲ作为企业的最佳资本结构。

2. 追加筹资的资本结构决策

企业在持续的生产经营活动过程中，根据经营业务或对外投资的需要，有时会追加筹措新资。因追加新资以及筹资环境的变化，企业原定的最佳资本结构未必仍是最优的，需要进行调整。因此，企业应在有关情况的不断变化中寻求最佳资本结构，实现资本结构的最优化。事实上，实现资本结构最优化是一个逐步逼近的过程，要落实到每一次追加筹资的实际行动中。一般认为，具体筹资方案实施的结果，能够使资本成本最低并因此使企业价值最大的资本结构就是最佳资本结构，或者至少是对原实际资本结构的改善，离最佳资本结构更近了。

企业追加筹资可有多种筹资组合方案供选择。按照最佳资本结构的要求，在适度财务风险的前提下，企业选择追加筹资组合方案可用两种方法：第一种方法是直接测算各备选方案的边际资本成本率，从中比较选择最佳筹资组合方案；第二种方法是分别将各备选追加筹资方案与原有最佳资本结构汇总，测算比较各种追加筹资方案下汇总资本结构的综合资本成本率，从中比较选择最佳筹资方案。

下面举例说明方法的应用。

【例 5-12】 A 公司拟追加筹资 1 000 万元，现有两种追加筹资方案可供选择。有关资料经测算整理后列入表 5-7 中。

表 5-7　A 公司追加筹资方案资料测算表　　　　　　　　　　单位:万元

筹资方式	追加筹资额	筹资方案 I 资本成本率/(%)	追加筹资额	筹资方案 II 资本成本率/(%)
长期借款	500	7	600	7.5
优先股	200	13	200	13
普通股	300	16	200	16
合　　计	1 000		1 000	

下面分别按上述两种方法测算比较追加筹资方案。

第一种方法:追加筹资方案的边际资本成本率比较法。

首先,测算追加筹资方案 I 的边际资本成本率,即

$$7\% \times \frac{500}{1\,000} + 13\% \times \frac{200}{1\,000} + 16\% \times \frac{300}{1\,000} = 10.9\%$$

然后,测算追加筹资方案 II 的边际资本成本率,即

$$7.5\% \times \frac{600}{1\,000} + 13\% \times \frac{200}{1\,000} + 16\% \times \frac{200}{1\,000} = 10.3\%$$

最后,比较两种追加筹资方案,方案 II 的边际资本成本率为 10.3%,低于方案 I 的边际资本成本率。因此,在适度财务风险的情况下,方案 II 优于方案 I,应选择追加筹资方案 II。假如不存在其他更好的选择,追加筹资方案 II 为最佳筹资方案。由此形成的新的资本结构为 A 公司的最佳资本结构。若 A 公司原有资本总额为 5 000 万元,资本结构是:长期借款 500 万元、长期债券 1 500 万元、优先股 1 000 万元、普通股 2 000 万元。而追加筹资后的资本总额为 6 000 万元,资本结构是:长期借款 1 100 万元、长期债券 1 500 万元、优先股 1 200 万元、普通股 2 200 万元。

第二种方法:备选追加筹资方案与原有资本结构综合资本成本率比较法。

首先,汇总追加筹资方案和原资本结构,形成备选追加筹资后资本结构,如表 5-8 所示。

表 5-8　追加筹资后资本结构　　　　　　　　　　单位:万元

筹资方式	原资本结构	资本成本率/(%)	追加筹资额	筹资方案 I 资本成本率/(%)	追加筹资额	筹资方案 II 资本成本率/(%)
长期借款	500	6	200	8	300	8.2
长期债券	1 500	8	500	10	200	8
优先股	1 000	13	—	—	—	—
普通股	2 000	16	300	17	500	18
合　　计	5 000		1 000		1 000	

然后，测算汇总两种筹资方案资本结构下的综合资本成本率。

追加筹资方案Ⅰ与原资本结构汇总后的综合资本成本率为

$$\frac{(6\%\times500+8\%\times200)+(8\%\times1\,500+10\%\times500)+13\%\times1\,000+(16\%\times2\,000+17\%\times300)}{6\,000}$$

$=11.95\%$

追加筹资方案Ⅱ与原资本结构汇总后的综合资本成本率为

$$\frac{(6\%\times500+8.2\%\times300)+(8\%\times1\,500+8\%\times200)+13\%\times1\,000+(16\%\times2\,000+18\%\times500)}{6\,000}$$

$=12\%$

比较两种追加筹资方案与原资本结构汇总后的综合资本成本率，方案Ⅰ与原资本结构汇总后的综合资本成本率11.95%低于方案Ⅱ与原资本结构汇总后的综合资本成本率12%。因此，在适度财务风险的前提下，追加筹资方案Ⅰ优于方案Ⅱ。由此形成的新的资本结构为A公司的最佳资本结构。由此可见，A公司追加筹资后，虽然改变了资本结构，但经过分析测算，做出正确的筹资决策，公司仍可保持资本结构的最优化。

（二）筹资无差别点法

债务的偿还能力是建立在未来盈利能力基础之上的。研究资本结构不能脱离企业的盈利能力。企业的盈利能力，一般用息税前利润（EBIT）表示。借入资金筹资是通过它的杠杆作用来增加股东财富的。确定资金结构不能不考虑它对股东财富的影响。股东财富用每股收益（EPS）来表示。筹资无差别点法是将以上两方面联系起来，分析资本结构与每股收益之间的关系，进而确定合理的资本结构的方法。筹资无差别点是指当企业的息税前利润或销售额正好达到某一数据（无差别点）时，无论采用负债资金筹资，还是采用权益资金筹资，计算出的每股收益的金额都是一样的数值。根据筹资无差别点，可以分析判断在什么样的息税前利润或销售水平下适宜于采用何种资本结构。筹资无差别点可以通过计算得出，即筹资无差别点为

$$\text{EPS}=\frac{(S-\text{VC}-F-I)(1-T)}{N}=\frac{(\text{EBIT}-I)(1-T)}{N}$$

其中，S为销售额；VC为变动成本；F为固定营业成本；I为债务利息；T为所得税税率；N为流通在外的普通股股数；EBIT为息税前利润。

在每股筹资无差别点上，无论是采用发债筹资还是采用发股筹资，每股收益都是相等的，即

$$\text{EPS}_1=\text{EPS}_2$$

其中，EPS_1为发债筹资的每股收益；EPS_2为发股筹资的每股收益。

$$EPS_1 = \frac{(S_1 - VC_1 - F_1 - I_1)(1-T)}{N_1}$$

$$EPS_2 = \frac{(S_2 - VC_2 - F_2 - I_2)(1-T)}{N_2}$$

$$\frac{(S_1 - VC_1 - F_1 - I_1)(1-T)}{N_1} = \frac{(S_2 - VC_2 - F_2 - I_2)(1-T)}{N_2}$$

在每股收益无差别点上 $S_1 = S_2$

故

$$\frac{(S - VC_1 - F_1 - I_1)(1-T)}{N_1} = \frac{(S - VC_2 - F_2 - I_2)(1-T)}{N_2}$$

能使上述条件成立的销售额 S 为每股收益无差别点的销售额。

【例 5-13】 B公司原有资本 700 万元,其中债务资本 200 万元(每年负担利息 24 万元),普通股资本 500 万元(发行普通股 10 万股,每股面值 50 元)。由于扩大业务,需要追加投资 300 万元,企业筹资方式有二:

(1) 全部发行普通股:增发 6 万股,每股面值 50 元;

(2) 全部筹借长期债务:债务利率仍为 12%,利息 36 万元。

公司的变动成本率为 70%,固定成本为 180 万元,所得税税率为 40%。

将上述资料中的有关数据代入公式,得

$$\frac{(S - VC_1 - F_1 - I_1)(1-T)}{N_1} = \frac{(S - VC_2 - F_2 - I_2)(1-T)}{N_2}$$

$$\frac{(S - 0.7S - 180 - 24)(1-40\%)}{16} = \frac{(S - 0.7S - 180 - 24 - 36)(1-40\%)}{10}$$

解出 $S = 1\,000$ 万元

此时发股融资后的每股收益额为

$$\frac{(1\,000 - 0.7 \times 1\,000 - 180 - 24)(1-40\%)}{16} 元 = 3.6 \text{元}$$

或发债融资后的每股收益为

$$\frac{(1\,000 - 0.7 \times 1\,000 - 180 - 24 - 36)(1-40\%)}{10} 元 = 3.6 \text{元}$$

上述每股收益无差别点可描绘为图 5-1 所示的曲线。

从图 5-1 可以看出,当销售额大于 1 000 万元(每股收益无差别点的销售额)时,运用负债资金筹资可获得较高的每股收益;当销售额小于 1 000 万元时,运用权益资金筹资可获得较高的每股收益;当销售额等于 1 000 万元时,无论采用哪种方式筹资,每股收益都等于 3.6 元。

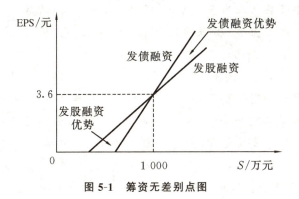

图 5-1 筹资无差别点图

复习思考题

1. 解释下列名词术语：
   资本成本　筹资总额分界点　边际贡献　经营杠杆　财务杠杆
   复合杠杆　资本结构　　筹资无差别点
2. 简述资本成本的内容和财务意义。
3. 经营杠杆和经营风险的关系是什么？
4. 财务杠杆和财务风险的关系是什么？
5. 经营杠杆和财务杠杆是如何发挥综合作用的？
6. 谈谈你对负债经营的认识。
7. 筹资无差别点有哪两种表达方式？它说明了什么问题？

练 习 题

一、单项选择题

1. 下列说法不正确的是(　　)。
   A. 资本成本是一种机会成本　　B. 通货膨胀影响资本成本
   C. 证券的流动性影响资本成本　D. 融资规模不影响资本成本
2. 某公司经营杠杆系数为 1.5，财务杠杆系数为 1.8，该公司目前每股收益为 2 元，若使销售量增加 20%，则每股收益将增长至(　　)元。
   A. 3.08　　　　B. 0.54　　　　C. 1.08　　　　D. 5.4
3. 某公司当期利息全部费用化，其已获利息倍数为 3，则该公司的财务杠杆系数是(　　)。
   A. 1.25　　　　B. 1.5　　　　C. 1.33　　　　D. 1.2

4. 某公司年营业收入为500万元,变动成本率为40%,经营杠杆系数为1.5,财务杠杆系数为2。如果固定成本增加40万元,那么,总杠杆系数将变为(　　)。

   A. 15/4　　　　　B. 3　　　　　C. 5　　　　　D. 8

5. 某公司发行普通股股票600万元,筹资费用率为5%,上年股利率为12%,预计股利每年增长10%,所得税税率为30%,该公司年末留存50万元未分配利润用于发展之需,则该笔留存收益的成本为(　　)。

   A. 22%　　　　B. 23.2%　　　　C. 23.89%　　　　D. 16.24%

6. ABC公司变动前的息税前盈余为150万元,每股收益为6元,财务杠杆系数为1.5。若变动后息税前盈余增长到210万元,则每股收益增加(　　)元。

   A. 6　　　　　B. 9.6　　　　　C. 3.6　　　　　D. 9

7. 以下关于总杠杆系数的说法不正确的是(　　)。

   A. 能够起到财务杠杆和经营杠杆的综合作用

   B. 能够表达企业边际贡献与税前利润的关系

   C. 能够估计出销售变动对每股收益造成的影响

   D. 总杠杆系数越大,企业经营风险越大

8. 如果企业一定期间内的固定生产成本和固定财务费用均不为零,则由上述因素共同作用导致的杠杆效应属于(　　)。

   A. 经营杠杆效应　　　　　　　B. 财务杠杆效应

   C. 复合杠杆效应　　　　　　　D. 风险杠杆效应

9. 如果企业长期借款、长期债券和普通股的比例为2:3:5,企业发行债券在300 000万元以内,其资金成本维持在12%,则筹资突破点为(　　)万元。

   A. 300 000　　　B. 1 500 000　　　C. 1 000 000　　　D. 600 000

10. 某公司负债资本和权益资本的比例为1:3,加权平均资本成本为12%,若个别资本成本和资本结构不变,当公司发行25万元长期债券时,总筹资规模的突破点是(　　)万元。

    A. 100　　　　　B. 75　　　　　C. 50　　　　　D. 125

11. 某公司全部资本为100万元,负债比率为40%,负债利率为10%,息税前利润为14万元,则公司的财务杠杆系数为(　　)。

    A. 1.4　　　　　B. 1　　　　　C. 1.2　　　　　D. 1.3

12. 某企业销售收入为500万元,变动成本率为65%,固定成本为80万元,其中利息15万元,则经营杠杆系数为( )。

A. 1.33　　　B. 1.84　　　C. 1.59　　　D. 1.25

13. 某企业本期财务杠杆系数为1.4,本期息税前利润为14万元,则本期实际利息费用为( )万元。

A. 14　　　B. 15　　　C. 4　　　D. 10

二、多项选择题

1. 关于资本成本的说法正确的是( )。

A. 任何投资项目的投资收益率必需高于资本成本
B. 是最低可接受的收益率
C. 是投资项目的取舍收益率
D. 等于各项资本来源的成本加权计算的平均数

2. 在边际贡献大于固定成本的情况下,下列措施中有利于降低企业复合风险的有( )。

A. 增加产品销量　　　　　B. 提高产品单价
C. 提高资产负债率　　　　D. 节约固定成本支出

3. 下列说法正确的是( )。

A. 总体经济环境变化对资本成本的影响体现在无风险报酬率上
B. 如果通货膨胀水平发生变化,则资本成本会发生变化
C. 如果证券的市场流动性好,则其资本成本相对会低一些
D. 如果企业的经营风险和财务风险小,则资本成本会低一些

4. 影响加权平均资本成本高低的因素有( )。

A. 个别资本成本　　　　　B. 边际资本成本
C. 各种资本在总资本中所占的比重　D. 货币时间价值

5. 某企业经营杠杆系数为3,财务杠杆系数为2,则下列说法正确的有( )。

A. 如果销量增加10%,息税前利润将增加30%
B. 如果息税前利润增加20%,则每股收益将增加40%
C. 如果销量增加10%,则每股收益将增加60%
D. 如果每股收益将增加30%,则销售量需增加5%

6. 最佳资本结构的判断标准有( )。

A. 加权平均资本成本最低　　B. 资本规模最大
C. 筹资风险最小　　　　　　D. 企业价值最大

7. 利用每股收益无差别点进行企业资本结构分析,(　　)。

　　A. 考虑了风险因素

　　B. 当预计销售额高于每股收益无差别点时,负债筹资方式比普通股筹资方式好

　　C. 能提高每股收益的资本结构是合理的

　　D. 在每股收益无差别点上,每股收益不受融资方式影响

8. 假定企业的成本—销量—利润保持线性关系,可变成本在销售收入中所占的比例不变,固定成本也保持稳定,则关于经营杠杆系数的说法不正确的是(　　)。

　　A. 边际贡献越大,经营杠杆系数越小

　　B. 边际贡献越大,经营杠杆系数越大

　　C. 销售额越小,经营杠杆系数越小

　　D. 销售额越大,经营杠杆系数越小

9. 在个别资本成本中需要考虑所得税因素的是(　　)。

　　A. 债券成本　　B. 银行借款成本　　C. 普通股成本　　D. 留存收益成本

10. 下列有关财务杠杆的表述正确的是(　　)。

　　A. 负债比率越高,财务杠杆系数越大

　　B. 财务杠杆表明息税前利润变动对每股利润的影响

　　C. 负债为0时,系数为1,表明无杠杆作用

　　D. 财务杠杆系数恒大于或等于1

三、判断题

1. 当预期通货膨胀水平上升时,由于货币购买力下降,因此,企业资本成本会降低。(　　)

2. 作为投资决策和企业价值评估依据的资本成本,既可以是现有债务的历史成本,也可以是未来借入新债务的成本。(　　)

3. 只要有再投资机会,就应该减少股利分配。(　　)

4. 资本结构是指企业各种资金来源的构成和比例关系。(　　)

5. 进行融资分析时,对于普通股与负债筹资方式的比较,当销售额大于每股盈余无差别点的销售额时,运用负债筹资可获得较高的每股收益;反之,当销售额低于每股盈余无差别点的销售额时,运用普通股筹资可获得较高的每股收益。(　　)

6. 最佳资本结构是使企业筹资能力最强、财务风险最小的资本结构。(　　)

7. 在个别资本成本不变的情况下,不同时期的加权平均资本成本也可能高

低不等。（ ）

8.计算息税前利润时要扣除固定成本，因为利息属于固定成本，故利息也应扣除。（ ）

四、计算分析题

1.某企业资本结构及个别资本成本资料如下，请计算该企业加权平均资本成本。

资本结构	金额/万元	相关资料
长期借款	200	年利息率为8%，借款手续费不计
长期债券	400	年利息率为9%，筹资费率为4%
普通股股本	800	每股面值10元，共计80万股，每股股利为2元，股利增长率为5%，筹资费率为4%
留存收益	600	
合　　计	2000	企业所得税税率为33%

2.ABC公司的固定成本总额为80万元，变动成本率为60%，当销售额为400万元时，息税前利润为80万元，税后利润为29.48万元。该公司全部资本为750万元，债务资本比率为0.4，债务利率为12%，所得税税率为33%。要求：

(1)计算该公司的经营杠杆系数；

(2)计算该公司的财务杠杆系数；

(3)计算该公司的复合杠杆系数。

3.A公司目前发行在外普通股100万股（每股1元），已发行10%利率的债券400万元。该公司打算为一个新的投资项目融资500万元，新项目投产以后公司每年的息税前盈余增加到200万元。现有两种方案可供选择：按12%的利率发行债券（方案1）；按每股20元发行新股（方案2）。假如公司适用所得税税率为40%。要求：

(1)计算两种方案的每股盈余；

(2)计算两种方案每股盈余无差别点的息税前盈余；

(3)计算两种方案的财务杠杆系数；

(4)判断哪种方案更好。

4.某公司年销售100万元，变动成本率70%，全部固定成本和费用20万元，总资产50万元，资产负债率40%，负债平均成本8%，假设所得税税率为40%，要求计算：

(1)权益净利率；

(2)经营杠杆；

(3) 财务杠杆；

(4) 总杠杆。

5.B公司目前拥有资本1 000万元，其结构为：债务资本20%（年利息为20万元），普通股权益资本80%（发行普通股10万股，每股面值80元）。现准备追加筹资400万元，有以下两种筹资方案可供选择。①全部发行普通股：增发5万股，每股面值80元；②全部筹措长期债务：利率为10%，利息40万元。企业追加筹资后，税息前利润预计为160万元，所得税税率为33%。要求：

(1) 计算每股盈余无差别点；

(2) 计算每股盈余无差别点时的每股盈余额；

(3) 简要说明应选择的筹资方案。

6.C公司2012年的财务杠杆系数为1.5，税后利润为420万元，所得税税率40%。公司全年固定成本和费用总额共为2 350万元，其中公司当年年初发行了一种债券，发行债券数量为10 000份，债券年利息为当年利息总额的40%，发行价格每份为1 050元，每份发行费用占发行价格的2%。要求：

(1) 计算2012年利息总额；

(2) 计算2012年已获利息倍数；

(3) 计算2012年经营杠杆系数；

(4) 计算2012年债券筹资的资金成本。

7.某公司正在考虑两种筹资方案，这两种方案均使用了一定的财务杠杆，但两者又有较大差别。方案A要求发行公司债券100万元，利率为14%，此外还要通过发行普通股增加资金500万元，每股面值50元；方案B也是筹资600万元，其中300万元是通过发行公司债券取得资金，其利率为16%，另外300万元是通过发行普通股取得，每股面值50元，公司所得税税率为33%。要求：

(1) 计算两种方案息税前利润无差别点。

(2) 如果息税前利润超过110万元，哪一种方案可行？

第六章 项目投资管理

【学习要点】本章介绍企业与项目投资有关的决策,需掌握下列要点:
  (1) 项目投资的概念、特点和程序;
  (2) 项目相关现金流量认定与计算;
  (3) 项目投资决策评价方法及其评析;
  (4) 独立项目与互斥项目的投资决策分析。
【主旨语】"一着"不慎,"满盘"皆输。 ——《成语》

第一节 项目投资概述

一、项目投资的概念及特点

  投资是以收回现金并获得收益为目的而发生的现金流出。项目投资是投资中的一种,是为了新增或更新生产经营能力的长期资本资产投资行为。项目投资支出通常被纳入资本预算决策程序,其目的是获得能够增加未来现金流量的资产,使企业具有提升股东财富的长期增长潜力。与资本预算有关的投资项目包括两大类:一是对内投资,如企业的新建、扩建、改建,设备的新增添置或替换更新,资源的开发利用,现有产品的改造和新产品的研制与开发等。二是以新设企业的形式对外长期投资,如与其他投资主体合资设立有限责任公司,与其他发起人合资并向社会公开募集股份以设立股份有限公司,与外商投资者合资设立中外合资经营企业或合作设立中外合作经营企业等。无论是对内项目投资还是对外项目投资,均呈现以下特点。

  1. 投资数额多

  项目投资属于资本投资,一般需要集中大量的资本投放,其投资额往往是企业及其投资人多年的资金积累,并且会直接改变企业的现金流量和财务状况,如果失误,则必定损失惨重。

  2. 影响时间长

  项目投资属于长期投资,项目发挥作用的时间比较长,需要几年、十几年甚至几十年才能收回投资。因此,项目投资对企业今后长期的经济效益,甚至对企业的命运都有着决定性的影响。

3. 发生频率低

与企业的短期投资和长期性金融投资相比,项目投资的发生次数不太频繁,特别是新增生产经营能力的战略性项目投资更是如此。这就使财务部门有必要也有比较充分的时间对此进行可行性研究。

4. 变现能力差

项目投资的结果是固化成企业的长期经营性资产,具有投资刚性特征,不打算也不可能在短时间内变现。项目投资一旦实施或完成,也就决定了企业的经营方向,要想改变是相当困难的,不是无法实现,而是代价高昂。

5. 决策风险大

因为影响项目投资未来收益的因素特别多,加上投资数额多、回收时间长和变现能力差,因此其投资风险比其他投资大。当不利状况呈现时,其先天性的决定性及无法逆转的损失足以削减企业的价值甚至摧毁一个企业。

二、项目投资的基本程序

企业项目投资的制定与实施,需要一个组织化的过程。特别是扩充型的重大投资工程,如新设企业、新建分厂、新增经营项目等,其决策应进行全程式跟踪管理,全面纳入项目投资程序。当然,对于投资较少、影响较小的个别设备更新等投资项目可适当简化。项目投资的基本程序如下。

1. 提出投资项目

提出项目是项目投资程序的第一步,是根据企业的长远发展战略、中长期投资计划和投资环境的变化,在发现和把握良好投资机会的情况下提出的。它可以由企业管理当局或高层管理人员提出,也可以由企业的各级管理部门和相关部门领导提出。任何项目投资建议都必须与企业的战略设计保持一致性,尽力避免对那些与公司战略相矛盾的投资项目进行不必要的分析论证。

2. 研究项目可行性

项目投资特别是重大建设项目投资涉及的因素很多,而且各因素之间相互联系,牵一发而动全身。投资项目的可行性研究应在下列五个方面全面展开。其概要内容如表 6-1 所示。

项目投资前必须进行可行性研究,从环境、市场、技术、资金、效益五大方面进行全面的、系统的论证研究,以便提高投资成功概率,降低投资风险。可行性研究的最终成果应体现为可行性研究报告,为项目投资决策提供可靠的依据。

表 6-1　投资项目可行性研究内容

条件上的可能性 （环境）	市场上的必要性 （需求）	技术上的先进性 （设备）	财务上的保障性 （资金）	经济上的效益性 （回收）
自然、社会、 经济环境	容量、竞争、 周期预测	当代、成套、 配套考察	廉价、足额、 及时到位	报酬、风险、 高效回收

3. 评价投资项目

投资项目评价的重点是算经济账，是可行性研究内容的专题性深入和细化。它包括：①对投资项目的投入、产出进行测算，进而估计方案的相关现金流量；②计算投资项目的价值指标，如净现值、内含报酬率、投资回收期等；③将有关价值指标与可接受标准进行比较，选择可执行的方案。要科学准确完成这一步工作是一件相当不简单的事情，所有的数据都建立在一定假设基础之上，是对未来的预测、估算，和现实可能会有较大出入，必须慎重并纳入专业化轨道。

4. 项目选定与实施

项目评价完成之后，应按分权管理的决策权限由企业高层管理人员或相关部门经理作最后决策，对于特别重大的项目投资还需要由董事会或股东大会批准形成决策。决策形成后，应编制资本预算，积极组织实施。对工程进度、工程质量、施工成本和预算执行等进行监督、控制、审核。注意防止工程建设中的舞弊行为，确保工程质量，保证按时完成，当有新情况出现而造成偏差时，应及时反馈和修正，确保资本预算的先进性和可行性。

5. 投资项目再评价

对于已实施的投资项目应进行跟踪审计。其作用在于：①发现原有预测评价的偏差，明了在什么地方脱离了实际；②提供改善财务控制的线索，弄清在执行中哪些方面出了问题；③产生决策纠错机制，如在环境、需求、设备、财力等出现重大变化的条件下，得出哪类项目值得继续实施或不值得实施的评价意见。如果情况发生重大变化确实使原来的投资决策变得不合理，就要进行是否终止投资和怎样终止投资的决策，以避免更大损失。当然，终止投资本身的损失就可能很惨重，人们都力求避免这种"痛苦的决策"，但事实上不可能完全避免。

三、项目投资决策约束条件

（一）项目投资规模及资本成本

项目投资总会涉及投资的规模大小、投入的资本成本及获得资本的难易程度等问题。资本成本是投资者应得的必要报酬，而资本的可获得性程度和可利用量规模决定了投资机会能否转变为现实的投资行为，是投资决策中具有前提意义的财务约束条件。

(二) 项目预期报酬和现金流量

以资本成本为最低限额,项目的预期报酬和现金流量是否能补偿资本成本,决定了项目投资金额能否在以后期间得以收回,报酬水平的高低又决定了在资本有限情况下多个互斥项目之间的选择问题,所以预期报酬和现金流量是项目投资决策中具有核心意义的效益约束条件。

(三) 项目投资风险与投资主体的承受意愿和能力

项目投资的长期、固化、刚性、非逆、先天等特性表明它的风险性不可轻视,这是客观存在的,人们总得权衡风险与收益,考量风险是否能在收益中得到补偿,并将投资项目的风险纳入必要报酬率的确定之中。因此,在进行项目投资时必须考虑企业承担风险的意愿和能力。在某种程度上,对待风险的态度和承担风险的能力决定了项目投资成功与否的可能性。可见,项目本身的风险大小和投资主体是否愿意冒风险和愿意冒多大风险是投资决策中具有挑战意义的风险约束条件。

【知识链接】 达维多定律

达维多定律是由曾任职于英特尔公司高级行销主管和副总裁威廉·H.达维多提出并以其名字命名的。他认为,一个企业要想在市场上总占据主导地位,那么要做到既是第一个开发出新产品,又是第一个淘汰自己的老产品,而并非试图维持原有的技术或产品优势。这样才有可能获得更大的发展。

这一定律的基点是着眼于市场开发和利益分割的成效。因为人们在市场竞争中无时无刻不在抢占先机,只有技术创新领先于市场并最先进入市场,才能获得新的市场和产品标准制定等优先话语权,才能依靠创新所带来的短期优势来获得高额的"创新"利润。

第二节 现金流量估算

一、现金流量的概念

现金流量也称现金流动数量,简称现金流,在投资决策中是指一个项目引起的企业现金流出和现金流入增加的数量。这里的"现金"是广义的现金,不仅包括各种货币资金,还包括项目需要投入的企业现有非货币资源的变现价值。例如,一个项目需要使用原有的厂房、设备和材料等,则相关的现金流量是指它们的变现价值,而不能用它们的账面价值来表示其现金流量。

现金流量是评价一个投资项目是否可行时必须事先计算的一个基础性数据。对于一个具体的投资项目而言,其现金流出量是指该项目投资等引起的企业现金支出增加的数量;现金流入量是指该项目投产运营等引起的企业现金收入增加的数量。无论是流出量还是流入量,都强调现金流量的特定性,它是特定项目的现金流量,与别的项目或企业原先的现金流量不可混淆。这里还强调现金流量的增量性,即项目的现金流量是由于采纳特定项目而引起的现金支出或收入增加的数量。

无论是出于对现金流量概念的理解,还是用于对现金流量实际的计量,都必须认识和把握它的这种广义性、特定性、增量性的特性,使其正确无误。

二、现金流量的内容

投资项目相关的现金流量可以从两种不同的角度去考量,一是从现金流量产生的时间先后去考量,二是从现金流量的流动方向去考量。二者的考量对象相同,可以相互钩稽和印证。

(一)现金流量按时间先后的划分

现金流量按其产生的时间先后,可划分为初始现金流量、营业现金流量和终结现金流量三个部分。

1. 初始现金流量

初始现金流量是指开始投资时发生的现金流量,通常包括固定资产投资(这些投资可能是一次性进行的,也可能是分次进行的)、开办费投资、流动资金投资和原有固定资产的变价收入等。其中以现金流出为主,但不排除会涉及一些现金流入的发生。总的来看,初始现金流量的流出会大于流入,即表现为净流出。

2. 营业现金流量

营业现金流量是指投资项目完工投入运营后,在其发挥作用的寿命周期内,由生产经营所带来的现金流入和现金流出的数量。这种现金流量一般按年度进行计算。这里的现金流入主要是指营业现金收入,而现金流出则主要是指营业现金支出和缴纳的税金。通常情况下,营业现金流量的现金收入会大于现金支出,所以一般表现为净流入。

3. 终结现金流量

终结现金流量是指项目完结时所发生的现金流量,主要包括资产的最后净残值收入和初始垫付流动资产在终结时的收回等。终结现金流量相对于初始现金流量而言，初始现金流量表现为净流出，而终结现金流量则表现为净流入。

(二) 现金流量按流动方向的划分

现金流量按其流动方向，可划分为现金流出量、现金流入量和现金净流量三项内容。下面以引进一条新生产线为例，从其购置安装、投产营运、期满终止的全过程予以说明。

1. 现金流出量

引进新生产线的现金流出主要包括以下两项。

1) 生产线的购建成本

生产线的购建成本包括购置生产线的价款、安装调试至可使用状态的费用支出、生产线购置安装期间的资本化利息等。

2) 生产线投产配套垫支的流动资金

该生产线投入使用虽扩大了企业的生产能力，但同时会引起对流动资产需求的增加。企业需要追加的流动资金也是引进和投产新生产线而引起的，应列入该投资项目的现金流出量。这部分流动资金投资属于垫支的性质，当投资项目使用期满终止(报废或出售)时，才能收回这些资金并用于别的目的。

2. 现金流入量

新生产线投产使用直至终止期间每年的现金流入主要包括如下两部分。

1) 营业现金流入

新生产线投产扩大企业生产能力，使企业营业收入增加。扣除用现金支付的成本和所得税后的余额，是该生产线引起的一项现金流入(亦称营业现金净流量)。

$$营业现金流入 = 营业收入 - 付现成本 - 所得税 \qquad (1)$$
$$= 营业收入 - (成本 - 折旧) - 所得税$$
$$= 营业利润 - 所得税 + 折旧$$
$$= 净利润 + 折旧 \qquad (2)$$

受所得税的影响，现金流量并不等于项目实际的收支金额，即

$$税后付现成本 = 付现成本 \times (1 - 所得税税率)$$
$$税后营业收入 = 营业收入 \times (1 - 所得税税率)$$
$$折旧抵税金额 = 折旧额 \times 所得税税率$$
$$营业现金流入 = 税后营业收入 - 税后付现成本 + 折旧抵税金额 \qquad (3)$$

公式(1)是根据现金流量的定义计算的。折旧是一种非付现成本，在成本中扣除非付现成本后称为付现成本。付现成本与所得税一起是现金的支付，应当作为每年营业现金流入的减项。公式(2)是根据年末营业结果计算的。企业每年营业现金增加来自于增加的净利和提取的折旧。这里的折旧是指广义的折旧，包括本

项目固定资产折旧再加上本项目相关长期资产的摊销和减值准备的提取。折旧是现金的一种来源,它以现金形式从营业收入中扣回,留用在企业里。公式(3)是根据所得税对收入和折旧的影响计算的。收入的增加会增加税负,最终形成现金流出量的增加;折旧的增加会减少税负,最终形成现金流出量的减少。

上述三个公式均可互为前提进行推导而得到,所以其实际计算结果相等。

2) 终结回收流入

在生产线使用寿命期满的最后那一年,除了当年产生的营业现金流入之外,还将发生两项终结回收的现金流入量,一是该生产线出售(报废)时的净残值收入,这部分回收的收入是当初投资该生产线引起的,应当作为其现金流入;二是原先垫付流动资金的收回,这笔资金垫付的使命结束,收回后可再用于别处。

3. 现金净流量

现金净流量也称为净现金流量,是指一定时期内现金流入量与现金流出量的差额。现金净流量可以一年计,也可以整个项目持续年限计。当现金流入量大于现金流出量时,现金净流量为正值;反之,为负值。在项目建设期内,现金净流量为负值;在投产营业期内,现金净流量一般为正值。进行资本投资决策时,应考虑不同时期的现金净流量,即计算每年的现金净流量,其公式为

$$年现金净流量 = 年现金流入量 - 年现金流出量$$

简记为

$$NCF_t = I_t - Q_t$$

下面举例说明有关现金流量的计算方法。

【例 6-1】 某公司新建一条生产流水线,需投资 1 000 万元,1 年建成投产,该流水线可使用 5 年,预计净残值为 50 万元,按直线折旧法计提折旧。投产以后,预计每年的营业收入为 500 万元,付现成本为每年 220 万元。企业所得税率为 40%。投产期初要垫支流动资金 200 万元,可在项目终结时一次收回。

计算该项目的现金流量并总结如表 6-2、图 6-1 所示。

$$各年营业现金流入 = \left[500 - 220 - \left(500 - 220 - \frac{1\,000 - 50}{5}\right) \times 40\%\right] 万元$$

$$= 244\ 万元$$

表 6-2 项目现金流量表　　　　　　　　　　　　单位:万元

时间/年	0	1	2	3	4	5	6
初始投资额	−1 000						
垫支流动资金		−200					200
营业现金流入			244	244	244	244	244
净残值收入							50
现金净流量	−1 000	−200	244	244	244	244	494

图 6-1 项目现金流量图

三、现金流量的相关分析

(一) 项目评价以现金流量为基础

投资项目的评价,并不是以利润作为评价项目经济效益的基础,而是以现金流量为基础的。项目评价之所以如此,是基于下列原因。

1. 现金流量反映了货币的时间价值

由于投资项目的时间跨度大,所以其投资的资金时间价值作用和影响是不容忽视的。现金流量反映了预期每笔收入与支出款项的具体发生时间,以此为基础进行的有关投资项目指标计算就能很好地反映时间价值因素。如果采用会计利润作为计算评价的基础,则无法做到这一点。因为会计利润是以权责发生制为基础计算出来的,并没有全面考虑资金收付的时间。例如,①购置固定资产时流出大量现金,但不计入当期成本;②折旧或摊销进入会计当期成本时,企业并没有流出现金;③企业因项目投资而垫支的流动资金及其收回,在计算当期会计利润时完全没加考虑;④只要销售行为确立就确认为当期收入,而不理会现金是否在当期流入企业等。这些方面会形成极大的收支时间差,足以误导投资决策的价值判断。

2. 现金流量使项目评价更具客观性

现金流量以收付实现制为基础,比会计利润更具刚性,它不会随着会计处理方法的变化而变化,乃至要想造假也很难。会计利润在很大程度上会受到存货估价、费用摊配和折旧计提等不同方法的影响,一定程度上存在主观随意性问题。也就是说,会计利润不仅与企业的经营活动有关,还取决于所选择的会计政策与方法;而现金流量净额则是企业经营活动的沉淀,不受会计政策与方法选择的影响,因而更具客观性和准确性。

必须指出,项目评价从财务角度以"现金至上"的理念崇尚现金指标,并非完全摒弃从会计角度以"利润至上"的理念注重利润指标。事实上,如果不考虑资金时间价值,在项目的整个寿命期内,项目的各期利润总数与项目的现金流量是一致的。而且,项目投资中每年的营业现金净流量能够直接以净利润为基础作适当调整而得到。

(二)分析确定现金流量的要点

在确定投资项目的相关现金流量时,应遵循的基本原则是:只有增量现金流量才是与投资项目相关的现金流量。增量现金流量是指接受或拒绝某个投资项目时,企业总的现金流量因此而发生的变动,而不仅仅是该项目的现金流量所发生的变动。只有那些由于采纳某个项目引起的整个企业现金支出增加额,才是该项目的现金流出;也只有那些由于采纳某个项目而引起的整个企业的现金流入增加额,才是该项目的现金流入。为了正确计算投资方案的增量现金流量,需要正确判断哪些因素会引起现金流量的变动,哪些因素不会引起现金流量的变动。在进行这种分析判断时,要注意以下要点。

1. 关联效应

在估计项目现金流量时,要以投资对企业所有经营活动产生的整体效果为基础进行分析,而不是孤立地考察新上项目。如某公司决定开发一种新型机床,预计该机床上市后,销售收入为5 000万元,但会冲击原来的普通机床,使其销售收入减少800万元。因此,在投资分析时,新型机床的增量现金流入量从公司全局的角度应计为4 200万元,而不是5 000万元。

应当注意的是,不能将市场变化如竞争对手生产和销售这种新型机床而挤占了该公司普通机床的销售纳入这种关联效应中来,因为无论公司是否生产和销售新型机床,这种损失都会发生,它们属于与项目无关的成本。

2. 沉没成本

沉没成本是指过去已经发生,无法由现在或将来的任何决策所能改变的成本。沉没成本是与决策无关的成本,因此在决策中不予考虑。如某公司在2010年打算建造一个生产车间,请了一家咨询公司作过可行性分析,为此支付了3万元的咨询费。后来由于种种原因,该项目没有实施。当2012年再次进行该项投资分析时,这笔咨询费就是沉没成本。因为这笔支出已经发生,无论公司是否决定现在投资建造该生产车间,它都沉没而无法收回,因此它与公司未来的现金流量无关。如果将沉没成本纳入投资成本总额中,则原本有利的投资项目可能会变得无利可图,从而造成决策失败。

3. 机会成本

投资项目的机会成本是一种相关成本,特指企业现有的经济资源用于特定投资项目的择机代价。表现为该经济资源用于某个投资项目而放弃投资于其他投资项目的机会,那么,其他投资项目可能取得的收益就成为投资于这个投资项目的机会成本。机会成本不是实际发生的成本,而是失去的潜在收益。例如,上述建造生产车间需占用本公司的一块土地,如果将该块土地出售,可获净收入40万元。由于决定用于建造生产车间,公司丧失这40万元的土地变现收入,这部分丧失的收入就是建造生产车间的机会成本,是该项目投资总成本的组成之一。

同时应当明确,不管这块土地原先是花多少代价获得的,都应以现行变现市价作为机会成本。

4. 相关设定

估计投资项目的现金流量,除上述应把握的要点外,还有一些必须明确的相关假设和约定(也可称为小要点),列举如下。

1)"全投资"设定

通常在评价和分析投资项目的现金流量时,将投资决策与融资分开,假设全部投入资金都是企业的自有资金,即全投资设定。实际上,在对项目现金流量进行折现时,采用的折现率已经隐含了该项目的融资成本(计入项目的资本化利息除外),若将项目投入使用后的利息支出计入该期现金流出量,就出现了重复计算,所以,无论项目投资的资金是发股融资还是发债融资取得的,这样设定才具有一致性和可比性。

2)"流量时点"设定

为了便于资本预算的计算处理,现金流量无论是流入还是流出,都设定为只发生在年初或年末两个时点上。如投资都假设在年初或年末投入,垫付流动资金是在项目建设期末发生,营业现金流入确认于年末实现,终结回收发生在项目经营期结束时等。

3)"全现金"设定

在各种现金流量,特别是营业现金流量的计算中,通常设定收入均为现金,购货均支付了现金。虽然每年的收入不一定全都收到了现金,购货也不一定全都支付了现金,但在整个营业期内应假设是收讫销货款和付讫购货款的。

4)"垫支"设定

即假定流动资金投入可在项目营业期终结时如数收回。同时应当明确,扩展营业会引起流动资金需求增加,应付账款等流动负债也会同时增加(称为自然融资),所以为项目垫付的是所谓净营运资本,也就是新增流动资产与新增流动负债的差额。

5)"税后"设定

进行项目投资分析依据的是税后现金流量,而不是税前现金流量。一个不考虑所得税的项目可能是个很好的项目,但考虑所得税后可能就变得不可取了。在各种现金流量中,项目的营业现金流量是受所得税影响最大的。又由于所得税的大小取决于利润的大小和税率的高低,而利润大小又受折旧方法的影响。因此,折旧对现金流量产生影响的原因也是受所得税的影响。

项目现金流量的估算是一项复杂而重要的工作,要充分发挥企业各相关部门的信息优势。如营销部门测算收入和市场变化后果、产品开发和技术部门测算投资支出、生产部门测算生产成本等。财务部门一是要为估算建立共同的基本假设条件,如物价水平、贴现率、资金等资源限制条件等;二是要协调各方测算使之衔接与配合,防止预测者因个人偏好或部门利益而高估或低估收入和成本。

第三节 项目投资决策评价方法

一、概述

项目投资贯穿于企业整个存续期内,它是企业生存和发展的基础。对于创造价值的决策而言,项目投资决策是所有决策中最重要的决策。它决定了企业购置的资产类别,不同的生产经营活动需配置不同的资产,因此项目投资决定了日常经营活动的特点和方式。总之,提出和评价项目投资需要科学的决策分析。

(一) 项目投资决策评价方法的类别

项目投资决策评价方法是指通过对投资项目的经济效益进行评价和分析,从而决定是否选用该投资项目,或者对多个投资项目(包括一个投资项目的多种投资方案)的经济效益进行比较分析,从而选出最优项目(或方案)的方法。在项目投资决策中,常用的评价方法有非贴现评价方法和贴现评价方法两大类。

非贴现评价方法又称静态法,是指在决策时,不考虑货币的时间价值,认为不同时期的现金流量的价值是相等的,可以直接相加减和比较,即现在发生的投资支出和垫付的资金可以直接用以后若干年的收益来进行补偿。如果取得的收益额大于投资额,就被认定为有利;反之,则认定为不利。非贴现评价方法的最大优点是计算简单。常用的非贴现评价方法有投资回收期法和会计收益率法两种。

贴现评价方法又称动态法,是指在决策时要考虑货币时间价值的要求,将投资项目的现金流量按某一基础折算成同一时期点的量,再对投资支出和各年现金流量的大小进行比较,以确定方案的可行性。由于贴现评价方法考虑了货币时间价值这一因素,与非贴现评价方法相比较而言,准确度更高,客观性更强,能较好地反映投资项目或投资方案的优劣。常用的贴现评价方法有净现值法、现值指数法和内含报酬率法等三种。

上述两类评价方法及它们所包括的各种具体评价方法组成了一个完整的评价体系,以便从不同的视角去论证投资项目优劣。在实务中,例如,各商业银行的项目贷款业务中,要求申请贷款的企业提交对项目进行评价的结论,其中包括要对上述评价方法中的各种指标全面地得出具体的计算数据,以便银行进行审查,决定是否贷款。

(二)评价实例及其相关资料

为了说明和解释项目投资的评价方法,全面地理解各种评价指标的计算,在此设一实例,给出所需的相关数据资料,以便理解和掌握项目投资决策评价方法。

【例 6-2】 腾龙公司准备购置一台新设备以扩大现有的生产能力。新设备使用后,不会对现有业务发生关联性影响。这里有 A 和 B 两种方案可供选择。

方案 A:新设备需要投资 400 000 元,设备的使用寿命期为 5 年,采用直线法计提固定资产折旧,5 年后设备无残值。在 5 年中,每年由此增加销售收入 300 000 元,同时增加付现成本 160 000 元。

方案 B:新设备需要投资 450 000 元,使用寿命期也是 5 年,5 年后有残值收入 30 000 元,设备的折旧也按直线法计提。在 5 年中,每年增加销售收入也是 300 000 元,而每年的付现成本则随着设备陈旧而递增,分别为 120 000 元、130 000 元、140 000 元、150 000 元和 160 000 元。另需垫支流动资金 100 000 元。假设该企业的所得税率为 30%,由此计算这两种方案的现金流量。计算(每期折旧、所得税等计算方法在此省略)结果汇总如表 6-3 和表 6-4 所示。

表 6-3　A 方案现金流量表　　　　　　　　　　单位:元

时间/年	0	1	2	3	4	5	合计
固定资产投资	−400 000						
销售收入		300 000	300 000	300 000	300 000	300 000	
付现成本		160 000	160 000	160 000	160 000	160 000	
折旧		80 000	80 000	80 000	80 000	80 000	
所得税		18 000	18 000	18 000	18 000	18 000	
净利润		42 000	42 000	42 000	42 000	42 000	210 000
现金净流量	−400 000	122 000	122 000	122 000	122 000	122 000	210 000

表 6-4 B方案现金流量表   单位：元

时间/年	0	1	2	3	4	5	合计
固定资产投资	−450 000						
流动资金垫支	−100 000						
销售收入		300 000	300 000	300 000	300 000	300 000	
付现成本		120 000	130 000	140 000	150 000	160 000	
折旧		84 000	84 000	84 000	84 000	84 000	
所得税		28 800	25 800	22 800	19 800	16 800	
净利润		67 200	60 200	53 200	46 200	39 200	266 000
固定资产残值						30 000	
流动资金收回						100 000	
现金净流量	−550 000	151 200	144 200	137 200	130 200	253 200	266 000

二、项目投资决策评价的基本方法

(一) 投资回收期法

1. 投资回收期的计算

投资回收期(PBP)是指回收一项投资支出所需要的时间,即用投资项目产生的现金流量逐渐补偿投资支出,从而使投资支出正好全部回收所经历的时间长度,它一般以年度为单位。投资回收期法就是以投资回收的时间长短作为评价和分析项目可行性标准的一种方法。一般而言,投资者总是希望尽快地收回投资,即投资回收期越短越好。

投资回收期的计算,因每年的现金净流量是否相等而有所不同,其计算分为两种情况。

1) 年现金净流量相等

如果投资方案各年的现金净流量相等,则投资回收期可以直接用投资总额除以年现金净流量来计算,即

$$投资回收期 = \frac{投资总额}{每年现金净流量}$$

前述例6-2中A方案各年现金净流量均为122 000元,该方案的投资回收期为

$$PBP_A = \frac{400\ 000}{122\ 000} 年 = 3.28 年$$

2) 年现金净流量不等

如果投资方案各年的现金净流量不等,则可用累计现金净流量的方法来计

算投资回收期。如例 6-2 中 B 方案,可以用逐年获得的现金净流量补偿初始的投资总额,直到累计现金净流量为 0 为止,计算出投资回收期,计算过程如表 6-5 所示。

表 6-5　B 方案投资回收期计算表　　　　　　　　　　单位:元

时间/年	每年现金净流量	累计现金净流量
0	−550 000	−550 000
1	151 200	−398 800
2	144 200	−254 600
3	137 200	−117 400
4	130 200	12 800
5	253 200	266 000

从表 6-5 可以看出,累计到第 3 年的现金净流量为 −117 400 元,累计到第 4 年的现金净流量为 12 800 元,则 B 方案的投资回收期应在 3 至 4 年之间,用插入法计算其投资回收期,即

$$\text{PBP}_B = \left(3 + \frac{117\ 400}{130\ 200}\right) \text{年} = 3.90 \text{年}$$

2. 投资回收期法的评析

运用投资回收期法进行投资决策时,首先要确定一个企业能够接受的期望投资回收期,然后用投资方案的投资回收期与期望投资回收期比较。只有实际的投资回收期小于期望投资回收期,方可接受该投资方案。如果有多种投资方案进行比选,则应在满足上述要求的可接受方案中选择投资回收期最短的为最优方案。在例 6-2 中,若仅以投资回收期为评价标准,则应选择 A 方案。

投资回收期法是一种使用很早、很广泛的投资决策方法。它的优点是:①计算简单,使用方便,容易理解;②可以在一定程度上反映投资方案的变现能力;③可以在一定程度上揭示投资方案的风险大小,投资回收期越长,风险就越大,反之亦然。

投资回收期法也有明显的缺陷,主要表现为两个方面:①没有考虑投资回收以后的现金流量,因而不能反映投资在整个寿命期内的盈利能力;②没有考虑资金时间价值,将前期的资金投入和后期的资金回收等量齐观,具有很大的局限性。所以,单独使用投资回收期进行投资项目评价难免有得出错误结论的可能性。

(二) 会计收益率法

1. 会计收益率的计算

会计收益率(ARR)是平均每年所获得的净收益与投资额之比。其特点是它在计算时直接使用会计报表上的数据以及普通会计的收益和成本观念。会计收益率法就是以会计收益率的高低作为评价和分析项目可行性标准的一种方法。一般而言,投资项目或方案的会计收益率越高,说明其效益越好;反之亦然。会计收益率的计算公式为

$$会计收益率 = \frac{年平均净收益}{投资总额} \times 100\%$$

仍以例 6-2 的资料计算:

$$ARR_A = \frac{42\ 000}{400\ 000} \times 100\% = 10.5\%$$

$$ARR_B = \frac{(67\ 200 + 60\ 200 + 53\ 200 + 46\ 200 + 39\ 200) \div 5}{550\ 000} \times 100\%$$

$$= 9.67\%$$

上式中的分母也可采用平均投资总额,因为投资形成的固定资产逐年摊销而使其占用额逐渐减少。这样计算的结果在不考虑残值和垫支流动资金回收的情况下提高了一倍,但并不影响方案的优劣顺序。

2. 会计收益率法的评析

运用会计收益率法进行决策时,首先要确定企业的期望收益率作为衡量的标准。在单个方案的可行性分析时,只要该投资方案的会计收益率大于企业的期望收益率,就可接受;反之拒绝。在多个方案比选时,以满足期望收益率要求的方案中收益率最高的方案为最优方案。例 6-2 中,A 方案显然优于 B 方案,按会计收益率标准不难选择。

会计收益率法计算简单,资料来源便利,同时考虑了项目寿命期内的全部收益,能在一定程度上反映投资所产生的盈利水平,比投资回收期法全面和客观了许多。

会计收益率法也有其缺陷。一是会计收益率法仍没有考虑货币时间价值,将各年的收益简单地平均,忽略了它同时间收益的差异,容易导致决策失误;二是会计收益率法只考虑投资收益,没有体现投资的回收情况,例如,企业计提折旧所采用的方法不同,会计收益会有差异,会影响投资方案评价的正确性。

(三) 净现值法

1. 净现值的计算

净现值(NPV)是指投资项目的各年现金净流量按企业设定的必要报酬率折合成期初的现值之和。事实上,项目各年现金净流量在初始投资阶段是负值,即净流出;而在项目投产营运直至项目终结阶段是正值,即净流入。因此,净现值的计算也表现为投资项目现金净流入的现值与现金净流出的现值之间的净差额,故称净现值。净现值法就是按投资项目的净现值大小来分析投资方案的经济效益,评价和选择投资方案的方法。一般而言,净现值越大,投资项目或方案的效益越好,反之亦然。净现值的计算公式为

$$NPV = \sum_{t=0}^{n} \frac{NCF_t}{(1+i)^t}$$

其中,n 表示项目计算期;i 表示预定的贴现率或必要报酬率;NCF 表示第 t 年的现金净流量。

仍按前面给出的资料数据,假设预定的贴现率为 10%,计算 A、B 两种方案的净现值。

方案 A:每年的现金净流量相等,可以将上式转换成年金形式,而原始投资的贴现期为 0,其现金净流出量的现值就是其原始投资,则净现值为

$$NPV_A = (122\ 000 \times 3.790\ 8 - 400\ 000) 元$$
$$= (462\ 478 - 400\ 000) 元$$
$$= 62\ 478 元$$

方案 B:每年的现金净流量不相等,只能用各年的复利现值系数将现金净流量折合成现值,其值为

$$NPV_B = (151\ 200 \times 0.909\ 1 + 144\ 200 \times 0.826\ 4 + 137\ 200 \times 0.751\ 3$$
$$+ 130\ 200 \times 0.683 + 253\ 200 \times 0.620\ 9 - 550\ 000) 元$$
$$= (605\ 839.64 - 550\ 000) 元$$
$$= 55\ 839.64 元$$

必须明确的是:净现值实质上是投资方案贴现后的净收益,即满足投资资本成本后的投资获利。这里仅以 A 方案为例,假设其全部投资是按预定贴现率 10% 借入的,则其净现值 62 478 元就是项目实施后,用其每年的营业现金流入来还本付息后所剩净收益的现值。计算如表 6-6 所示。

表 6-6　A 方案还本付息表　　　　　　　　　　　　　　　单位：元

时间/年	年初借款	年息(10%)	年末负债	偿还现金	负债余额
1	400 000	40 000	440 000	122 000	318 000
2	318 000	31 800	349 800	122 000	227 800
3	227 800	22 780	250 580	122 000	128 580
4	128 580	12 858	141 438	122 000	19 438
5	19 438	1 944	21 382	122 000	(100 618)

从表 6-6 可见，A 方案分期还本付息后，尚有 100 618 元剩余，贴现至投资起点的现值就是 62 478 元(100 618×0.620 9 元＝62 474 元，尾差 4 元因现值系数非精确所致)，即为该方案的净现值。

2. 净现值法评析

净现值法评价投资项目的标准为：只要投资项目的净现值大于 0 就是可行的，应接受该方案；若其净现值小于 0 就不可行，应拒绝该方案。如果有多种方案进行比选，则应以净现值最大正值者作为首选。在例 6-2 中，A、B 两种方案的净现值均为正值，都是可行方案，但因为 A 方案的净现值更大，所以应选择 A 方案。

净现值法是投资决策评价方法中最基本的方法，它具有广泛的适用性，在理论上也比其他方法更完善。首先，净现值法考虑了货币的时间价值，能敏感地反映未来现金流量的时间差异，使收益和成本在逻辑上具有可比基础；其次，净现值指标是一个绝对数指标，其好处在于能明确地反映出从事一项投资会使企业增值或减值的数额大小，从而为企业提供是否增加企业价值的有用信息。

净现值法也存在自身的不足，主要表现在：①净现值指标没能揭示投资方案所能达到的实际投资报酬率究竟是多少，所以，依据净现值的大小不能对投资获利水平作出正确判断，而必须结合其他方法作出分析评价；②净现值法是依据净现值绝对数大小分析投资方案，但是，如果存在几种初始投资额不相同的方案，就无法利用净现值指标说明各方案的优劣，所以，对不同投资额的投资方案进行对比时，应利用其他方法，如下面将要论述的现值指数法和内含报酬率法等；③净现值的大小与给定的贴现率反向变化，而合理确定贴现率比较困难。一般情形下使用资本成本率或企业要求的最低投资利润率，而且是静态不变的，其科学合理性又另当别论。如果选择的贴现率过低，则会导致一些经济效益差的项目得以通过，造成社会资源的浪费；相反也是同样道理。

(四) 现值指数法

1. 现值指数的计算

现值指数(PI)又称获利指数，是指投资项目各年现金净流入现值与各年现金净流出现值的比值。现值指数的经济意义是每元投资在未来获得的净收益,它是一个相对数指标,重在反映投资的效率高低。现值指数法就是以现值指数的大小作为评价投资项目优劣的一种方法。一般而言,投资项目的现值指数越大越好。现值指数的计算公式为

$$PI = \sum_{t=0}^{n} \frac{I_t}{(1+i)^t} \div \sum_{t=0}^{n} \frac{O_t}{(1+i)^t}$$

其中,I_t 表示第 t 年的现金净流入;O_t 表示第 t 年的现金净流出;其余符号含义同前。

仍依前例,A、B两种方案的现值指数分别为

$$PI_A = 462\ 478 \div 400\ 000 = 1.16$$
$$PI_B = 605\ 839.64 \div 550\ 000 = 1.10$$

2. 现值指数法评析

现值指数法的评价标准是:投资方案的现值指数大于1,说明投资方案可行,应予接受;投资方案的现值指数小于1,说明投资方案不可行,应予拒绝。在多种方案中进行优选时,应在满足现值指数大于1的方案中选择现值指数最大的方案。例 6-2 中 A、B 两种方案的现值指数均大于1,但 A 方案的现值指数大于 B 方案的,故应选择 A 方案。

现值指数法和净现值法的本质是相同的,一种方案的净现值大于0,则其现值指数必定大于1;反之亦然。现值指数是用相对数表示的,它有利于在原始投资额不同的投资方案之间进行对比。在面对多种相互独立的投资方案进行优劣排序选择时,使用现值指数为决策标准有利于资金投入总效益发挥至最大。这也是在使用净现值法的同时又使用现值指数法的原因。就其他方面而言,现值指数法与净现值法具有相类似的优点和不足。

(五) 内含报酬率法

1. 内含报酬率的计算

内含报酬率(IRR)又称内部收益率,它是指投资项目实际可望达到的收益率,在计算上表示为使投资项目净现值等于 0 的贴现率。内含报酬率法就是将计算出的投资方案的内含报酬率与企业必要投资报酬率比较确定方案取舍的方法。内含报酬率越高,说明投资效益越好;内含报酬率越低,说明投资效益越差。内含报酬率的计算即满足下列等式:

$$NPV = \sum_{t=0}^{n} NCF_t (1+IRR)^{-t} = 0$$

上式是一个 n 次方程,解出其中的 IRR 值即为内含报酬率。在实际计算求解中,根据各年现金净流量是否相等,采用不同的方法。

1) 经营期内每年的现金净流量相等

此种情况下的计算相对容易一些,只需运用年金现值系数然后再用插值法便可求出。例 6-2 中的 A 方案符合这种条件,分步计算如下。

第一步,计算年金现值系数。

$$(P/A, \text{IRR}, 5) = \frac{400\ 000}{122\ 000} = 3.278\ 7$$

第二步,用插值法求出内含报酬率。

利用插值法进行计算,需查"年金现值系数表",在 $n=5$ 的行中找与 3.272 8 对应的年金现值系数,若有恰好相等的,则其对应的折现率即为内含报酬率。如无恰好相等的,则找出两个与所求的年金现值系数最接近的年金现值系数及其对应的折现率,内含报酬率就介于这两个相邻的折现率之间。在例 6-2 中,与 3.272 8 相邻的年金现值系数为 3.352 2 和 3.274 3,对应的折现率为 15% 和 16%,则该方案的内含报酬率为

$$\text{IRR}_A = 15\% + \frac{3.352\ 2 - 3.278\ 7}{3.352\ 2 - 3.274\ 3} \times (16\% - 15\%) = 15.95\%$$

2) 经营期内每年的现金净流量不相等

此种情况下的计算相对比较复杂,要采用"逐步测试法"计算。首先估计一个贴现率,用它来计算方案的净现值。如果净现值为正数,则说明方案本身的报酬率超过估计的贴现率,应提高贴现率后进行进一步测试;如果净现值为负数,则说明方案本身的报酬率低于估计的贴现率,应降低贴现率后进行进一步测试。经过多次反复测试,可以找到一个最接近于 0 的正净现值和一个最接近于 0 的负净现值以及它们所对应的贴现率,内含报酬率就介于这两个相邻的贴现率之间。然后,再用插值法计算出该方案的实际内含报酬率。例 6-2 中的 B 方案属于这种情况,下面以此说明每年现金净流量不相等情况下的内含报酬率的计算。

由于企业的必要报酬率是投资方案的评价基础,因此例 6-2 中 B 方案在贴现率为 10% 条件下已计算出的净现值为正数 55 839.64 元,可以作为进一步提高贴现率加以测算的依据。假如估计一个贴现率为 15%,得出相应的净现值为 −4 460.22 元;于是可确定内含报酬率处在 10% 至 15% 之间,具体计算过程如表 6-7 所示。

表 6-7 B方案内含报酬率计算表　　　　　　　　　　　　　　　单位:元

时间/年	NCF	测试 10%		测试 15%	
		复利现值系数	现值	复利现值系数	现值
0	−550 000	1	−5 500 000	1	−550 000
1	151 200	0.909 1	137 455.92	0.869 6	131 483.52
2	144 200	0.826 4	119 166.88	0.756 1	109 029.62
3	137 200	0.751 3	103 078.36	0.657 5	90 209.00
4	130 200	0.683 0	88 926.60	0.571 8	88 926.60
5	253 200	0.620 9	157 211.88	0.497 2	125 891.04
净现值			55 839.64		−4 460.22

承接表 6-7 的测试结果,然后用插值法计算内含报酬率,即

$$IRR_B = 10\% + \frac{55\ 839.64 - 0}{55\ 839.64 - (-4\ 460.22)} \times (15\% - 10\%) = 14.63\%$$

2. 内含报酬率法评析

内含报酬率法的评价标准是:当投资方案的内含报酬率大于企业的必要投资报酬率时,可接受该方案;当投资方案的内含报酬率小于企业的必要报酬率时,应拒绝该方案。若对多种方案进行优选,则应在满足内含报酬率大于必要报酬率的方案中,选择内含报酬率最大的方案即为最优方案。例 6-2 中 A、B 两种方案的内含报酬率均大于必要报酬率,但 A 方案的内含报酬率大于 B 方案,因此 A 方案是最优的。

内含报酬率反映投资方案内在的获利水平,如果投资项目的现金流量估计符合客观实际,那么内含报酬率就是真实而可信的。内含报酬率法的优点是,不要求事先选择贴现率,而只需在计算出内含报酬率之后,再与必要投资报酬率比较,即可决定方案的取舍。多种方案选择时,亦可直接按内含报酬率的大小排序进行优选。内含报酬率的不足之处在于计算比较复杂,特别是某种非常规投资方案如经营期内有追加投资时,各年现金净流量会时为正值、时为负值多次变号,这就会产生两个或两个以上不同的内含报酬率,给投资方案的评价和选择带来困难。

【技能指引】　财富倍增72法则

使财富增加 1 倍(即终值是现值的 2 倍)所要求的收益率或投资期数是多少?一种快捷的计算方法是"72 法则",即用 72 除以投资年限 n,就得到了近似的收益率 i;用 72 除以收益率 i,就得到了近似的投资年限 n。也就是 $72/n = i$ 或者 $72/i = n$。

> 注意:计算时收益率要增删百分号,如年收益率6%,要使财富倍增,投资年限约为:72/6=12(年);而如果投资年限为9年,使财富倍增的投资收益率约为72/9=8,即约为8%。

第四节 项目投资决策分析

一、独立项目的投资决策分析

独立项目是指那些互相独立、互不排斥的项目。在独立项目中,选择某一项目并不排斥选择另一项目。独立项目的决策是指对特定投资项目采纳与否的决策,如是否要购入计算机、是否要引进一条生产线、是否要建一栋厂房等都适用于采纳与否的投资决策。这种投资决策可以不考虑任何其他投资项目是否被采纳,这种投资的收益和成本也不会因其他项目的采纳或否决而受影响。

从财务角度看,各个独立项目投资所引起的现金流量是相互独立而不相关的,项目的取舍只取决于项目本身的经济价值。因此,独立项目的决策分析可运用净现值、现值指数、内含报酬率以及投资回收期、会计收益率等任何一个合理的标准进行,然后决定项目的取舍。只要运用得当,一般都能做出正确的决策。也就是说,一个独立项目的采纳与否,用一个合理的标准就可判断其是否具有投资价值。例如,某项目的 NPV 大于 0,该项目就是可行的。事实上,对独立项目而言,它的 NPV 大于 0 即可证明 PI 大于 1 和 IRR 大于必要报酬率。如果是从一组独立项目中选择其中两个以上的组合进行投资,则按现值指数为主进行排序选择,就可以实现投资总效率最大化。

二、资本限量决策分析

资本的内在属性是它的增值性,外在属性是它的稀缺性。任何企业都不可能为追求增值而投入无限量的资金。所以,当备选的独立项目较多而资本有一定限量时,只能在资本限量范围内选择若干个项目的组合进行投资。研究发现,这种情况下的挑选应以现值指数为基本标准,这可以保证项目组合在资本限量内获得最大的净现值。虽然它可能受限于资本而放弃了一些净现值相对最大的单个项目,但实现了限量资本的最优投资组合。

【例 6-3】 假设某企业面临表 6-8 所示若干种独立项目投资机会。

表 6-8 中所有的项目都是经过初选后本身在经济上具有可行性的项目,假如企业可投资的资本限量为 65 万元,同时要求用完这些资金的排列组合有下列五

种。

表 6-8 独立项目的投资比较　　　　　　　　　　单位:万元

项 目	初始现金流出量	内含报酬率	净现值	现值指数
A	50	15%	12	1.24
B	35	19%	15	1.43
C	30	28%	42	2.40
D	25	26%	1	1.04
E	15	20%	10	1.67
F	10	37%	11	2.10
G	10	25%	13	2.30
H	1	18%	0.1	1.10

第一种组合:A+E,其增值额=(12+10)万元=22 万元;

第二种组合:B+C,其增值额=(15+42)万元=57 万元;

第三种组合:C+D+F,其增值额=(42+1+11)万元=54 万元;

第四种组合:C+D+G,其增值额=(42+1+13)万元=56 万元;

第五种组合:C+E+F+G,其增值额=(42+10+11+13)万元=76 万元。

上述各种组合的计算结果表明,第五种组合是最优资本组合。它是使"每 1 元钱都发挥最大作用"的组合,从而印证了按现值指数递减的顺序选择项目(2.40→2.30→2.10→1.67)达到最优化的结论。若将该组合的结果统一视为一种投资方案,则其总投资为 65 万元,净现值为 76 万元,方案的现值指数达到最大值 2.17,是其他方案无法达到的指标水平。从中也可看到,除 C 项目外,B 项目相对净现值是最大的,但它并不是最优组合的项目构成之一,这进一步证明了使用现值指数为基本标准对这类问题进行优选的必要性与合理性。

三、互斥项目的投资决策分析

当"鱼与熊掌不可兼得"时,"鱼项目"与"熊掌项目"就被称为互斥项目。例如,某块土地是用于建住宅商品房还是建写字楼的项目选择就属于互斥项目。对互斥项目进行投资决策分析,就是要在两个或两个以上互相排斥的待选项目之间进行比较,区分它们的优劣,从而最终选择出最优的投资方案。

互斥项目投资决策方法有净现值法、现值指数法、内含报酬率法等。除了采用这些基本的指标进行分析外,某些特定情形下,还会用到以下方法。

(一) 排序选择法

排序选择法是对全部待选项目进行择优筛选时,分别对各项目按其 NPV 和 PI 以及 IRR 等降级顺序排列,然后进行项目挑选,通常排列居首位者为最优项目的方法。这在原始投资额相等的条件下更是如此,因为各种评价指标的排列顺序都是一致的。如果待选项目的原始投资额各不相同,则运用各种评价指标可能得出的优劣结论不一致,即出现排序矛盾。因为内含报酬率和现值指数是以百分比的形式给出的,所以投资规模被忽略了,在这种情况下,通常以净现值作为选项标准。这主要考虑有无资金限量上的约束,如果没有,则净现值标准是最主要的标准。至于多投入资金也要多付出资本成本已在净现值的计算中被纳入贴现率中考虑了。

(二) 总费用现值法

总费用现值法是指通过计算各备选项目的全部费用的现值来进行项目比选的一种方法。这种方法适用于在收入相同、计算期相同的项目之间优选,以总费用现值最小的项目为最优项目。事实上,这种方法可以还原到净现值标准上去,二者的结论相同。只不过这里因收入相同不予考虑,限制了净现值法的使用,而且,净现值的标准是越大越好,而总费用现值则是越小越好。

【例 6-4】 某企业对一台旧设备提出了是继续使用还是予以更新的决策问题,假设使用新、旧设备的产出收入每年相等而与决策无关,同时新、旧设备的使用年限相同,并且将所得税费用的差异额并入年经营成本。企业期望投资收益率为 12%。相关资料如表 6-9 所示。

表 6-9 例 6-4 的相关资料　　　　　　　　单位:元

项　目	旧设备	新设备
新设备购置成本		120 000
旧设备出售收入	60 000	
年经营成本(1～5 年)	18 000	6 000
残值收入	3 000	5 000

使用新、旧设备的费用总额现值计算如下:
旧设备费用总额现值
$= [60\ 000 + 18\ 000 \times (P/A, 12\%, 5) - 3\ 000 \times (P/F, 12\%, 5)]$元
$= (60\ 000 + 18\ 000 \times 3.604\ 8 - 3\ 000 \times 0.567\ 4)$元
$= 123\ 184.2$元

新设备费用总额现值
$= [120\ 000 + 6\ 000 \times (P/A, 12\%, 5) - 5\ 000 \times (P/F, 12\%, 5)]$元

$$= (150\ 000 + 6\ 000 \times 3.604\ 8 - 5\ 000 \times 0.567\ 4)\text{元}$$
$$= 139\ 241.8\ \text{元}$$

对于上述计算过程及其结果,只需将其视为购买旧设备还是购买新设备的选择就不难理解了。

计算结果表明,用新设备取代旧设备,会增加费用现值。在收入一定的前提下,会使企业因此而降低收益。所以,从财务上考虑,其决策应当是继续使用旧设备。

(三) 年均现值成本法

年均现值成本法适用于收入相同但计算期不同的多个项目的比选。年均现值成本最小的项目为最优项目。假定例 6-4 的其他条件不变,仅将新设备的使用年限设定为 8 年,则不能用总费用现值法作比选,只宜使用年均现值成本法求解问题的答案。计算如下。

$$\text{旧设备年均现值成本} = \frac{\text{旧设备费用总额现值}}{(P/A, 12\%, 5)}$$

$$= \frac{123\ 184.2}{3.604\ 8}\ \text{元}$$

$$= 34\ 172.27\ \text{元}$$

新设备年均现值成本
$$= \frac{120\ 000 + 6\ 000 \times (P/A, 12\%, 8) - 5\ 000 \times (P/F, 12\%, 8)}{(P/A, 12\%, 8)}\ \text{元}$$

$$= \frac{120\ 000 + 6\ 000 \times 4.967\ 6 - 5\ 000 \times 0.403\ 9}{4.967\ 6}\ \text{元}$$

$$= 29\ 750\ \text{元}$$

上述计算结果表明,如果不考虑其他因素,这种条件下的财务结论是应更新设备。它比使用旧设备每年的现值成本少 4 422.27 元。

复习思考题

1. 解释下列名词术语:

   项目投资   现金流量   投资回收期   净现值   内含报酬率

   独立项目   互斥项目   总费用现值法

2. 项目投资有何特点?
3. 项目投资的基本程序是怎样的?
4. 重大工程项目投资的可行性研究包括哪些内容?
5. 项目投资决策的约束条件有哪些?

6. 现金流量的特点是怎样的？它可做怎样的划分？

7. 为什么要在项目投资评价中以现金流量为基础？

8. 投资回收期法有何优缺点？

9. 净现值法有何优缺点？

10. 对相互排斥项目如何进行投资选择？有哪些方法？

11. 在资本限额条件下，对一组相互独立的项目怎样进行比选？

练 习 题

一、单项选择题

1. 下列各项中，不属于投资项目现金流出量内容的是（　　）。

   A. 固定资产投资　　　　　　B. 折旧与摊销

   C. 无形资产投资　　　　　　D. 新增经营成本

2. 当两种投资方案为互斥选择时，应优先选择（　　）。

   A. 净现值大的方案　　　　　B. 项目周期短的方案

   C. 投资额小的方案　　　　　D. 现值指数大的方案

3. A 企业投资 20 万元购入一台设备，预计使用年限为 10 年，按直线法计提折旧，无残值。设备投产后预计每年可获得净利 3 万元，则该投资的回收期为（　　）年。

   A. 5　　　　　　B. 3　　　　　　C. 4　　　　　　D. 6

4. 关于内含报酬率的说法不正确的是（　　）。

   A. 投资人要求得到的最低收益率

   B. 使未来现金流入量现值等于未来现金流出量现值的贴现率

   C. 使投资方案净现值为零的贴现率

   D. 方案本身的投资报酬率

5. 某投资方案折现率为 16% 时，净现值为 6.12 万元；折现率为 18% 时，净现值为 -3.17 万元，该方案的内部收益率为（　　）。

   A. 14.68%　　　B. 17.32%　　　C. 18.32%　　　D. 16.68%

6. 某企业拟按 15% 的期望投资报酬率进行一项固定资产投资决策，所计算的净现值为 100 万元，资金时间价值为 8%。假定不考虑通货膨胀因素，则下列表述中正确的是（　　）。

   A. 该项目的获利指数小于 1　　　B. 该项目的内部收益率小于 8%

   C. 该项目的风险报酬率为 7%　　D. 该企业不应进行此项投资

7. 某企业拥有一块土地，其原始成本为 500 万元，账面价值为 380 万元。现准备在这块土地上建造厂房,但如果现在将这块土地出售,可获得收入460万元,则建造厂房的机会成本是( )。

A. 500万元　　B. 120万元　　C. 380万元　　D. 460万元

8. 某企业投资方案A的年销售收入为180万元,年销售成本和费用为120万元,其中折旧费为20万元,所得税税率为30%,则该投资方案的年现金净流量为( )。

A. 42万元　　B. 62万元　　C. 60万元　　D. 48万元

9. 某企业计划投资30万元建设一生产线,预计该生产线投产后每年可为企业创造2万元的净利润,年折旧额为3万元,则投资回收期为( )年。

A. 5　　B. 6　　C. 10　　D. 15

10. 如果以内含报酬率作为贷款利率,通过借款进行项目投资,在考虑资金时间价值后,则该项目在还本付息后的净收益( )。

A. 一定大于零　　　　　　　B. 一定小于零
C. 一定等于零　　　　　　　D. 无法完全确定

二、多项选择题

1. 某公司正在开会讨论投产一种新产品,你认为应列入该项目评价的现金流量有( )。

A. 5年前曾经为该项目支付20万元的项目评估费

B. 该项目利用现有未充分利用的设备,如将该设备出租可获收益200万元

C. 产品销售会使本公司同类产品减少收益100万元

D. 该项目导致流动资产增加20万元,流动负债也增加20万元

2. 某固定资产投资项目的资金来源为银行借款,计算项目经营期某年的净现金流量时,按照全投资假设需要考虑的因素有( )。

A. 因使用该固定资产新增的净利润　B. 因使用该固定资产新增的折旧
C. 收回的固定资产净残值　　　　　D. 偿还的相关借款本金

3. 下列关于营业现金流量的计算公式中不正确的是( )。

A. 营业现金流量＝营业收入－付现成本－所得税

B. 营业现金流量＝税后净利润＋折旧

C. 营业现金流量＝营业收入－付现成本＋折旧抵税

D. 营业现金流量＝收入×(1－税率)－付现成本×(1－税率)＋折旧

4. 下列说法不正确的是( )。

A. 计算营业现金流入时,不需要扣除付现成本

B. 所谓净营运资金,指的是流动资产与流动负债之间的差额

C. 项目现金流量中的现金指的是货币资金

D. 现金净流量指的是1年内现金流入量和现金流出量的差额

5. 某项目经营期为10年,预计投产第1年初流动资产需用额为50万元,流动负债为10万元,预计投产第2年初流动资产需用额为90万元,流动负债为30万元,预计以后每年的流动资产需用额均为90万元,流动负债均为30万元,假设垫支的流动资金可以在项目结束时收回。下列说法正确的是(   )。

A. 第1年初垫支的流动资金为50万元

B. 第2年初增加的流动资金为60万元

C. 从第3年开始,不再需要增加流动资金

D. 在项目结束时收回的流动资金为60万元

6. 下列说法正确的是(   )。

A. 如果净现值大于0,则现值指数一定大于1

B. 获利指数反映投资的效益,而净现值反映投资的效率

C. 根据内含报酬率法确定独立方案的优先次序时,不受贴现率高低的影响

D. 会计收益率法属于非贴现的分析评价方法

7. 公司拟投资一项目20万元,投产后年营业收入60 000元,营业成本50 000元,预计有效期10年,按直线法提折旧,无残值;所得税税率为30%,投资人要求的必要报酬率为10%,则该项目(   )。

A. 年营业现金流量为27 000元　　B. 回收期7.41年

C. 获利指数小于1　　　　　　　　D. 内含报酬率小于10%

8. 现值指数法与内含报酬率法的共同之处在于(   )。

A. 都是相对数指标,反映投资的效率

B. 都可以用于相互独立方案的比较

C. 都不能反映投资方案的实际投资收益率

D. 都考虑货币时间价值因素

9. 甲投资方案净现值为10 500元,乙投资方案净现值为8 700元,甲投资方案现值指数为1.9,乙投资方案现值系数为2.1,则下列说法正确的有(   )。

A. 甲方案优于乙方案

B. 乙方案优于甲方案

C. 若甲、乙方案互斥,则甲方案优于乙方案

D. 若甲、乙方案独立,则乙方案优于甲方案

10. 某投资方案的现值指数为1,说明( )。

　　A. 投资报酬率大于预定贴现率

　　B. 贴现后现金流入等于贴现后现金流出

　　C. 投资报酬率等于预定贴现率

　　D. 净现值等于零

三、判断题

1. ABC公司对某投资项目的分析与评价资料如下:该投资项目适用的所得税税率为30%,年税后营业收入为600万元,税后付现成本为300万元,税后净利润为90万元。该项目年营业现金流量为390万元。( )

2. 如果某投资项目的资本结构与企业当前资产的资本结构相同,即可以使用企业当前的资本成本作为该项目的贴现率。( )

3. 在全部投资均于建设起点一次投入、建设期为零、投产后每年净现金流量相等的情况下,为计算内含报酬率所求得的年金现值系数应等于该项目的投资回收期。( )

4. 在评价投资项目的财务可行性时,如果静态投资回收期或投资利润率的评价结论与净现值的评价结论发生矛盾,则应当以净现值指标的结论为准。( )

5. 在全投资假设条件下,从投资企业的立场看,企业取得借款应视为现金流入,而归还借款和支付利息应视为现金流出。( )

6. 对于互斥方案A和B,如果A方案的净现值大于B方案的净现值,则A方案的内部收益率也必然大于B方案的内部收益率。( )

7. 因为净现金流量等于税后利润加折旧,这说明折旧越多,现金净流量越大,投资项目的净现值也就越大。( )

8. 某企业正在讨论更新现有的生产线,有两种备选方案:A方案的净现值为200万元,内含报酬率为10%;B方案的净现值为100万元,内含报酬率为15%。据此可以认定A方案较好。( )

四、计算分析题

1. 某企业拟建造一项生产设备。预计建设期为1年,所需原始投资200万元于建设起点一次投入。该设备预计使用寿命为5年,使用期满报废清理时无残值。该设备折旧方法采用直线法。该设备投产后每年增加净利润60万元。假定适用的行业基准折现率为10%。要求:

(1) 计算项目计算期内各年净现金流量。

(2) 计算项目净现值,并评价其财务可行性。

2. B 公司有一投资项目,初始投资 250 万元,其中:设备投资 220 万元,开办费 6 万元,垫支流动资金 24 万元。该项目建设期为 1 年,建设期资本化利息 10 万元。设备投资和开办费于建设起点投入,流动资金于设备投产日垫支。该项目使用期为 5 年,按直线法折旧,预计残值为 10 万元;开办费于投产后分 3 年摊销。预计项目投产后第 1 年可获净利 60 万元,以后每年递增 5 万元。该公司要求的最低报酬率为 10%。要求:

(1) 计算该项目各年现金净流量;

(2) 计算该项目净现值。

3. 某项目初始投资 1 000 万元,项目有效期 8 年,第 1 年、第 2 年末现金流量为 0,第 3 年至第 8 年末现金流量为 280 万元,假设贴现率为 8%,求该项目的下列指标:(1) 净现值;(2) 现值指数;(3) 投资回收期。((P/A.8%·8)=5·7 466,(P/A.8%·2)=1·7 833)

4. 某投资项目初始投资在建设起点(第 0 年)一次投入,当年完工并投产。投产后每年税后净利相等,按直线法折旧,项目有效期为 10 年。已知项目投资回收期为 4 年,求项目的内部收益率。

第七章　证券投资管理

【学习要点】本章介绍企业参与证券市场投资的相关知识，需掌握下列要点：
(1) 证券投资种类、途径和目的；
(2) 债券投资收益、价值和决策；
(3) 股票投资收益、价值和决策；
(4) 投资基金的运作方式及特点；
(5) 基金投资价值与收益率。

【主旨语】差若毫厘，谬以千里。　　——《礼记》

第一节　证券投资概述

一、证券投资的种类

作为企业投资行为中的一种，证券投资是企业运用持有资金买卖有价证券达到获取收益等目的的行为。证券投资属于间接投资，投资的资金转移到融资方手中，然后投入到生产经营活动中使用。一笔证券投资尚未收回之前，投资方拥有的是有价证券等金融性资产。

证券是由筹资者发行，票面载有一定金额，代表所有权或债权的凭证。证券按其发行主体的不同，可分为政府债券、金融债券、企业债券和企业股票。与此相联系，证券投资可分为政府债券投资、金融债券投资、企业债券投资及企业股票投资四种主要类型。

（一）政府债券投资

政府债券是由中央政府或地方政府为筹集资金而发行的证券，主要包括国家债券和地方政府债券两种。企业投资于政府债券，其特点是投资收益固定并免收所得税、流通性强、作为抵押时的价值高、交易成本低，且以政府信誉作担保而风险小。政府债券是企业进行证券投资的单项或组合选择之一。

（二）金融债券投资

金融债券是由银行和非银行金融机构为筹集资金而向投资者发行的借债凭证。企业对金融债券的投资，所承担的信用风险与所能获得的收益水平均介于政府债券与公司债券之间。此外它具有很高的投资便利条件,这是因为金融债券的发行和兑付不需要通过证券中介机构,通常是直接利用自身的机构网点进行,如果是通过企业的开户银行办理,则企业对该项投资显然会更加方便快捷。

(三) 企业债券投资

企业债券又称公司债券,是工商企业为筹集资金对外举债而发行的债务凭证。企业债券投资就是企业将资金用于购买其他企业发行的债券的行为。其特点是投资收益率与风险性均高于政府债券和金融债券,因为企业债券的还款能力取决于企业的经营状况,如果企业经营不善或发债融资的资金使用出了问题,投资者就会面临利息乃至本金受损的风险。也正因为如此,与风险相匹配的收益也较高。此外,企业债券的类别、品种等可选择性多于政府债券和金融债券,部分企业债券如可转换债券,筹资发行方与投资持有方之间可以相互给予一定的选择权。

(四) 企业股票投资

股票投资是指企业通过购买股票或股份的方式对外投资的行为。相对于上述三类债权性的债券投资而言,股票投资是股权性投资。股票投资人作为权益所有者,有权参与被投资企业的经营管理和按所占股份分享利润。但当被投资人发生经营亏损时,投资人需以出资额为限承担其损失。所以,股票投资是证券投资中最具挑战性的项目,其收益和风险相对都很高。

二、企业证券投资途径

企业参与证券市场投资具有广泛的领域,它可以成为政府债券、金融债券和任何一家上市公司或非上市公司所发行的股票或债券的投资者。相对于个人投资者而言,企业是法人投资者,并且在二级市场中与其他法人投资者一并称为机构投资者。企业证券投资的途径主要有以下三种。

1. 一级市场股票申购和债券认购

企业可以参与一级市场上新股发行的申购,也可以直接购买某个发行主体所发行的债券。通常新发行证券并非一定是在有组织的交易所内进行的,但股票和企业债券的公开发行必须委托证券经营机构承销。

2. 二级市场收购上市公司股票

我国上市公司的股票已逐步实现全流通,企业在二级市场上进行的股权投资较多的不是出于获利目的,而是为了收购上市公司,或者取得对这类公司某种程度的控制权,这与个人投资者的投资或投机目的截然不同。企业若出于收购目的进行投资购买,一般数量很大,会引起二级市场上目标公司的股价发生较大的变动。按照我国《证券法》的有关规定,公司收购的相关信息必须及时公告。此外,企业亦可在二级市场上以获利为目的投资买卖上市交易的股票或债券。

3. 以委托投资理财方式间接参与证券市场

企业自身投入二级市场进行证券投资特别是股票投资时,其风险性很大。也可能是受限于投资技巧、实战经验和投资人才的不足,或者出于资金安全方面的考虑,可以用购买投资基金的方式将资金委托给专业投资机构进行管理,利用专业投资机构的规模化、专业化优势来相对降低投资风险并获得相对稳定的收益。

三、企业证券投资目的

证券投资是企业对外投资的重要组成部分,如果企业采取稳健型的投资策略,主要以债券投资为主,则在风险较小的状态下至少可以获得超过银行存款的收益;如果企业采取进取型的投资策略,主要以投资于股票等为主,则可能获得更大的收益,也可能会承受很大的损失。就整体而言,投资人的投资总是出于利己的动机而具有目的性的。只是由于企业进行证券投资要受到各种因素的影响,其用于投资的资金来源、资金可自由支配的闲置时间、承担风险损失的能力以及企业发展战略需要的不同等,具体的投资目的不能一概而论。综合各种客观情况,企业进行证券投资主要出于以下目的。

1. 提高资金使用效率

企业取得资金并不是为了表明它占有多少社会资源,而是要利用这些资源为生产经营服务,创造更大的价值,实现企业目标。在企业经营过程中,资金的暂时闲置总会发生,通过投资,对这些暂时闲置的资金加以合理利用,可以提高资金的整体有效性,获得更大利益。

2. 实现规模经营效应

只有企业经营规模达到一定的规模经济程度,企业才能实现经营效率最高、生产成本最低、竞争能力最强的规模效应。企业规模扩展有两条途径,一是内部积累转化成对内追加投资,二是对外投资扩张的资本经营活动。相对而言,前者是一种渐进扩展,后者是一种突进扩展,当今世界上许多著名的大公司依靠后者才有了今天的规模。企业通过投资、购买目标企业的股票、实现对目标公司的并购,是迅速扩大企业规模、实现规模经营效应的重要方式。

3. 满足其他财务动机

企业可将有价证券视为现金的替代品或等价物,将资金主要投放在变现容易的有价证券上,达到暂时存放闲置资金、预防银行信用短缺、调节季节性或临时性的资金余缺需求的目的。或者通过证券投资,开拓新的经营领域,实现多元化经营,达到分散经营风险与财务风险的目的。还可以通过较大规模的证券投资,成为其他企业的重要股东,达到控制对方企业或对其施加影响,为企业自身经营创造有利条件的目的。投资目的的不同,表现为对投资品种选择、投资组合方式、投资循环时间等的不同安排。

【知识链接】 华尔街

华尔街是位于纽约市曼哈顿区南部从百老汇路延伸到东河的一条街道,全长1/3英里,宽11米,是英文"墙街"的音译。

1792年5月17日,24名经纪人在一家咖啡馆门前的梧桐树下,签订了《梧桐树协议》,纽约证券交易所由此诞生。华尔街以美国的金融中心闻名于世。美国摩根集团、洛克菲勒石油大王和杜邦财团等开设的银行、保险、航运、铁路等公司的经理处均集中在这里。

四、证券估值与决策要点

证券投资最一般的动机是获取证券投资收益。按照投资人的某种标准,寻找价值被市场低估的证券投资购买,以期获得满意的收益,这是证券投资公认的道理。所以,证券自身价值为多少成为证券投资选择首先需要知道的事,如果盲目地投资于已被市场高估的证券,那么第一步就失去了先机。

证券投资的价值等于其未来预期现金流量的现值。价值多少是三个因素共同作用的结果,并统一于一个基本的估值模型中。这三个因素是:①预期未来现金流量的大小与时间;②未来现金流量的风险;③投资人所要求的收益率。前两项是证券内在的特征,其中第二项现金流量风险可以体现于对各期现金流量的谨慎预期上,第三项是投资人希望达到的最低收益标准。事实上,第二项现金流量风险大小通常是通过调节这一标准来体现的。

证券估值的基本模型即它的数学表达式为

$$V = \sum_{t=1}^{n} \frac{NCF_t}{(1+i)^t}$$

其中,V 为证券的内在价值;NCF_t 为第 t 期收到的现金净流量;i 为投资者要求的收益率;n 为现金净流量发生的期限。

根据估值模型,企业证券投资估值与决策的程序化要点如下。

（1）估计该项证券未来各期现金净流量的数额。

（2）根据投资企业对该项证券投资未来现金流量和风险的预期以及对风险的态度，确定证券投资所要求的最低收益率。

（3）用投资企业要求的最低收益率把未来预期现金净流量折合成现值之和，得出证券的内在价值。

（4）将证券的内在价值对比证券的市场价格，得出是否值得购买的结论，进而决定投资的具体行动。

第二节　债券投资管理

一、债券投资收益与决策

（一）债券投资收益

债券投资收益来自于两个部分：一是债券固定的利息收入，二是市场买卖中赚取的差价。投资债券的收益水平通常用债券收益率表示，它是投资收益与投资本金之比。由于投资购买价格和持有时间的不同，有四种不同的收益指标。

1. 票面收益率

票面收益率又称名义收益率或息票率，是印制在债券票面上的固定利率，即年利息收入与债券面额的比率。面额相同的债券，票面注明的利率高，利息收入自然就高；反之亦然。票面收益率是企业投资于债券最为直观的收益指标，企业若将按面额发行的债券投资购入并持有至期满，则所获得的投资收益率与票面利率是一致的。其计算公式为

$$票面收益率 = \frac{债券年利息}{债券面值} \times 100\%$$

票面收益率只适用于投资人按票面金额买入债券并持有至期满再按票面收回本金的情况，它没有反映债券发行价格与票面金额不一致的可能，也没有考虑中途卖出债券的可能，限制了票面收益率的使用。

2. 直接收益率

直接收益率又称现行收益率或即期收益率，是投资人实际支出的价款与实际利息收入之间的比率。其中实际支出的价款即投资人的单位买入价，可以是发行价格，也可以是流通市场的交易价格，它可能等于债券面额，也可能高于或低于债券面额。其计算公式为

$$直接收益率 = \frac{票面面额 \times 票面利率}{实际购买债券价格} \times 100\%$$

用直接收益率反映投资成本带来的收益比票面收益率有较大改进,但仍有缺点。主要是它忽略了资本损益,既没有计算投资人买入价格与持有债券到期满按面额偿还本金的差额,也没有反映买入价格与到期前出售或赎回价格之间的差额。所以,当存在上述情况时,直接收益率不能反映投资人的实际收益水平。

3. 持有期间收益率

持有期间收益率是指购入债券后持有一段时间,在债券到期前将其出售而得到的收益率。债券的类型不同,持有期间的收益也就不同,包括两种主要类型:一种是分期付息的债券,其收益包括持有期间的利息收入和资本损益;二是到期一次还本付息的债券和零息债券,其收益只有资本损益即买卖差价。若将两种类型债券的持有期间收益率用同一指标来表达,则其计算公式为

$$持有期间收益率 = \frac{债券年利息 + (债券卖出价 - 债券买入价) \div 持有年限}{债券买入价}$$

【例 7-1】 腾龙公司于 2009 年 3 月 1 日以 1 140 元的价格购得面额 1 000 元(数量从略)、票面利率为 8%、每年 3 月 1 日支付一次利息的 5 年期公司债券,腾龙公司持有到 2012 年 6 月 1 日,以每张债券 1 168 元的价格悉数全部卖出,则该债券的持有期间收益率为

$$持有期间收益率 = \frac{1\ 000 \times 8\% + (1\ 168 - 1\ 140) \div 3.25}{1\ 140} \times 100\%$$
$$= 7.77\%$$

如果是到期一次还本付息的债券和零息债券,则债券在持有期中没有利息,上式中的债券年利息项为 0,或者理解为其原本就应该得到的利息隐含在卖出价格中。假设将上例改为到期一次还本付息,其他条件不变,卖出价为 1 400 元,则其持有期间收益率为

$$(1\ 400 - 1\ 140) \div 3.25 / 1\ 140 \times 100\% = 7.02\%$$

4. 到期收益率

到期收益率又称最终收益率,是指从债券发行认购日至最终到期偿还日止,投资者获得的实际收益率。债券到期通常都按面额偿还本金,所以,随着到期日的临近,债券的市场价格越来越接近面额。也正因为如此,购入时若为平价购入,则持有至到期日的到期收益率就等于票面收益率;购入时若为溢价购入,则到期收益率小于票面收益率;购入时若为折价购入,则到期收益率大于票面收益率。到期收益率的计算公式为

$$到期收益率 = \frac{(到期收回的本利和 - 认购价格) \div 偿还年限}{认购价格} \times 100\%$$

$$= \frac{\text{年利息} + (\text{面额} - \text{认购价格}) \div \text{偿还年限}}{\text{认购价格}} \times 100\%$$

【例 7-2】 一张面额为 1 000 元的债券,票面利率为 10%,期限为 2 年,发行价格为 960 元,债券购买者在到期时可获利息 200 元(单利),则到期收益率为

$$(1\ 200 - 960) \div 2 / 960 \times 100\% = 12.5\%$$

若分年付息(单利或复利相同),年利息为 100 元,则计算到期收益率与上相同。例 7-2 是在折价发行的情况下,收益率大于票面利率的例子;而在溢价发行的情况下则相反。

(二)以收益率为标准的债券投资决策

1. 无限制性条件下的基本选择

企业债券投资决策可依据前面所计算的各类实际收益率为标准,对比企业所要求的必要收益率,便可做出相关决策。以单个债券投资决策而言,如果按该债券的各相关计量要素计算的收益率高于企业可接受的最低收益率,便可进行投资;反之则不能进行投资。以多个债券投资决策而言,在风险大小相同的条件下,则应从超过必要收益率的诸多债券中选择单个或组合收益率最大的进行投资。

2. 考虑限制性条件下的综合选择

在债券投资决策中,一项具体的投资行动往往是考虑多种因素的综合结果,择其主要因素列举如下。

(1) 债券的信誉。即发行方的资信状况,反映债券的安全级别。

(2) 企业可用资金的期限。债券收益率与期限成正比,期限越长则收益相对越高,但企业不能不考虑资金需保持一定流动性的需要。

(3) 债券投资品种结构。集中投资一种债券,要么风险大、收益大;要么风险小、收益小。难以实现风险与收益的最佳配比,所以仅凭收益率最大就倾其全部资金投资于单一债券并不一定是最优选择。

二、债券投资价值与决策

企业进行债券投资除了可以以其收益率为标准进行决策之外,也可以通过计算其内在价值的方式,将其内在价值与投资购买成本作比较,看其是否在满足市场利率即企业投资机会成本的前提下,仍然具有投资价值,从而为债券投资决策提供依据。

(一)标准型债券的投资价值与决策

标准型债券是指按年付息的债券,由于每年计付利息,无论在票面上注明是

按复利计息还是按单利计息,其计付利息的数额是一致的,因此不用考虑其计息方式。计算标准型债券的投资价值其实就是计算这种债券的内在价值或理论发行价格,计算公式为

$$P = \sum_{t=1}^{n} \frac{I}{(1+i)^t} + \frac{M}{(1+i)^n}$$

或

$$P = I(P/A,i,n) + M(P/F,i,n)$$

其中,P 为债券价值;I 为每年的利息(可表示为债券面额与票面利率的乘积 $M \times r$,其中 r 为票面利率);M 为债券面额;i 为市场利率或投资人要求的必要收益率;n 为计付利息期数。

【例 7-3】 某债券面值为 1 000 元,票面利率为 10%,期限为 5 年,分年计付利息,某企业拟对这种债券进行投资,当前的市场利率为 12%,问债券价格为多少时才能进行投资。

代入上述公式可得

$$P = [1\,000 \times 10\% \times (P/A,12\%,5) + 1\,000 \times (P/F,12\%,5)] 元$$
$$= (100 \times 3.605 + 1\,000 \times 0.567) 元 = 927.5 元$$

由计算可知,若想获得市场利率水平的收益,这一债券的买入市价应低于或等于 927.5 元。所以,在没有其他限制性条件下,企业只需以此比照其实际投资价格,便可作出是否对这一债券进行投资的正确决策。

(二)利随本清的债券投资价值与决策

在证券市场的实践领域,很多债券属于到期一次还本付息,即利随本清的类型。我国发行的这类债券一般使用单利计息,当然也可以使用复利计息。在利随本清的情况下,不同计息方式下的债券价值是不同的,其计算公式如下。

单利计息到期一次还本付息的为

$$P = \frac{M + Mrn}{(1+i)^n} = M(1+rn)(P/F,i,n)$$

复利计息到期一次还本付息的为

$$P = \frac{M(1+r)^n}{(1+i)^n} = M(F/P,r,n)(P/F,i,n)$$

上述两个公式中符号含义同前式。

仍用例 7-3,假定将分年付息改为到期一次还本付息,计算其按单利计息或复利计息方式下的债券内在价值分别为

$$P = \frac{1\,000 + 1\,000 \times 10\% \times 5}{(1+12\%)^5} 元$$
$$= 1\,500 \times 0.567\,4 元$$

$$= 851.10 \text{ 元} \quad (\text{单利计息})$$

$$P = \frac{1\,000 \times (1+10\%)^5}{(1+12\%)^5} \text{ 元}$$

$$= 1\,000 \times 1.610\,5 \times 0.567\,4 \text{ 元}$$

$$= 913.80 \text{ 元} \quad (\text{复利计息})$$

若想保证获得市场利率水平的收益,债券约定单利计息时,价格必须低于或等于851.10元才能进行投资;约定复利计息时,债券价格必须低于或等于913.80元才能进行投资。

(三) 零息债券的投资价值与决策

零息债券又称纯贴现债券,是指发行方承诺在未来某一确定日期按面额单笔支付的债券。零息债券没有票面利率,持有人在到期前一无所获。投资这种债券的投资收益来自于以贴现发行的低价购买与按面额收回的差额。这种债券的内在价值是从确定标准型债券的一般公式中截下的"面额现值"部分计算的,其公式为

$$P = \frac{M}{(1+i)^n} = M \times (P/F, i, n)$$

【例 7-4】 假设 A 公司发行了面额为 1 000 元的 8 年期零息债券,U 企业拟投资该债券,但要求获得的必要收益率不低于 8%,其投资决策该如何。

$$P = \frac{1\,000}{(1+8\%)^8} \text{ 元} = 1\,000 \times 0.540\,3 \text{ 元} = 540.30 \text{ 元}$$

若 U 企业能以 540.30 元的价格购买该债券,8 年后收回 1 000 元,则可获得 8% 的年回报率。当然若购买价高于这一价格,则不能获得预期回报,因而不愿投资;若购买价低于这一价格,则可获得超过 8% 的回报,当然愿意投资。

三、债券投资的优缺点

企业进行债券投资的优点主要有如下几点。

(1) 本金安全性高。与股票投资相比,债券投资的风险较低。如中央政府发行的国库券被视为无风险债券,其本金的安全性没有问题;企业债券的持有者拥有优先求偿权,即当发行债券的企业破产时,优先于股东分得企业资产,发生本金损失的概率很小。

(2) 收益稳定性强。债券是一种固定收益凭证,债券持有人不承担企业亏损责任,债券发行人有按票面利率按时支付利息的法定契约义务。因此,投资于债券能获得稳定的投资收益。

(3) 市场流动性好。政府及大企业发行的债券一般都可以在金融市场迅速

卖出或抵押套现,流动性较好,不受损失的变现能力较强。

企业进行债券投资,也存在以下缺点。

(1) 有购买力风险。债券的面额和票面利率在发行时就已确定,如果投资期间的通货膨胀率较高,则本金和利息的购买力将不同程度地受到侵蚀;如果通货膨胀率高于票面利率,则企业名义上有投资收益,实际上是投资损失。

(2) 无经营管理权。债券投资只是获得收益的一种手段,无权参与被投资企业的经营管理,也无权对被投资企业施加影响或控制。当然,这也是企业债权债务关系处理上的一种妥善合理安排。

第三节 股票投资管理

一、股票投资价值与决策

企业进行股票投资必须首先知道所投资某种股票的投资价值,也称为内在价值或理论价值。拿这种价值与现行市价比较,就可以初步确定该股票是否值得投资。根据证券估价基本模型和股票的特点,股票投资价值应考虑预期股利和股价增长两类现金流量的价值,进而作出相关投资决策。

1. 拟长期持有、股利固定不变的股票投资价值与决策

某些股票,每年的股利额是固定的,如优先股及采用固定股利政策的普通股。如果企业打算投资于这类股票并长久地持有,则进行投资的企业只能获得定期的股利,将未来各期的股利折合成现值,即为股票的投资价值,其计算公式为

$$V = \sum_{t=1}^{n} \frac{D_t}{(1+R_s)^t}$$

其中,V 为股票的内在价值;D_t 为第 t 年的股利;R_s 为市场利率或企业预期收益率。

由于 $D_1 = D_2 = D_3 = \cdots = D_n$ 且长期持有,即 $n \to \infty$,可得

$$V = \frac{D}{R_s}$$

上式是将每期发放的股利看成永续年金,用永续年金求现值的方法计算其投资价值。

【例 7-5】 市场上某一股票的售价为 7.8 元,每一股每年发放 0.9 元的固定股利,某公司拟购买该股票,公司的预期收益率为 12%,是否投资购买?

$$V = 0.9 \text{元} / 0.12 = 7.50 \text{元}$$

因售价 7.8 元高于投资价值 7.5 元,公司不应投资购买该股票。

2. 拟长期持有、股利固定增长的股票投资价值与决策

这类股票是成长型的普通股股票,每年发放的股利是增长的,假定这种增长沿一个固定增长率 g 连续下去,并且满足固定增长率 g 小于企业预期收益率 R_s,则股票投资价值为

$$V = \frac{D_0(1+g)}{R_s - g} = \frac{D_1}{R_s - g}$$

其中,D_0 为第 0 年每股股利;D_1 为第 1 年每股股利。

上式的原式及推导过程如下。

$$V = \frac{D_0(1+g)}{1+R_s} + \frac{D_0(1+g)^2}{(1+R_s)^2} + \cdots + \frac{D_0(1+g)^n}{(1+R_s)^n}$$

将上式两端同乘以 $\frac{1+R_s}{1+g}$,得

$$V\frac{1+R_s}{1+g} = D_0 + \frac{D_0(1+g)}{(1+R_s)} + \frac{D_0(1+g)^2}{(1+R_s)^2} + \cdots + \frac{D_0(1+g)^{n-1}}{(1+R_s)^{n-1}}$$

用下式减去上式得

$$V\frac{1+R_s}{1+g} - V = D_0 - \frac{D_0(1+g)^n}{(1+R_s)^n}$$

当 $R_s > g$ 时,$n \to \infty$,$\frac{D_0(1+g)^n}{(1+R_s)^n} \to 0$,则有

$$V\frac{1+R_s-1-g}{1+g} = D_0$$

可得

$$V = \frac{D_0(1+g)}{R_s - g} = \frac{D_1}{R_s - g}$$

【例 7-6】 某公司的普通股每股股利为 0.9 元,估计年股利增长率为 5%,打算进行该股投资的企业预期收益率达到 12% 才愿投资,该股票的投资价值应为

$$V = \frac{0.9 \times (1+5\%)}{12\% - 5\%} \text{元} = 13.5 \text{元}$$

如果企业投资该股票的预期收益率不低于 12%,则股票的购入价格就不得高于 13.5 元;否则就不宜进行这项投资。

应当明确的是,上述是以获取股息为主要目的的长期股票投资。如果股票每年发放的现金股利是无规律的,则无法用公式去计算其投资价值,最多只能以一种平均意义上的粗略估计为依据,强行化为固定股利形式去估价和进行决策选择。

3. 拟短期持有、未来出售的股票投资价值与决策

在股市中,各类投资人通常的做法是购入股票后,持有一段时间再将其转让出去,在这种情况下,股票的内在价值等于持股期间所得股利的现值加上最终转让该股票时转让价格的现值。

设 P 为 n 年后股票的转让价格,其他字母的含义与前式相同。其公式为

$$V = \sum_{t=1}^{n} \frac{D_t}{(1+R_s)^t} + \frac{P}{(1+R_s)^n} = \sum_{t=1}^{n} D_t(P/F, R_s, t) + P(P/F, R_s, n)$$

【例 7-7】 腾龙公司考虑于 2004 年 6 月初购入 A 股票,该股票预计在 2005 年、2006 年、2007 年的每年 5 月末每股可分别获得现金股利 0.6 元、0.7 元和 0.9 元,并预计在 2007 年可以每股 8 元的价格卖出该股票。公司要求的投资收益率为 15%,则 A 股票的投资价值为多少?

$$V = [0.6 \times (P/F, 15\%, 1) + 0.7 \times (P/F, 15\%, 2)$$
$$+ (0.9+8) \times (P/F, 15\%, 3)] 元$$
$$= (0.6 \times 0.8696 + 0.7 \times 0.7561 + 8.9 \times 0.6576) 元$$
$$= 6.90 元$$

二、股票投资收益与决策

股票投资所获得的财务收益主要有两类。一类是股利收益,包括股息与红利。股息表现为一种固定的收益,通常特指优先股股东按股票面额的一个固定股息率所获得的投资报酬;而红利则表现为一种非固定的收益,专指普通股股东对净利润按某一股利支付率计算所获得的投资报酬。另一类是转让股票的价差收益,称为资本利得。这类收益在股票二级市场表现得最为充分,投资人低买高卖,即称其获得了资本利得;反之,卖价低于买价,则称其发生了资本损失。

如果企业投资于股票主要以获得股利为目的,那么会十分重视发行股票公司的获利能力,而股票的市价则被认为无关轻重;如果主要以追逐差价利润为目的,那么会高度关注股票市场供求关系以及价位高低的分析,至于这种股票有无股利乃至有无利润并不在意。一般认为,低进高出的利润,远高于股利。某一时点市场上所有股票的价格,无论是高价股还是低价股,都是参与市场的买卖双方反复博弈的均衡结果,因而无所谓好股票与差股票之分,所投资的股票并不限于业绩优良的股票。总体而言,股利收益与资本利得并重是较为稳妥的股票投资策略。

股票投资的目的不同,度量投资收益的指标也就不同。

1. 短线投机、频繁买卖时的股票投资收益率

如果投资人在一段时间频繁操作,在股市中作短线投机买卖,就很难用单次

投资收益或年收益来计算股票收益率,而只能以特定期间一个综合性的总价值升降来表示其损益,进而计算其收益率。这里有两点要加以说明。一是其收益主要为价差收益,也容纳股利收益。因为股市中某一股票分派现金红利的股权登记日和红利到账日仅相隔一个交易日。投资人多次买卖中不排除有意或无意地在股权登记日买入了含权股票。二是其总价值为该投资人投资账户上的存留资金和全部股票的市值之和。投资人的投资账户上通常总有一定的资金余额,这在所谓的满仓操作时也是如此;而股票市值则是其持有的所有股票数量与计算日的各对应收盘价乘积的总和,其中股票数量中主要是买入的数量,但也容纳所得到的红股(关于红股见第九章)。这种情形下的股票投资收益率为

$$股票投资收益率 = \frac{期末总价值 - 期初总价值}{期初总价值} \times 100\%$$

上述股票收益率的计算并不复杂,在股市中,投资人的账户上清晰地反映着这种收益率及其要素资料。这个简单的收益率是切合实际的、投资人最常用的收益率。不过,这一收益率仅反映过去一个期间的收益状况,股票市值会在下一个交易日开始就时刻变化着,当投资人没有清盘离开股市时,很难说未来的损益会怎样。同时,这一指标并未考虑投资资金的时间价值因素,例如,年资本成本率为8%,投资账户在一年中总价值升值了6%,事实上的结果是不赚反赔的。所以,上述公式中的分子项给出的是直观的、账面的收益,可称为股票投资账面名义收益,只有将这一收益扣除投资资金的财务成本,才是实质性的收益。上述公式可修正为

$$股票投资收益率 = \frac{期末总价值 - 期初总价值 - 期初总价值的财务成本}{期初总价值} \times 100\%$$

理论上,修正公式更符合事实,但实践中人们所谈论和常用的仍然是第一个公式。

2. 长期投资、股利固定的股票投资收益率

长期持有的优先股或股利固定的普通股,其投资收益率表达式可从其估价公式中变换而来,只需将当前的市场价格 P 替代 V,求出公式中的 R_s,即为预期投资收益率。其公式为

$$R_s = \frac{D}{P}$$

【例 7-8】 某一优先股目前的市价为 12 元,每年每股支付固定股利 1.08 元,预期投资该优先股的收益率为多少?

优先股的收益率为

$$R_s = \frac{1.08}{12} = 9\%$$

3. 股利固定增长的股票投资收益率

同样道理,将股利固定增长的股票估价公式予以变换,即可得到其预期投资收益率计算公式,即

$$R_s = \frac{D_1}{P} + g$$

上式充分反映了普通股的收益率来源于两方面,一是期望股利收益率 $\frac{D_1}{P}$,二是资本利得收益 g 。

【例7 9】 某一普通股市价为28元,上年发放每股股利2元,预计股利年增长率为5%,投资该股票的预期收益率为多少?

股票的预期收益率为

$$R_s = \frac{2 \times (1+5\%)}{28} + 5\% = 12.5\%$$

与债券投资收益率及其决策思路相类似,若无其他限制性条件,则只要股票预期投资收益率高于投资者要求的最低收益率,企业就可以投资这种股票。

【技能指引】 融资融券

融资融券又称为"证券信用交易",是指投资者向具有证券交易所会员资格的证券公司提供担保物,借入资金买入本所上市证券或借入本所上市证券并卖出的行为。包括券商对投资者的融资、融券和金融机构对券商的融资、融券。

这里的融资是借钱买证券,证券公司借款给客户购买证券,客户到期偿还本息,客户向证券公司融资买进证券称为"买空";而融券则是借证券来卖,然后以证券归还,证券公司出借证券给客户出售,客户到期返还相同种类和数量的证券并支付利息,客户向证券公司融券卖出称为"卖空"。

三、股票投资的优缺点

股票投资是一种具有挑战性的投资,其收益和风险都很大,股票投资的优点主要有如下几点。

(1) 能够博取高收益的投资。普通股股票的价格虽然变动频繁,但从长期看,选择成长性强的优质股票所能带来的收益非常优厚。在世界亿万富翁的行列中,通过股票投资获得巨额财富的不乏其人。当然,投资股票也要承担相应的资本损失风险。

(2) 能适当降低购买力风险。如果存在高通货膨胀率,则投资于固定收益证券的收益会大打折扣。如果是股票投资,则由于物价普遍上涨,股份公司盈利增加,股利的支付也会随之而增加,从而产生抵消效应,可有效降低货币贬值损失。

(3) 具有相应的股东权利。普通股股东是股份公司的所有者,可参与企业经营管理等法定权利。当拥有的股份达到一定比例时,也就相应拥有了一定的经营控制权。因此,欲控制一家企业,可通过收购这家企业股票的方式来达到目的。

股票投资的缺点主要是投资风险大,具体反映在下列方面。

(1) 求偿权居后。普通股对企业盈利和资产的求偿权均居于最后。特别是企业破产时,股东的投资可能得不到全额补偿,甚至全部丧失。

(2) 价格不稳定。股票的市场价格受众多因素综合影响,涨跌变化很大。政治因素、经济因素、投资群体素质、公司业绩变化、财务状况变化等,都会影响股票价格,产生很大的不稳定性。

(3) 股利不确定。普通股股利的多少,视企业经营状况和财务状况而定。根据盈利和可分配现金的情况,通行"多则多分、少则少分、无则不分"的原则与精神,使其股利的有、无、多、寡并无确定保障。

第四节 基金投资管理

基金投资是以投资基金为运作对象的投资方式。企业或其他投资主体通过对投资基金的投资购买,以一种委托理财的方式间接参与证券市场。基金投资管理必须对投资基金有深入的了解。

一、投资基金的运作方式及特点

(一) 投资基金的运作方式

投资基金目前在国内的正式名称称为"证券投资基金",是由证券信托投资公司以发行受益凭证的形式,集中投资者的资金,然后委托专业的基金经理人负责投资运作,为众多投资人谋利的证券投资工具。在证券市场中,投资基金又简称为基金。

投资基金的称谓各不相同,美国称为共同基金或互惠基金(Mutual Funds),也称为投资公司;英国和我国香港特区称为单位信托基金(Unit Trusts)等。尽管称谓各异,但其组建框架及运作方式基本相同。图 7-1 所示就是对投资基金运作方式的基本概括。

投资基金的运作方式包括以下几方面的内容。

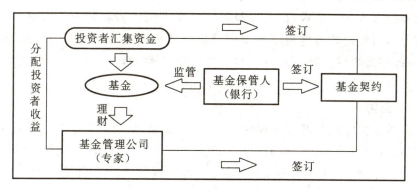

图 7-1 投资基金的运作方式

1. 投资者资金汇集成基金

由投资基金的发起人组织发起,通过向社会发行基金受益凭证或基金股份,将社会上众多投资者(机构投资者或个人投资者)的零散资金聚集成一定规模的数额,然后再设立基金。基金的每一份额称为"基金单位",它是确定投资者在某一投资基金中所持份额的尺度。

2. 基金资产委托基金保管公司负责保管

基金保管公司又称基金托管人(信托公司或商业银行),主要负责保管和处分基金资产,专款存储以防止基金资产被挪为他用。基金托管人还接受基金管理人的指令,负责基金的投资操作、处理证券交割和过户、办理基金分红及资金拨付等具体事项。

3. 基金委托给基金管理公司负责投资运作

基金管理公司又称基金经理人(专家及其团队),受托负责设计基金品种,制订基金投资计划,确定基金的投资目标和投资策略,并以基金的名义购买证券资产或其他资产,向基金保管人发出投资操作指令等。

4. 将基金所获得的投资收益分配给投资者

基金的投资者按照持有的基金单位分享基金的增值收益,当然也承担亏损的风险。

上述各个方面的运作均以基金契约方式建立信托协议或托管协议,认定各方的责任与权利,建立起利益共享、风险共担的集合投资方式。

(二) 投资基金的特点

1. 规模化

投资基金将众多投资者的大小不等的分散资金"集腋成裘"组成一个基金进行集合投资。一个投资者的资金十分有限,缺乏规模优势,不仅投资理论、素养和实战经验很难达到要求,而且少量资金花费大量人力和物力去考察上市公司或研究证券市场走势可能得不偿失。而投资基金聚集众多投资者的资金,组成大额投资,极具规模优势。大笔证券买卖可降低佣金比率,减少投资成本;调查和研究发现,好的投资对象相对经济有效,获利概率大大提高。

2. 专业化

投资基金由专业的基金管理公司来运作、管理,基金管理公司的管理人员由经验丰富、具有专业知识的专家组成,信息资料齐全,分析手段先进,管理水平远胜于单个投资者。所以,基金实行专家理财,投资者购买基金证券后,即可享受专业化服务和分享专业化投资成果。

3. 组合性

根据投资专家的统计研究,在股票投资中,要想通过构造投资组合,达到起码的分散风险的要求,至少要有10种以上的股票。然而,中小投资者通常无力做到这一点。证券投资基金通过汇集大量中小投资者的小额资金,就可以达到这一要求。投资者只要买了基金,就等于买了几十种或更多种的股票及债券、不动产等,使非系统风险大大降低,间接实现组合投资的目标。

4. 流动性

投资基金提供专门的柜台交易,或直接在证券交易所挂牌买卖。对投资者而言,基金投资不仅投资金额起点低,投资手续费用低,而且投资者买进基金后要想赎回变现十分便利,是一种转换灵活、资金流动性很强的投资。

二、投资基金的种类

(一) 根据投资基金组织形态分类

根据投资基金组织形态的不同,可分为契约型基金和公司型基金等两类。

1. 契约型基金

契约型基金也称信托型投资基金,它是依据信托契约通过发行受益凭证而组建的投资基金。该类基金一般由基金管理人(委托人)、基金保管人(受托人)及基金投资人(受益人)三方当事人订立信托契约。基金管理人可以作为基金的发起人,通过发行受益凭证将资金筹集起来组成信托财产,并依据信托契约,由基金保管人负责保管信托资产,具体办理证券、现金管理及有关的代理业务等。基金投资人即受益凭证的持有人,通过购买受益凭证,参与基金投资,享有投资受益等权益。

2. 公司型基金

公司型基金是按照《公司法》成立投资公司,通过发行基金股份组成的投资基金。公司型基金在组织形式上与股份有限公司类似,基金公司资产为投资者(股东)所有,由股东选举董事会,由董事会选聘基金管理人,基金管理人负责管理基金业务等。

契约型基金与公司型基金有许多不同之处,了解这些不同之处可以进一步认识这两类基金的特点。

第一,在有无信托财产的法人资格上不同。公司型基金具有法人资格,而契约型基金没有法人资格。

第二,信托财产运用依据不同。公司型基金依据公司章程的规定运用信托财产;契约型基金依据信托契约来运用信托财产。

第三,筹集基金使用的工具不同。公司型基金可以发行股票(基金股份)筹资,也可以发行债券筹资,还可以向银行借款;契约型基金一般仅发行受益凭证筹资。

第四,投资者的地位不同。公司型基金的投资人是公司股东,以股息形式获取收益,并可参加股东大会,行使股东权利;契约型基金的投资者购买受益凭证,是契约关系的当事人,即受益人,对资金的运用没有发言权。

(二)根据基金发行数量是否固定分类

根据基金发行数量是否固定,可分为封闭式基金和开放式基金等两类。

1. 封闭式基金

封闭式基金是指基金发行总额有限制,在初次发行达到了预定计划后,基金宣告成立并进行封闭,在封闭期内不再追加发行的一种基金。封闭式基金发行在外的基金券数量是固定的,投资者持有的基金券不能要求发行机构赎回,但可以在二级市场上流通转让。

2. 开放式基金

开放式基金是指基金发行总数和存续期无限定,发行者可以连续追加发行新的基金单位,投资者持有的基金券能要求发行机构赎回的一种基金。从基金流动的角度看,基金管理公司可回购基金股份或受益凭证,即赎回基金;投资者可退还基金、赎回现金。因此,开放式基金也称为可赎回基金。

开放式基金与封闭式基金的区别除了发行量是否固定以及是否有存续期限定之外,还有以下几点。

第一,基金交易方式不同。开放式基金可直接向基金发行机构赎回,采用柜台交易方式;封闭式基金采用证券交易所上市的方式,投资者必须通过二级市场(类似于股票交易)竞价买卖。

第二,基金券定价基础不同。开放式基金申购、赎回价格以每个交易日公布的基金单位资产净值加减一定的手续费计算,价格相对稳定,宜作长期投资;封闭式基金的买卖价格是由市场供求关系决定的,并不一定反映基金券的净资产价值,其价格波动大,具有投机性,容易被短线炒作。

第三,适合的市场条件不同。开放式基金的规模有伸缩性,比较适应于开放程度较高、规模较大的金融市场;封闭式基金的规模缺乏伸缩性,比较适应于开放程度较低且规模较小的金融市场。在我国,现实中已停止发行封闭式基金。

第四,存量资金的运用率不同。开放式基金随时面临赎回压力,需注重流动性和风险管理,基金额度不能全部投放出去,影响其投资成本和投资效益;封闭式基金无此后顾之忧,基金额度可充分利用,理论上资金运用率可达到百分之百。

(三) 投资基金的其他分类简介

无论是契约型基金还是公司型基金,或是开放式基金,还可按某种划分标准进一步分类。

(1) 按基金的投资目标,可划分为收入型基金、成长型基金、收入和成长型基金、积极成长型基金、新兴成长型基金、平衡型基金、特殊基金等。

(2) 按基金的投资对象,可划分为货币市场基金、债券基金、股票基金、黄金基金、创业基金等。

(3) 按基金的资金来源渠道,可划分为海外基金、国内基金、国家基金、国际基金等。

三、基金的投资价值与收益率

基金也是一种证券,企业进行证券投资包括选择基金进行投资,而选择基金进行投资必须考察投资基金的价值和收益水平,以便于企业作出相应的投资决策。对投资基金进行考察所依据的信息来源主要是公开的基金财务报告信息。

(一) 基金的投资价值

基金的投资价值一般用基金单位净值来表示,它是投资者可接受的、按公允价格计算的每一基金单位所包含的净资产值或资产净值。其计算公式为

$$基金单位净值 = \frac{基金资产总额 - 基金负债总额}{基金单位总数}$$

上式中的基金资产包括基金所持有的股票、债券和银行存款本息,其估值应遵守相应原则:①上市股票和债券按照计算日或最近一日的收市价格计算;②未上市的股票以成本价计算;③未上市国债及银行存款,以本金加计至估值日的应计利息额计算;④如遇特殊情况而无法或不宜以上述规定确定资产价值时,应依

照国家有关规定办理。总之,基金资产估值并非账面价值而是市场价值。上式中的基金负债除了以基金名义对外融资借款外,还包括应付投资者的分红、应付各项基金费用等。

从理论上讲,基金的价值决定了基金的价格,基金的交易价格就是以基金单位净值为基础的。封闭式基金在二级市场上竞价交易时,其交易价格围绕着基金单位净值上下波动;开放式基金的柜台交易价格则完全依据基金单位净值加减有关费用作为报价形式。其计算公式为

$$基金认购价 = 基金单位净值 + 认购费$$
$$= 基金单位净值 \times (1 + 认购费率)$$
$$基金赎回价 = 基金单位净值 - 赎回费$$
$$= 基金单位净值 \times (1 - 赎回费率)$$

基金认购价也就是基金公司的卖出价,卖出价中的认购费是投资者支付给基金经理公司的发行佣金;基金赎回价也就是基金经理公司的买入价,赎回价中的赎回费是投资者将基金变现的成本。一个从认购到赎回的投资全过程,投资者必须计算出自己的实际成本。如果短期内过于频繁地认购和赎回,势必加重成本负担。

(二)基金投资收益率

基金投资收益率又称基金投资回报率,它通过基金净资产的价值来衡量,用于反映基金投资的增值水平。基金净资产的价值是以市价计量的,基金资产的市场价值增加,意味着基金投资收益增加,基金投资者的权益也随之增加。基金投资收益率的计算公式为

$$基金投资收益率 = \frac{年末持有份数 \times 年末基金单位净值 - 年初持有份数 \times 年初基金单位净值}{年初持有份数 \times 年初基金单位净值}$$

上式中的持有份数是指基金单位的持有数量。如果没有红利再投资,则一笔投资的基金单位持有份数是不变的,即年末数与年初数相同,上式也就简化为基金单位净值在本年内的变化幅度。这时,年初的基金单位净值相当于基金投资本金,用年末净值减去年初净值为投资收益,投资收益与投资本金之比就是一种简便的基金投资收益率。

复习思考题

1. 解释下列名词术语:

证券投资　　债券票面收益率　　股票投资收益　　证券投资基金
契约型基金　　公司型基金　　　封闭式基金　　　开放式基金

基金投资价值
2. 简述证券投资种类。
3. 简述企业参与证券投资的途径。
4. 证券估值与决策的要点有哪几个方面？
5. 比较债券投资与股票投资各自的优缺点。
6. 简述投资基金的运作方式。
7. 契约型基金与公司型基金有哪些不同？
8. 封闭式基金与开放式基金的区别有哪些？

练 习 题

一、单项选择题

1. 下列各项中，属于证券投资系统风险的是(　　)。
   A. 利息率风险　　B. 违约风险　　B. 破产风险　　D. 流动性风险
2. 某公司拟发行面值为 1 000 元、不计复利、5 年后一次还本付息、票面利率为 10% 的债券。已知发行时资金市场利率为 12%，则该公司债券的发行价格为(　　)元。
   A. 851.10　　B. 907.84　　C. 931.35　　D. 993.44
3. 下列各项中，属于变动收益证券的是(　　)。
   A. 国库券　　B. 无息债券　　C. 普通股股票　　D. 优先股股票
4. 下列各项中，不能通过证券组合分散的风险是(　　)。
   A. 非系统风险　　B. 公司特别风险　　C. 可分散风险　　D. 市场风险
5. 企业进行短期投资时，应投资的证券是(　　)的证券。
   A. 风险低，变现能力差　　B. 风险低，变现能力强
   C. 风险高，变现能力差　　D. 风险高，变现能力强
6. 某公司发行的股票，预期报酬率为 10%，最近刚支付的股利为每股 1 元，估计股利年增长率为 4%，则该股票的价值为(　　)元。
   A. 17.33　　B. 10　　C. 25　　D. 16.67
7. 某公司股票的 β 系数为 1.5，无风险利率为 4%，市场上所有股票的平均收益率为 8%，则该公司股票的收益率应为(　　)。
   A. 4%　　B. 12%　　C. 8%　　D. 10%
8. 有一纯贴现债券，面值 1 000 元，5 年期。假设必要报酬率为 10%，其价值为(　　)元。
   A. 500　　B. 900　　C. 666.67　　D. 620.9

9. 某种股票当前的市价为40元,每股股利是2元,预期的股利增长率是5%,则其市场决定的预期收益率为( )。

A. 5%　　　　　B. 5.5%　　　　C. 1%　　　　D. 10.25%

二、多项选择题

1. 契约型基金又称单位信托基金,其当事人包括( )。

A. 受益人　　　B. 管理人　　　C. 托管人　　　D. 投资人

2. 在下列各项中,属于证券投资风险的有( )。

A. 违约风险　　B. 购买力风险　C. 流动性风险　D. 期限性风险

3. 与股票投资相比,债券投资的优点有( )。

A. 本金安全性好　　　　　　　B. 投资收益率高

C. 购买力风险低　　　　　　　D. 收益稳定性强

4. 投资基金的缺点有( )。

A. 具有专家理财优势

B. 无法获得很高的投资收益

C. 具有资金规模优势

D. 在大盘整体大幅度下跌的情况下,投资者要承担较大风险

5. 下列说法正确的是( )。

A. 普通股在通货膨胀时比其他固定收益证券能更好地避免购买力风险

B. 如果一项资产能在短期内按市价大量出售,则该种资产的流动性较好

C. 一项投资期限越长,投资者受到不确定因素的影响就越大,承担的风险就越大

D. 普通股同其他证券一样,存在着违约风险

6. 下列风险中,一般固定利率债券比浮动利率债券风险大的有( )。

A. 违约风险　　B. 利率风险　　C. 购买力风险　D. 变现力风险

7. 债券定价的基本原则包括( )。

A. 必要报酬率等于债券利率时,债券价值就是其面值

B. 必要报酬率高于债券利率时,债券价值高于其面值

C. 必要报酬率高于债券利率时,债券价值低于其面值

D. 必要报酬率低于债券利率时,债券价值高于其面值

8. 下列说法正确的是( )。

A. 股票价格由股票面值决定,二者不会分离

B. 对于上市交易的股票而言,价格主要由预期股利和当时的市场利率决定

C. 整个经济环境的变化和投资者心理也会对股价产生影响

D. 股价分为开盘价、收盘价、最高价和最低价,投资人在进行股票估价时主要使用最低价

9. 从证券市场可以看出,投资者要求的收益率取决于( )。

　　A. 系统风险　　　　　　　　B. 特有风险

　　C. 无风险利率　　　　　　　D. 市场风险补偿程度

10. 下列说法中正确的是( )。

　　A. 票面利率不能作为评价债券收益的标准

　　B. 对于票面利率相同的两种债券,付息方式不同,则债券收益水平也存在差别

　　C. 如果不考虑风险因素,债券价值大于市价时,买进该债券是合算的

　　D. 债券到期收益率是能够使得未来现金流入现值等于买入价格的贴现率

三、判断题

1. 投资基金的收益率是通过基金净资产的价值变化来衡量的。( )

2. 一般情况下,股票市场价格会随市场利率的上升而下降,随市场利率的下降而上升。( )

3. 国库券的利率是固定的,并且没有违约风险,因此也就没有利息率风险。( )

4. 如果不考虑影响股价的其他因素,零成长股票的价值与市场利率成正比,与预期股利成反比。( )

5. 在运用资本资产定价模型时,某资产的 β 系数小于零,说明该资产风险小于市场平均风险。( )

6. 当债券票面利率大于市场利率时,债券发行时的价格低于债券的面值。( )

7. 股票价格经常波动,然而正是股票价格的波动为股票投资者获取收益创造了条件。( )

8. 一种10年期的债券,票面利率为10%;另一种5年期的债券,票面利率亦为10%。两种债券其他方面没有区别。当市场利息率急剧上涨时,前一种债券价格下跌得更多。( )

9. 市盈率的倒数事实上就是股票投资收益率,市盈率不变,股票投资收益率亦不变。( )

10. β 系数用于衡量个别证券的市场风险而不是全部风险。( )

四、计算分析题

1. 甲企业计划利用一笔长期资金投资购买股票。现有 M 公司股票和 N 公司股票可供选择，甲企业只准备投资一家公司股票。已知 M 公司股票现行市价为每股 9 元，上年每股股利为 0.15 元，预计以后每年以 6% 的增长率增长。N 公司股票现行市价为每股 7 元，上年每股股利为 0.60 元，股利分配政策将一贯坚持固定股利政策。甲企业要求的投资必要报酬率为 8%。要求：

(1) 利用股票估价模型分别计算 M、N 公司股票投资价值；

(2) 代甲企业作出股票投资的决策。

2. 乙公司欲购买一家公司发行的每张面值为 100 元、票面利率为 6%、每年付息一次、到期还本、期限 10 年的债券，该债券已上市流通 2 年。要求：

(1) 计算该债券的内在价值（期望报酬率为 8%）；

(2) 若现行市价为 93 元，能否投资购买？

3. ABC 公司持有 A、B、C 三种股票构成的证券组合，它们目前的市价分别为 20 元/股、6 元/股和 4 元/股，它们的 β 系数分别为 2.1、1.0 和 0.5，它们在证券组合中所占的比例分别为 50%、40% 和 10%，上年的股利分别为 2 元/股、1 元/股和 0.5 元/股，预期持有 B、C 股票每年可分别获得稳定的股利，持有 A 股票每年获得的股利逐年增长率为 5%。设目前的市场收益率为 14%，无风险收益率为 10%。要求：

(1) 计算持有 A、B、C 三种股票投资组合的风险收益率；

(2) 若投资总额为 30 万元，计算风险收益额；

(3) 分别计算投资 A 股票、B 股票、C 股票的必要收益率；

(4) 计算投资组合的必要收益率。

4. 某公司持有 A、B、C 三种股票，在由上述股票组成的证券投资组合中，各股票所占的比重分别为 50%、30%、20%，其 β 系数分别为 2.0、1.0 和 0.5。市场收益率为 15%，无风险收益率为 10%。

A 股票当前每股市价为 12 元，刚收到上一年度派发的每股 1.2 元的现金股利，预计股利以后每年将增长 8%。要求计算：

(1) 该公司证券组合的 β 系数；

(2) 该公司证券组合的风险收益率；

(3) 该公司证券组合的必要投资收益率；

(4) 投资 A 股票的必要投资收益率。

5. 某公司 2012 年 1 月 1 日以 1 100 元的价格购入 A 公司新发行的面值为 1 000 元、票面年利率为 10%、每年 1 月 1 日支付一次利息的 5 年期债券。要求：

(1) 计算该项债券投资的直接收益率；

(2) 计算该项债券投资的到期收益率；

(3) 如果该公司于 2013 年 1 月 1 日以 1 150 元的价格卖出 A 公司债券，则计算该项投资的持有期收益率。

6. 甲投资者拟投资购买 A 公司的股票，A 公司去年支付的股利是 1 元/股，根据有关信息，投资者估计 A 公司股利增长率可达 10%，A 股票的 β 系数为 2，证券市场所有股票的平均报酬率为 15%，现行国库券利率为 8%。要求计算：

(1) 该股票的预期报酬率；

(2) 该股票的内在价值。

第八章 流动资金管理

【学习要点】本章介绍现金、应收账款及存货决策。需掌握下列要点：
(1) 最佳现金持有量的方法及现金收支预算；
(2) 应收账款信用政策的确定方法；
(3) 存货经济批量原理及其应用；
(4) 存货储存期控制法和 ABC 分类控制法。

【主旨语】精打细算，增收节支。　　——《理财学》

流动资金是指投放在流动资产上的资金，其主要项目是现金、应收账款和存货，它们占用了绝大部分的流动资金。流动资金有一个不断投入和收回的循环过程，这一过程没有终止的日期。这就使我们难以直接评价其投资的报酬率。因此，流动资金投资评价的基本要求是以最低的成本满足生产经营周转的需要。

第一节 现金管理

一、现金管理目标

现金是可以立即投入流通的交换媒介。它的首要特点是普遍的可接受性，可以有效地立即用来购买商品、货物、劳务或偿还债务。因此，现金是企业中流动性最强的资产。属于现金内容的项目，包括企业的库存现金、银行存款、其他货币资金。

企业置存现金的原因主要是满足交易性需要、预防性需要和投机性需要。

交易性需要是指满足日常业务的现金支付需要。企业经常得到收入，也经常发生支出，二者不可能同步同量。收入多于支出，形成现金置存；收入少于支出，需要借入现金。企业只有维持适当的现金余额才能使业务活动正常地进行下去。

预防性需要是指置存现金以防发生意外的支付。企业有时会出现料想不到的开支，现金流量的不确定性越大，预防性现金的数额也就越大；反之，企业现金流量的可预测性强，预防性现金数额则可小些。此外，预防性现金数额还与企业的借款能力有关，如果企业能够很容易地随时借到短期资金，则可以降低预防性现金数额；否则应扩大预防性现金数额。

投机性需要是指置存现金用于不寻常的购买机会。例如，遇有廉价原材料或其他资产供应的机会，便可用手头现金大量购入；在适当时机购入价格有利的股票和其他有价证券等。当然，除了金融公司和投资公司外，一般来讲，其他企业专为投机性需要而特殊置存现金的不多，遇到不寻常的购买机会，也常设法临时筹集资金。但拥有相当数额的现金，确实为突然的大批采购提供了方便。

企业缺乏必要的现金将不能应付各种需要，会使企业蒙受损失或丧失更多的盈利机会。但是，如果企业置存过量的现金，则会因这些资金不能投入周转，无法取得盈利而受损失。一般来说，流动性强的资产，其收益性较低，这意味着企业应尽可能少地置存现金，即使不将其投入本企业的经营周转，也应尽可能多地投资于能产生高收益的其他资产，避免资金闲置或用于低收益资产而带来的损失。这样，企业便面临现金不足和现金过量两方面的威胁。企业现金管理的目标就是要在资产的流动性和盈利性之间作出抉择，以获取最大的长期利润。

二、最佳现金持有量的确定

基于现金的交易、预防、投机三方面动机的需要，企业必须保持一定数量的现金余额。最佳现金持有量是企业在正常的生产经营情况下所保持现金的最低限额。下面介绍几种常用的确定最佳现金持有量的方法。

（一）成本分析模式

成本分析模式是根据企业持有现金的机会成本、管理成本和短缺成本来确定最佳现金持有量的方法。其计算公式为

$$现金总成本 = 机会成本 + 管理成本 + 短缺成本$$

机会成本是指因持有现金而丧失的再投资收益，一般可用企业投资收益率来表示。假设某企业的投资收益率为 10%，年平均持有现金为 50 万元，则该企业每年现金的机会成本为 5 万元（50 万元 × 10%）。机会成本与现金持有量正相关，即现金持有越多，机会成本越高。

管理成本是指企业为管理现金而发生的管理费用。如管理人员工资和安全措施费等。管理成本具有固定成本的性质，它与现金持有量之间无明显的比例关系。

短缺成本是指企业因现金短缺而遭受的损失。例如，不能按期支付购料款而造成的信用损失，不能按期缴纳税款而被罚滞纳金等。短缺成本随现金持有量的增加而下降，即与现金持有量负相关。

成本分析模式就是对以上三种不同的现金成本进行分析，找出三种成本之

和最低点时的现金持有量的方式。机会成本、管理成本、短缺成本和现金持有量之间的关系如图 8-1 所示。

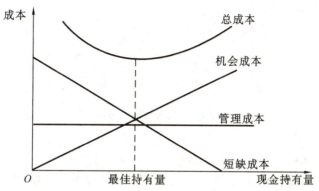

图 8-1 机会成本、管理成本、短缺成本和现金持有量之间的关系

【例 8-1】 某企业为寻求最佳现金持有量,现拟定四种现金持有方案,如表 8-1 所示。

表 8-1 现金持有方案　　　　　　　　　　　单位:元

	甲方案	乙方案	丙方案	丁方案
现金持有量	25 000	50 000	75 000	100 000
机会成本	3 750	7 500	11 250	15 000
管理成本	10 000	10 000	10 000	10 000
短缺成本	12 000	6 500	2 500	0
总成本	25 750	24 000	23 750	25 000

注:该企业的投资收益率为 15%。

由表 8-1 可知,四种方案中丙方案的总成本最低,因此,该企业的最佳现金持有量是 75 000 元。

成本分析模式适用范围广泛,尤其适用于现金收支波动较大的企业,但是持有现金的短缺成本较难准确预测。

(二)存货模式

存货模式是将现金看成企业的一种特殊存货,按照存货管理中的经济批量法原理确定企业现金最佳持有量的方法。这一模式最早是由美国经济学家 W. J. Baumol 于 1952 年首先提出的,故又称"鲍莫模型"。

采用存货模式测算最佳现金持有量是建立在下列假设基础上的:①企业未来年度的现金需求总量可以预测;②可通过出售短期有价证券来获得所需现金;③现金支出是均匀的,而且每当现金余额接近于零时,短期证券可随时转换为现金。存货模式如图 8-2 所示。

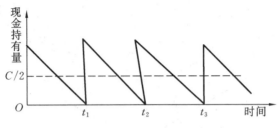

图 8-2 现金持有量与时间的关系

在图 8-2 中，企业现金支出在某一时期内是比较稳定的，C 为企业最高的现金持有量，在每隔时间 t 内，C 元现金被均匀地消耗掉，企业便可通过出售短期有价证券获得 C 元现金来补足，如此不断反复。

存货模式的目的是要计算出能使现金管理总成本最小的 C 值。在此模式中，现金管理总成本包括两个方面。

(1) 现金持有成本，是指持有现金所放弃的收益，即持有现金就不能获得有价证券的利息收益，又称机会成本，它与现金持有量正相关。

(2) 现金转换成本，是指现金与有价证券转换过程中所发生的交易成本，如经纪人佣金、税金和其他管理成本，一般只与交易的次数有关，而与现金持有量的多少无关。

如果现金持有量大，则持有成本较高，但由于减少了转换次数，所以转换成本可降低；反之，现金持有量小，则持有成本较低，但转换成本又会上升。最佳现金持有量就是使两种成本之和最低时的现金持有量。

假设 T_C 为现金管理总成本，C 为现金持有量，R 为短期有价证券的利率，F 为每次的转换成本，T 为一定时期的现金总需求量，则有

$$T_C = \frac{C}{2}R + \frac{T}{C}F$$

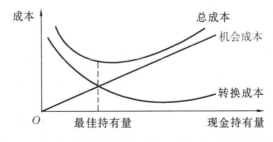

图 8-3 总成本、持有成本和转换成本与现金持有量的关系

总成本、持有成本和转换成本与现金持有量的关系如图 8-3 所示。

图 8-3 所示中,现金管理总成本与现金持有量呈 U 形曲线关系,可用导数的方法求出最小值。其计算公式为

$$最佳现金持有量 \ C^* = \sqrt{\frac{2T \cdot F}{R}}$$

【例 8-2】 某企业预计全年现金需要量为 16 000 元,现金与有价证券的转换成本为每次 50 元,有价证券的年利率为 10%,计算最佳现金持有量。

最佳现金持有量为

$$C^* = \sqrt{\frac{2 \times 16\,000 \times 50}{10\%}} \ 元 = 4\,000 \ 元$$

存货模式的优点是计算结果比较精确,但它是以现金支出均匀发生、现金持有成本和转换成本易于预测为前提条件推算得到的,当企业现金收支波动较大时,这种方法的应用就受到了局限。

三、现金收支预算

现金收支预算也是企业现金管理的一项重要内容,其目的在于进行有效和准确的现金需求预测,以及尽量做到现金收支的匹配与均衡,从而确保现金的使用效益。现金收支预算由四部分组成,即现金收入、现金支出、现金溢余或不足、资金的筹措和运用。

现金收入包括期初现金余额和预算期现金收入,销货取得的现金收入是其主要来源。期初现金余额是在编制预算时结合最佳现金持有量预计的,销货取得的现金收入是根据销售预算的。现金支出包括预算期的生产经营管理费用、所得税、购置设备及股利分配等各项支出,有关数据分别来自有关的预算。现金溢余或不足主要反映现金收入合计与现金支出合计的差额,即现金收支差额。当出现现金收支差额时,要通过协调资金的筹措和运用来调整,以解决收支不平衡问题,并保证期末余额达到最佳持有量状态。若收支差额为正值,在偿还了利息和借款本金之后仍超过现金最佳持有量,就应拿出一部分现金用于有价证券投资;若收支差额为负值,则可采取延缓还本付息、抛售有价证券或向银行借款等措施。

【例 8-3】 某企业现着手编制 2013 年 6 月的现金收支计划。预计 2013 年 6 月月初现金余额为 8 000 元;月初应收账款为 4 000 元,预计月内可收回 80%;本月销货为 50 000 元,预计月内销售的收款比例为 50%;本月需要采购材料的成本为 8 000 元,企业每月采购的 70% 当月付现;月初应付账款余额 5 000 元需在月内全部付清;月内以现金支付工资为 8 400 元;本月制造费用等间接费用付现

16 000元;其他经营性现金支出900元;购买设备支付现金10 000元。企业现金不足时,可向银行借款,借款金额为1 000元的倍数;现金多余时可购买有价证券。要求月末现金余额不低于5 000元,增值税率为17%,附加费率为10%,假设各月销售税金与附加费均在当月月末付清。

(1) 计算经营现金收入。

经营现金收入=[4 000×80%+50 000×(1+17%)×50%]元=32 450元

(2) 计算经营现金支出。

采购材料支出=[8 000×(1+17%)×70%+5 000]元=11 552元

支付工资8 400元

本月制造费用等间接费用支出16 000元

其他经营性现金支出900元

应缴增值税=(50 000×17%−8 000×17%)元=7 140元

应缴附加费=(7 140×10%)元=714元

所以,有

经营现金支出=(11 552+8 400+16 000+900+7 140+714)元=44 706元

(3) 计算现金余缺。

现金余缺=[8 000+32 450−(44 706+10 000)]元=−14 256元

(4) 确定最佳资金筹措或运用数额。

银行借款数额=(15 000+5 000)元=20 000元

(5) 确定现金月末余额。

现金月末余额=(20 000−14 256)元=5 744元

【知识链接】 穷人的银行家

在孟加拉有一位银行家叫穆罕默德·尤努斯。他一手创办了格莱珉银行(Grameen Bank,意为"乡村银行"),为贫穷的农夫、街上擦皮鞋的小贩提供无抵押的低息贷款,甚至提供给乞丐短期借款。尤努斯发放的第一笔贷款只有27美元,而当时这家银行的信用风险在同行业中最低。

因其从社会底层推动了经济与社会的发展,尤努斯曾获得过包括2006年度诺贝尔和平奖在内的总计60多项荣誉,是实至名归的穷人的银行家。尤努斯在首创格莱珉银行之时,只是希望帮助孟加拉的贫困人们获得必需的资本,那时他并未曾想到,会为时势所推动,从此开创了小额融资的一种现代模式,这在今天亦被世人评价为一项非凡的成就。

第二节　应收账款管理

一、应收账款管理目标

这里所说的应收账款是指因对外销售产品、材料、供应劳务及其他原因,应向购货单位或接受劳务的单位及其他单位收取的款项,包括应收销售款、其他应收款、应收票据等。发生应收账款的原因主要有以下两种。

1. 商业竞争

这是发生应收账款的主要原因。在市场经济条件下,存在着激烈的商业竞争。竞争机制的作用迫使企业以各种手段扩大销售。除了依靠产品质量、价格、售后服务、广告等外,赊销也是扩大销售的手段之一。对于同等的产品价格、类似的质量水平、一样的售后服务,实行赊销的产品或商品的销售额将大于现金销售的产品或商品的销售额。出于扩大销售的竞争需要,企业不得不以赊销或其他优惠方式招徕顾客,于是就产生了应收账款。由竞争引起的应收账款是一种商业信用。

2. 结算时差

商品成交的时间和收到货款的时间常不一致,这也导致了应收账款。当然,现实生活中现金销售是很普遍的,特别是在零售企业中更常见。不过就一般批发企业和生产企业来讲,发货的时间和收到货款的时间往往不同,这是货款结算需要时间的缘故。结算手段越落后,结算所需时间就越长,销售企业只能承受这种现实并承担由此引起的资金垫支。由于销售和收款的时间差而造成的应收账款不属于商业信用,也不是应收账款的主要内容,这里不对它进行讨论,而只论述属于商业信用的应收账款的管理。

既然企业发生应收账款的主要原因是扩大销售、增强竞争力,那么其管理的目标就是求得利润。应收账款是企业的一项资金投放,是为了扩大销售和盈利而进行的投资。而投资肯定要发生成本,这就需要在应收账款信用政策所增加的盈利和这种政策的成本之间作出权衡。只有当应收账款所增加的盈利超过所增加的成本时,才应当实施应收账款赊销;如果应收账款赊销有着良好的盈利前景,就应当放宽信用条件增加赊销量。

二、应收账款的成本

应收账款的成本主要表现如下。

1. 机会成本

应收账款是销货企业向购货企业提供的一种商业信用，其实质是让购货企业占用销货企业的资金，从而使销货企业无法利用这笔资金从事其他生产经营和投资活动，创造收益。这种资金利用机会的损失构成了应收账款的机会成本。这一成本的大小与企业维持赊销业务所占用的资金数量和资本成本有关。其计算公式为

应收账款机会成本 = 应收账款占用资金 × 资本成本率

（资本成本率一般可按有价证券利息率计算）

应收账款占用资金 = 应收账款平均余额 × 变动成本率

应收账款平均余额 = 日销售额 × 平均收现期

$$变动成本率 = \frac{变动成本}{销售收入}$$

2. 管理成本

建立了应收账款就要对它进行管理，要制定和实施应收账款政策，所有这些活动（如进行客户的信用调查、进行账龄分析、采取催款行动等）都要付出一定的人力、物力和财力，这些构成应收账款的管理成本。

3. 坏账成本

由于客户的信用程度不同，支付能力各异，企业的部分应收账款会因少数客户无力支付而最终不能收回，成为坏账。这种坏账损失是应收账款产生的成本之一。

三、信用政策的确定

应收账款赊销的效果好坏依赖于企业的信用政策。信用政策包括：信用标准、信用条件和收账政策。

（一）信用标准

信用标准是指顾客获得企业的交易信用所应具备的条件。如果顾客达不到信用标准，便不能享受企业的信用或只能享受较低的信用优惠。

企业在设定某一顾客的信用标准时，往往先要评估它赖账的可能性。这可以通过"5C"系统来进行分析。所谓"5C"系统，是指评估顾客信用品质的五个方面，即品质（Character）、能力（Capacity）、资本（Capital）、抵押（Collateral）和条件（Conditions）。

1. 品质

品质是指顾客的信誉，即履行偿债义务的可能性。企业必须设法了解顾

过去的付款记录,看其是否有按期如数付款的一贯做法,及与其他供货企业的关系是否良好。这一点经常被视为评价顾客信用的首要因素。

2. 能力

能力是指顾客的偿债能力,即其流动资产的数量和质量以及与流动负债的比例。顾客的流动资产越多,其转换为现金支付款项的能力越强。同时,应注意顾客流动资产的质量,看是否有存货过多、过时或质量下降,影响其变现能力和支付能力的情况。

3. 资本

资本是指顾客的财务实力和财务状况,表明顾客可能偿还债务的背景。

4. 抵押

抵押是指顾客拒付款项或无力支付款项时能被用于抵押的资产。这对于不知底细或信用状况有争议的顾客尤为重要。一旦收不到这些顾客的款项,便以抵押品抵补。如果这些顾客能提供足够的抵押,就可能考虑向他们提供相应的信用。

5. 条件

条件是指可能影响顾客付款能力的经济环境。例如,万一出现经济不景气,会对顾客的付款产生什么影响,顾客会如何做等,这需要了解顾客在过去困难时期的付款历史。

(二) 信用条件

如果顾客达到信用标准,便能享受企业的信用优惠。一旦企业决定给予客户信用优惠,就要考虑具体的信用条件。所谓信用条件是指企业接受客户信用订单时所提出的付款要求,主要包括信用期间、现金折扣等。

1. 信用期间

信用期间是企业允许顾客从购货到付款之间的时间,或者说,是企业给予顾客的付款期限。例如,若某企业允许顾客在购货后 50 天内付款,则信用期为 50 天。信用期过短,不足以吸引顾客,在竞争中会使销售额下降;信用期过长,对销售额增加固然有利,但只顾及销售增长而盲目放宽信用期,所得的收益有时会被增长的费用抵消,甚至造成利润减少。因此,企业必须慎重研究,确定恰当的信用期。

信用期的确定,主要是分析改变现行信用期对收入和成本的影响。延长信用期,会使销售额增加,产生有利影响;与此同时,应收账款、收账费用和坏账损失会增加,会产生不利影响。当前者大于后者时,可以延长信用期,否则不宜延长。如果缩短信用期,则情况正好与之相反。

【例 8-4】 某公司现在采用 30 天按发票金额付款的信用政策,拟将信用期放宽至 60 天,仍按发票金额付款即不给折扣,设等风险投资的最低报酬率为 15%,其他有关的数据如表 8-2 所示。

表 8-2 例 8-4 的相关数据

项　　目	信　用　期	
	30 天	60 天
销售量/件	100 000	120 000
销售额/元(单价 5 元)	500 000	600 000
销售成本:		
变动成本/元(每件 4 元)	400 000	480 000
固定成本/元	50 000	50 000
毛利/元	50 000	70 000
可能发生的收账费用/元	3 000	4 000
可能发生的坏账损失/元	5 000	9 000

分析时,先计算放宽信用期得到的收益,然后计算增加的成本,最后根据二者比较的结果作出判断。

(1) 收益的增加。

　　收益的增加 = 销售量的增加 × 单位边际贡献

　　　　　　 = (120 000 − 100 000) × (5 − 4) 元 = 20 000 元

(2) 应收账款占用资金的应计利息增加。

30 天信用期应计利息 = $\dfrac{500\,000}{360} \times 30 \times \dfrac{400\,000}{500\,000} \times 15\%$ 元 = 5 000 元

60 天信用期应计利息 = $\dfrac{600\,000}{360} \times 60 \times \dfrac{480\,000}{600\,000} \times 15\%$ 元 = 12 000 元

　　应计利息增加 = (12 000 − 5 000) 元 = 7 000 元

(3) 收账费用和坏账损失增加。

　　收账费用增加 = (4 000 − 3 000) 元 = 1 000 元

　　坏账损失增加 = (9 000 − 5 000) 元 = 4 000 元

(4) 改变信用期的税前损益。

收益增加 − 成本费用增加 = [20 000 − (7 000 + 1 000 + 4 000)] 元 = 8 000 元

由于收益的增加大于成本,故可采用 60 天信用期。

2. 现金折扣

现金折扣是企业对顾客在商品价格上所做的扣减。向顾客提供这种价格上的优惠的主要目的在于吸引顾客为享受优惠而提前付款,缩短企业的平均收款

期。另外,现金折扣也能招徕一些视折扣为减价出售的顾客来购货,借此扩大销售量。折扣常采用如 5/10、3/20、n/30 这样一些符号表示。这三种符号的含义为:5/10 表示 10 天内付款,可享受 5% 的价格优惠,即只需支付原价的 95%,若原价为 10 000 元,则只支付 9 500 元;3/20 表示 20 天内付款,可享受 3% 的价格优惠,即只需支付原价的 97%,若原价为 10 000 元,则只支付 9 700 元;n/30 表示付款最后期限为 30 天,此时付款无优惠。

企业采用什么程度的现金折扣,要与信用期间结合起来考虑。例如,要求顾客最迟不超过 30 天付款,若希望顾客在 20 天、10 天付款,能给予多大折扣? 或者给予 5%、3% 的折扣,能吸引顾客在多少天内付款? 不论是信用期间还是现金折扣,都可能给企业带来收益,但也会增加成本。现金折扣带给企业的好处前面已讲过,它使企业增加的成本则指的是价格折扣损失。当企业给予顾客某种现金折扣时,应当考虑折扣所能带来的收益与成本孰高孰低,权衡利弊,抉择决断。

因为现金折扣是与信用期间结合使用的,所以确定折扣程度的方法与程序实际上与前述确定信用期间的方法与程序一致,只不过要把所提供的延期付款时间和折扣综合起来,看各方案的延期与折扣能取得多大的收益增量,再计算各方案带来的成本变化,最终确定最佳方案。

【例 8-5】 沿用例 8-4,假定该公司在放宽信用期的同时,为了吸引顾客尽早付款,提出了 0.8/30、n/60 的现金折扣条件,估计会有一半的顾客(按 60 天信用期所能实现的销售量计)将享受现金折扣的优惠。

(1) 收益的增加。

$$\text{收益的增加} = \text{销售量的增加} \times \text{单位边际贡献}$$
$$= [(120\,000 - 100\,000) \times (5 - 4)] \text{元}$$
$$= 20\,000 \text{元}$$

(2) 应收账款占用资金的应计利息增加。

$$30 \text{ 天信用期应计利息} = \left(\frac{500\,000}{360} \times 30 \times \frac{400\,000}{500\,000} \times 15\%\right) \text{元} = 5\,000 \text{元}$$

$$\text{提供现金折扣的应计利息} = \left[\left(\frac{600\,000 \times 50\%}{360} \times 60 \times \frac{480\,000 \times 50\%}{600\,000 \times 50\%} \times 15\%\right)\right.$$
$$\left. + \left(\frac{600\,000 \times 50\%}{360} \times 30 \times \frac{480\,000 \times 50\%}{600\,000 \times 50\%} \times 15\%\right)\right] \text{元}$$
$$= (6\,000 + 3\,000) \text{元}$$
$$= 9\,000 \text{元}$$

$$\text{应计利息增加} = (9\,000 - 5\,000) \text{元} = 4\,000 \text{元}$$

(3) 收账费用和坏账损失增加。

收账费用增加＝（4 000－3 000）元＝1 000 元

坏账损失增加＝（9 000－5 000）元＝4 000 元

(4) 估计现金折扣成本的变化。

现金折扣成本增加＝新的销售水平×新的现金折扣率

×享受现金折扣的顾客比例 — 旧的销售水平

×旧的现金折扣率×享受现金折扣的顾客比例

＝（600 000×0.8%×50%－500 000×0×0）元

＝2 400 元

(5) 提供现金折扣后的税前损益。

收益增加－成本费用增加＝[20 000－（4 000＋1 000＋4 000＋2 400）]元

＝8 600 元

由于可获得税前收益，故可放宽信用期，提供现金折扣。

(三) 收账政策

收账政策是指当企业的应收账款不能如期收回时，企业所采取的收账策略和方法。对于短期拖欠的账款，企业可以采取发信、打电话的方法催收；对于拖欠期较长的账款，可以采用派人上门催款、请公司法律顾问协助等方法催收；对于长期拖欠的账款，企业可以请有关代理机构帮助催收，以致上法院起诉等方法催收。一般来讲，积极的收账政策会产生较好的收账效果，减少坏账损失，但积极的收账政策也必然会产生较高的收账费用，如出差人员的差旅费，聘请律师的费用，交付给代理机构的费用等显性费用，以及一些难以量化的隐性费用（如与客户关系的破裂，与地方保护主义的矛盾等，这些很可能影响企业以后的经营活动，这些隐性费用在我国有时表现得尤为明显）。因此，合理的收账政策应在权衡增加的收账费用和减少的应收账款机会成本和坏账损失后做出。

第三节 存货管理

一、存货管理目标

存货是指企业在生产经营过程中为销售或者耗用而储备的物资，包括材料、燃料、低值易耗品、在产品、半成品、产成品、协作件、商品等。

如果工业企业能在生产投料时随时购入所需的原材料，或者商业企业能在销售时随时购入该项商品，就不需要存货。但实际上，企业总有储存存货的需要，并因此占用或多或少的资金。企业储存存货的需要出自以下原因。

1. 保证生产或销售的需要

实际上,企业很少能做到随时购入生产或销售所需的各种物资,即使是市场供应充足的物资也如此,这不仅因为不时会出现某种材料的市场断档,还因为企业距供货点较远而需要必要的途中运输及可能出现的运输故障。一旦生产或销售所需物资短缺,生产经营将被迫停顿,造成损失。为了避免或减少出现停工待料、停业待货等事故,企业需要储存一定量的存货。

2. 出自价格的考虑

零购物资的价格往往较高,而整批购买在价格上常有优惠。但是,过多的存货要占用较多的资金,并且会增加包括仓储费、保险费、维护费、管理人员工资在内的各项开支。存货资金占用过多会使利息支出增加;各项开支的增加更直接使成本上升。

进行存货管理,就要尽力在各种存货成本与存货效益之间作出权衡,达到二者的最佳结合,使存货在保证生产或销售需要的前提下,各项相关成本之和达到最低水平。这就是存货管理的目标。

二、储备存货的有关成本

与储备存货有关的成本包括以下三种。

(一) 取得成本

取得成本是指为取得某种存货而支出的成本,通常用 TC_a 来表示。其又分为订货成本和购置成本等两种。

1. 订货成本

订货成本是指取得订单的成本,如办公费、差旅费、邮资、电报电话费等支出。订货成本中有一部分与订货次数无关,如常设采购机构的基本开支等,称为订货的固定成本,用 F_1 表示;另一部分与订货次数有关,如差旅费、邮资等,称为订货的变动成本。每次订货的变动成本用 K 表示;订货次数等于存货年需要量 D 与每次进货量 Q 之商。订货成本的计算公式为

$$订货成本 = F_1 + \frac{D}{Q}K$$

2. 购置成本

购置成本是指存货本身的价值,经常用数量与单价的乘积来确定。年需要量用 D 表示,单价用 U 表示,于是购置成本为 DU。

订货成本加上购置成本就等于存货的取得成本。其计算公式为

取得成本＝订货成本＋购置成本

　　　　　＝订货固定成本＋订货变动成本＋购置成本

$$TC_a = F_1 + \frac{D}{Q}K + DU$$

(二) 储存成本

储存成本是指为保持存货而发生的成本,包括存货占用资金所应计的利息(若企业用现有现金购买存货,便失去了现金存放银行或投资于证券本应取得的利息,是为"放弃利息";若企业借款购买存货,便要支付利息费用,是为"付出利息")、仓库费用、保险费用、存货破损和变质损失等,通常用 TC_c 来表示。

储存成本也分为固定成本和变动成本等两种。固定成本与存货的数量无关,如仓库折旧、仓库职工的固定月工资等,常用 F_2 表示。变动成本与存货的数量有关,如存货资金的应计利息、存货的破损和变质损失、存货的保险费用等,单位成本用 K_c 来表示,则储存成本为

储存成本 = 储存固定成本 + 储存变动成本

$$TC_c = F_2 + K_c \frac{Q}{2}$$

(三) 缺货成本

缺货成本是指由于存货供应中断而造成的损失,包括材料供应中断造成的停工损失、产成品库存缺货造成的拖欠发货损失和丧失销售机会的损失(还应包括需要主观估计的商誉损失)。如果生产企业以紧急采购借用材料解决库存材料中断之急,那么缺货成本表现为紧急额外购入成本(紧急额外购入的开支会大于正常采购的开支)。缺货成本用 TC_S 表示,缺货量用 S 表示,单位缺货成本用 K_U 表示,则缺货成本为

$$TC_S = SK_U \frac{D}{Q}$$

如果以 TC 来表示储备存货的总成本,则它的计算公式为

$$TC = TC_a + TC_c + TC_S = F_1 + \frac{D}{Q}K + DU + F_2 + K_c \frac{Q}{2} + SK_U \frac{D}{Q}$$

企业存货的最优化,即使上式 TC 值最小。

三、存货控制

存货控制涉及的内容是多方面的,诸如决定进货项目、选择供应单位、决定进货时间、决定进货的批量等,这些工作涉及的部门也较多,如企业的供应部门、生产部门、销售部门、财务部门等。财务部门实施对存货的控制,实现存货管理的目标,这要在与其他有关部门的协调配合中完成。财务部门要做的主要工作是决定进货时间和进货数量,从而有效地控制存货数量。在企业存货管理和

控制的实践过程中,逐步形成一些有效的存货控制方法。以下介绍三种常用的方法。

(一)存货经济批量控制法

企业在确定了计划采购总量后还要确定合理的每次进货批量,以防止盲目采购造成损失。找到能够使一定时期存货的总成本达到最小值的每次进货数量,叫做经济进货批量。由上述对存货成本的分析可知,不同的成本项目与进货批量呈现着不同的变动关系。减小进货批量、增加进货次数,在使得储存成本降低的同时,会导致订货变动成本与缺货成本的提高;相反,增大进货批量、减少进货次数,尽管有利于降低订货变动成本与缺货成本,但会导致变动储存成本的提高。因此,如何协调各项成本费用间的关系,使其总和保持最低水平,是企业组织进货时需要解决的主要问题。

存货经济批量控制法需要依据具体情况而加以实施。以下分别就不允许缺货且无商业折扣情况下、不允许缺货但有商业折扣情况下、允许缺货情况下如何确定经济进货批量作较为详细的介绍。

1. 不允许缺货且无商业折扣情况下经济进货批量的确定

不允许缺货且无商业折扣情况下确定的进货批量就是基本经济进货批量。因为与存货总成本有关的变量很多,即影响的因素很多,为了解决这种较复杂的问题,有必要简化或舍弃一些因素,先研究解决基本的、简单的问题。基本经济进货批量模式的确定是以如下假设为前提的。

(1)企业一定时期的进货总量可以较为准确地予以预测。

(2)存货的耗用或者销售比较均衡。

(3)存货的价格稳定,且不存在数量折扣,进货日期完全由企业自行决定,并且每当存货量降为零时,下一批存货均能马上一次到位。

(4)仓储条件及所需现金不受限制。

(5)不允许出现缺货情形。

(6)所需存货市场供应充足,不会因买不到所需存货而影响其他方面。

由于企业不允许缺货,即每当存货数量降至零时,下一批订货便会随即全部购入,故不存在缺货成本。此时与存货订购批量、批次直接相关的就只有订货变动成本和变动储存成本两项。这样,订货变动成本与变动储存成本总和最低水平下的进货批量,就是经济进货批量。其计算公式为

$$经济进货批量(Q) = \sqrt{\frac{2KD}{K_c}}$$

经济进货批量的相关存货总成本$(TC_Q) = \sqrt{2KDK_c}$

经济进货批量的平均占用资金$(W) = \dfrac{QU}{2}$

年度最佳进货批次$(N) = \dfrac{D}{Q}$

【例 8-6】 达利公司每年需耗用甲材料 8 000 千克,该材料的单位采购成本为 15 元,单位储存成本为 5 元,平均每次订货成本为 50 元,则

$Q = \sqrt{2 \times 8\ 000 \times 50/5}$ 千克 $= 400$ 千克

$TC_Q = \sqrt{2 \times 8\ 000 \times 50 \times 5}$ 元 $= 2\ 000$ 元

$W = 400 \times 15/2$ 元 $= 3\ 000$ 元

$N = 8\ 000/400$ 次 $= 20$ 次

上述计算表明,当进货批量为 400 千克时,进货费用与储存成本总额最低。

2. 不允许缺货但有商业折扣情况下经济进货批量的确定

不允许缺货但有商业折扣情况下的经济进货批量,就是实行商业折扣的经济进货批量。为了鼓励客户购买更多的商品,销售企业通常会给予不同程度的价格优惠,这种价格折扣称为商业折扣。购买越多,所获得的价格优惠越大。此时,进货企业对经济进货批量的确定,除了考虑订货成本与变动储存成本外,还应考虑存货的进价成本,因为此时存货进价成本已经与进货数量的大小有了直接的联系,属于决策的相关成本。计算的基本步骤为,首先按照基本模式确定出无商业折扣情况下的经济进货批量及其相关总成本,然后加进不同批量的进价成本差异因素,通过比较确定出成本总额最低的进货批量,即有商业折扣时的经济进货批量。

【例 8-7】 达利公司甲材料的年需要量为 8 000 千克,每千克标准进价为 15 元。销售企业规定:客户每批购买量不足 1 000 千克的,按照标准价格计算;每批购买量 1 000 千克以上、2 000 千克以下的,价格优惠 2%;每批购买量 2 000 千克以上的,价格优惠 3%。已知每批变动订货成本为 50 元,单位材料的年储存成本为 5 元。计算经济进货批量。

在没有商业折扣(即进货批量 1 000 千克以下)时的经济进货批量和相关存货成本总额分别为

经济进货批量 $= \sqrt{2 \times 8\ 000 \times 50/5}$ 千克 $= 400$ 千克

相关存货成本总额

$= (8\ 000 \times 15 + 8\ 000/400 \times 50 + 400/2 \times 5)$ 元

$= 122\ 000$ 元

进货批量在 1 000 千克～1 999 千克之间,可以享受 2% 的价格优惠。在此范围内,进价成本总额是相同的,逐项计算可发现,越是接近价格优惠的进货批量,成本总额就越低,这是一个规律。所以,在可享受 2% 的价格优惠的批量范围内,成本总额最低批量是 1 000 千克,存货成本总额为

存货成本总额
= [8 000×15×(1−2%)+8 000/1 000×50+1 000/2×5] 元
= 120 500 元

同理,在享受 3% 价格优惠的进货批量(即进货 2 000 千克以上)范围内,成本总额最低的进货批量为 2 000 千克,存货成本总额为

存货成本总额
= [8 000×15×(1−3%)+8 000/2 000×50+2 000/2×5] 元
= 121 600 元

通过比较可以发现,在各种价格条件下的批量范围内,成本总额最低的进货批量为 1 000 千克。当然这一结论是建立在基本经济进货模式其他各种假设条件均能具备的前提之上的。

3. 允许缺货情况下经济进货批量的确定

允许缺货情况下,企业对经济进货批量的确定,不仅要考虑进货费用与储存费用,而且必须对可能的缺货成本加以考虑,即能够使三项成本总和最低的批量便是经济进货批量。

允许缺货情况下经济进货批量及每次缺货量的计算公式为

$$Q = \sqrt{\frac{2KD}{K_c} \times \frac{K_c + K_U}{K_U}}$$

$$S = \frac{QK_c}{K_c + K_U}$$

【例 8-8】 某企业甲材料年需要量为 32 000 千克,每次变动订货成本为 60 元,单位储存成本为 4 元,单位缺货成本为 8 元。

经济进货批量及每次缺货量分别为

$$Q = \sqrt{\frac{2 \times 32\,000 \times 60}{4} \times \frac{4+8}{8}} \text{ 千克} = 1\,200 \text{ 千克}$$

$$S = 1\,200 \times \frac{4}{4+8} \text{ 千克} = 400 \text{ 千克}$$

【技能指引】 谁来承担成本

通过商业信用在一段时间内使用资金是有成本的,而不是免费的。这一成本可能由供应商承担,也可能由购货方承担,或由双方共同承担。究竟谁来承担或部分分担成本,取决于双方所处的地位和各自的经济状况以及由此决定的购销策略。

天平通常会倒向强势的一方,例如,当供货方所供应货物处于卖方市场的强势位置时,通过提高商品价格,就可将这一成本转移给购货方;而如果情形相反,这类供应商可能最终就会承担商业信用的绝大部分成本。在实践中,购货方应当明确是谁在承担成本,有必要多走访几家供应商,以寻求更有利的交易。

(二)存货储存期控制法

存货储存期控制法,是根据存货的有关费用与存货储存时间的依存关系,通过控制存货储存时间、加速存货周转,实现存货管理目标的一种控制方法。无论是商品流通企业还是生产制造企业,其商品或产品一旦入库,就面临着如何尽快销售出去的问题。且不考虑未来市场供求关系的不确定性,仅是存货储存本身就会给企业造成较多的资金占用费(如利息成本或机会成本)和仓储管理费。因此,尽力缩短存货储存时间、加速存货周转,是节约资金占用、降低成本费用、提高企业获利水平的重要措施。

企业进行存货投资所发生的费用支出,按照与储存时间的关系,可以分为固定储存费与变动储存费两类。前者数额的大小与存货储存期的长短无直接联系,如各项进货费用、管理费用等。后者即变动储存费,则随着存货储存期的延长或缩短成正比例增减变动,如存货资金占用费(贷款购置存货的利息或现金购置存货的机会成本)、存货仓储管理费、仓储损耗(为计算方便,如果仓储损耗较小,亦将其并入固定储存费)等。

基于上述分析,引入本量利的平衡关系原理,可以将商品流通企业经营商品的利润与毛利、销售税金与附加、固定储存费、变动储存费以及商品储存期(天数)的相关联系做成如图 8-4 所示的曲线。

利润的计算公式为

利润 = 毛利 − 固定储存费 − 销售税金及附加
       − 每日变动储存费 × 储存天数

存货的储存成本之所以会不断增加,主要是由于变动储存费随着存货储存期的延长会不断增加,可见利润与费用之间此增彼减的关系实际上是利润与变动储存费之间此增彼减的关系。这样,随着储存期的延长,利润将日渐减少。当

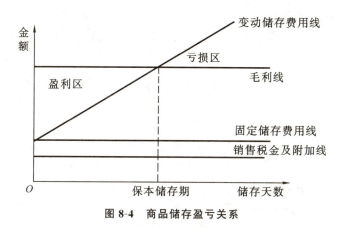

图 8-4 商品储存盈亏关系

毛利扣除固定储存费和销售税金及附加后余额被变动储存费抵消到恰好等于企业目标利润时,存货就已经到了保利期。当它完全被变动储存费抵消时,便意味着存货已经到了保本期。无疑,存货如果能够在保利期内售出,所获得的利润便会超过目标值,反之将难以实现既定的利润目标。倘若存货不能在保本期内售出,则企业便会蒙受损失。其计算公式为

$$存货保本储存天数 = \frac{毛利 - 固定储存费 - 销售税金及附加}{每日变动储存费}$$

$$存货保利储存天数 = \frac{毛利 - 固定储存费 - 销售税金及附加 - 目标利润}{每日变动储存费}$$

在整批购进又整批卖出的情况下,经销某批存货获利或亏损额的计算公式为

获利或亏损额 = 每日变动储存费 × (保本储存天数 - 实际储存天数)

在批进零售的情况下,经销某批存货获利或亏损额的计算公式为

获利或亏损额 = 每日变动储存费 × (平均保本储存天数 - 平均实际储存天数)

其中, $$平均实际储存天数 = \frac{1}{2} \times (购进批量/日均销量 + 1)$$

$$= \frac{1}{2} \times (实际零售完天数 + 1)$$

当保本储存天数大于实际储存天数时为获利,反之为亏损。

【例 8-9】 某商品流通企业购进丙商品 500 件,单位进价(不含增值税)为 500 元,单位售价为 550 元(不含增值税),经销该商品固定储存费用为 5 000 元,若货款均来自银行贷款,年利率为 9%,该批存货的月保管费用率为 0.3%,销售税金及附加为 2 500 元。要求:

(1) 计算该批存货的保本储存期;

(2) 若企业要求获得3.5%的投资利润率,计算保利期;

(3) 若该批存货实际储存了150天,问能否实现3.5%的目标投资利润率,差额多少?

(4) 若该批存货亏损了875元,则实际储存了多少天?(一年按360天、一个月按30天计算)

分别计算如下。

(1) 商品保本储存天数 $= \dfrac{(550-500)\times 500 - 5\,000 - 2\,500}{500\times 500\times(9\%/360 + 0.3\%/30)}$ 天 $= 200$ 天

(2) 商品保利储存天数 $=$
$\dfrac{(550-500)\times 500 - 5\,000 - 2\,500 - 500\times 500\times 3.5\%}{500\times 500\times(9\%/360 + 0.3\%/30)}$ 天 $= \dfrac{8\,750}{87.5}$ 天 $= 100$ 天

(3) 储存150天的实际利润额 $= 87.5\times(200-150)$ 元 $= 4\,375$ 元

实际利润小于目标利润8750($500\times 500\times 3.5\%$)元,未达到3.5%的目标投资利润率,其差额为 $4\,375(8\,750-4\,375)$ 元。

(4) 亏损875元的实际储存天数 $= \left(200 - \dfrac{-875}{87.5}\right)$ 天 $= 210$ 天

从财务管理方面,需要分析哪些存货基本能在保利期内销售出去,哪些存货介于保利期与保本期之间售出,哪些存货直至保本期已过才能售出或根本就没有市场需求。通过分析,财务部门应当通过调整资金供应政策,促使经营部门调整产品结构和投资方向,推动企业存货结构的优化,提高存货的投资效率。

(三) ABC 分类控制法

ABC分类控制法是意大利经济学家巴雷特(Pareto)于19世纪首创的,以后经过不断发展和完善,现已广泛用于存货管理、成本管理和生产管理中。对于企业尤其是大型企业而言,有成千上万种存货项目,其数量价值各不相同,甚至相差很远。如果不分主次,面面俱到,就抓不住重点,不能有效地控制主要存货资金。ABC分类控制法就是遵循"保证重点,照顾一般"的原则,采用科学的分析方法,把重点存货与一般存货加以划分,然后分别进行管理的一种有效管理方法。

ABC分类控制法是按照一定标准,将企业的存货划分为A、B、C三类,分别实行按品种重点管理,按类别一般控制和按总额灵活掌握的存货管理方法。

1. ABC 分类的标准

ABC分类标准主要有两个:一是金额标准;二是品种数量标准。其中金额标准是最基本的,品种数量标准仅作为参考。具体做法如下。

A类:金额巨大,但品种数量较少的存货(品种数量占总品种数量的10%左右,金额占总金额的70%左右)。

B类:介于A、C两类之间的存货(品种数量占总品种数量的20%左右,金额占总金额的20%左右)。

C类:金额微小,但品种数量众多的存货(品种数量占总品种数量的70%左右,金额占总金额的10%左右)。

2. ABC分类控制法的运用

把存货划分为ABC三大类,其目的是实现最经济最有效的管理。其具体内容如表8-3所示。

表8-3 存货ABC分类管理

管理项目	A类存货	B类存货	C类存货
控制方法	按品种严格控制	按类别控制	按总额控制
采购批量	按经济订购量控制	适当放宽	简单估算
盘点要求	实行永续盘存制	定期检查	实行实地盘存制
记录要求	序时记录	定期记录	定期汇总记录
保险储备	按品种确定	按类别确定	视情况而定

【例8-10】 某企业共有材料15种,共占用资金80 000元,该企业存货控制采用ABC分类法,各种材料的归类情况如表8-4所示。

表8-4 存货归类情况表

类　　别	品种数量	品种比重/(%)	资金总额/元	资金比重/(%)
A类存货	2	13.3	58 000	72.5
B类存货	4	26.7	17 200	21.5
C类存货	9	60.0	4 800	6.0
合计	15	100.0	80 000	100.0

根据以上分类,该企业分别确定对A、B、C三类存货的不同控制措施。

A类存货品种少,资金占用大,其管理的好坏意义重大,是存货管理的重点。抓好A类存货的管理,有利于降低成本,节约资金占用,对于A类存货要实行分品种重点规划和管理,科学地确定经济订购批量。经常检查其库存情况,严格控制库存数量,对存货的收、发、存进行详细记录定期盘点,并努力加快其周转速度。

C类存货品种繁多,资金占用较少,一般可以采用比较简化的方法进行管理,通常采用总额控制的方式。可根据经验确定其资金占用量,或者规定一个订货点。当存货低于这个订货点时就组织进货,酌量增大每次订货量,减少订货次数。

B类存货介于A、C两类之间,实行次重点管理,一般可按存货类别进行控制,可适当放宽经济采购量,尽量节约人力、物力,以降低其成本。

综上所述,ABC分类法的特点在于使企业分清主次,突出重点,照顾一般,提高存货资金管理的整体效果。

复习思考题

1. 解释下列名词术语:
   流动资金　持有现金成本　应收账款机会成本　信用政策
   "5C"系统　信用条件　存货储存成本　经济批量
   存货保利储存期　ABC分类控制法
2. 简述企业置存现金的原因。
3. 现金收支预算包括哪些基本内容?
4. 赊销信用政策的确定要考虑哪些因素?
5. 与储存存货的有关成本包括哪些内容?其总成本公式是怎样的?
6. 经济进货批量是建立在哪些假设基础上的?
7. 谈谈你对保本与保利储存期的理解。
8. "关键的少数和次要的多数"这句话用在存货控制上有什么含义?

练 习 题

一、单项选择题

1. 下列进货费用中属于变动成本的是(　　)。
   A. 采购部门管理费用　　　　　B. 采购人员的计时工资
   C. 进货差旅费　　　　　　　　D. 预付订金的机会成本
2. 下列关于应收账款信用期限的叙述,正确的是(　　)。
   A. 信用期限越长,企业坏账风险越小
   B. 信用期限越长,客户享受的信用条件越优越
   C. 延长信用期限,不利于销售收入的扩大
   D. 信用期限越长,应收账款的机会成本越低
3. 某企业预测的年度赊销收入净额为3 600万元,应收账款收账期为30天,变动成本率为60%,资金成本率为10%,则应收账款的机会成本为(　　)万元。
   A. 10　　　　　B. 6　　　　　C. 18　　　　　D. 20
4. 下列各项中,不属于应收账款成本构成要素的是(　　)。

A. 机会成本　　　　B. 管理成本　　　　C. 坏账成本　　　　D. 短缺成本

5. 下列项目中属于持有现金的机会成本的是（　　）。

　　A. 现金管理人员工资　　　　　　B. 现金安全措施费用

　　C. 现金被盗损失　　　　　　　　D. 现金的再投资收益

6. 某企业每月现金需要量为250 000元，现金与有价证券的每次转换金额和转换成本分别为50 000元和40元，每月的现金转换成本为（　　）。

　　A. 200元　　　　B. 1 250元　　　　C. 40元　　　　D. 5 000元

7. 通常情况下，企业持有现金的机会成本（　　）。

　　A. 与现金余额成反比　　　　　　B. 等于有价证券的利息率

　　C. 与持有时间成反比　　　　　　D. 是决策的无关成本

8. 假定某企业每月现金需要量为160 000元，现金和有价证券的转换成本为30元，有价证券的月利率为6‰，则该企业最佳现金余额为（　　）。

　　A. 80 000元　　　B. 40 000元　　　C. 20 000元　　　D. 160 000元

9. 某企业全年需用A材料2 400吨，每次订货成本为400元，每吨材料年储备成本为12元，则每年最佳订货次数为（　　）次。

　　A. 12　　　　　　B. 6　　　　　　C. 3　　　　　　D. 4

10. 现金作为一种资产，它的（　　）。

　　A. 流动性差，盈利性差　　　　　B. 流动性差，盈利性强

　　C. 流动性强，盈利性差　　　　　D. 流动性强，盈利性强

二、多项选择题

1. 存货的取得成本通常包括（　　）。

　　A. 订货成本　　　B. 储存成本　　　C. 购置成本　　　D. 缺货成本

2. 企业为应付紧急情况所持有的现金余额的主要决定因素包括（　　）。

　　A. 企业临时举债能力的强弱　　　B. 企业愿意承担风险的程度

　　C. 企业对现金流量预测的可靠程度　D. 企业的经营规模

3. 与应收账款机会成本有关的因素是（　　）。

　　A. 应收账款平均余额　　　　　　B. 变动成本率

　　C. 销售成本率　　　　　　　　　D. 资金成本率

4. 应收账款信用条件的组成要素有（　　）。

　　A. 信用期限　　　　　　　　　　B. 现金折扣期限

　　C. 现金折扣率　　　　　　　　　D. 商业折扣

5. 缺货成本是指由于不能及时满足生产经营需要而给企业带来的损失，它们包括（　　）。

A. 商誉(信誉)损失 B. 延期交货的罚金

C. 采取临时措施而发生的超额费用 D. 停工待料损失

6. 用存货模式分析、确定最佳现金持有量时,应予以考虑的成本费用项目有( )。

A. 现金管理费用 B. 现金与有价证券的转换成本

C. 持有现金的机会成本 D. 现金短缺成本

7. 企业持有现金总额通常小于交易、预防、投机三种动机各自所需现金持有量的简单相加,其原因有( )。

A. 现金可在各动机中调剂使用

B. 企业存在可随时借入的信贷资金

C. 满足各种动机所需现金的存在形态可以多样化

D. 现金与有价证券可以互相转换

8. 在基本模型假设前提下确定经济订货量时,下列表述中正确的有( )。

A. 相关进货费用和相关储存成本随每次进货批量的变动成反向变化

B. 相关储存成本的高低与每次进货批量成正比

C. 相关订货成本的高低与每次进货批量成反比

D. 年相关储存成本与年相关进货费用相等时的采购批量,即为经济订货批量

9. 提供比较优惠的信用条件可增加销售量,但也会付出一定代价,主要有( )。

A. 应收账款机会成本 B. 坏账损失

C. 收账费用 D. 现金折扣成本

10. 企业预防性现金数额大小( )。

A. 与企业现金流量的可预测性成反向变动

B. 与企业借款能力成反向变动

C. 与企业业务交易量成反向变动

D. 与企业偿债能力成同向变动

三、判断题

1. 在利用成本分析模式和存货模式确定现金最佳持有量时,可以不考虑管理成本的影响。( )

2. 在年需要量确定的情况下,经济订货批量越大,进货间隔期越长。( )

3. 在存货的 ABC 分类管理法下,应当重点管理品种数量虽然较少但金额较大的存货。( )

4. 企业为满足交易动机所持有的现金余额主要取决于企业的日常开支水平。（   ）

5. 企业的营运资金越大，风险越小，但收益率也越低；相反，企业的营运资金越小，风险越大，但收益率也越高。（   ）

6. 现金折扣是企业为了鼓励客户多买商品而给予的价格优惠，每次购买的数量越多，价格也就越便宜。（   ）

四、计算分析题

1. 某企业每月平均现金需要量为10万元，有价证券的月利率为10‰，假定企业现金管理相关总成本控制目标为600元。要求：

（1）计算有价证券的转换成本限额；

（2）计算最低现金余额。

2. 已知：某公司2013年第1—3月实际销售额分别为38 000万元、36 000万元和41 000万元，预计4月份销售额为40 000万元。每月销售收入中有70%能于当月收现，20%于次月收现，10%于第三个月收讫，不存在坏账；假定该公司销售的产品在流通环节只需缴纳消费税，税率为10%，并于当月以现金交纳；该公司3月末现金余额为80万元，应付账款余额为5 000万元（需在4月份付清），不存在其他应收应付款项。

4月份有关项目预计资料如下：采购材料8 000万元（当月付款70%）；工资及其他费用支出8 400万元（用现金支付）；制造费用8 000万元（其中折旧费等非付现费用为4 000万元）；营业费用和管理费用1 000万元（用现金支付）；预交所得税1 900万元；购买设备12 000万元（用现金支付）。现金不足时，通过向银行借款解决。4月末现金余额要求不低于100万元。根据上述资料，计算该公司4月份的下列预算指标：

（1）经营性现金流入；

（2）经营性现金流出；

（3）现金余缺；

（4）应向银行借款的最低金额；

（5）4月末应收账款余额。

3. 某企业拟改变现在只对坏账损失率小于10%的客户赊销的信用政策。方案有二：其一，只对坏账损失率小于8%的客户赊销，预计销售收入将减少80 000元，平均付款期仍为45天，管理成本将减少200元，减少销售额的坏账损失率为10%；其二，只对预计坏账损失率小于20%的客户赊销，预计销售收入将增加120 000元，平均付款期限仍为45天，管理成本将增加300元，增加销售额的预计坏账损失率为18%。企业边际贡献率为25%,企业投资报酬率为20%。问:企业是否改变信用政策?如果改变,则应采用哪种方案?

4. 若某企业A材料年需用量为48 000千克,年单位储存成本8元,单位缺货成本12元,每次进货费用50元。试计算A材料的经济进货批量和平均缺货量。

5. 某企业全年需从外部购入某零件1 200件,每批进货费用400元,单位零件的年储存成本6元,该零件每件进价10元。销售企业规定:客户每批购买量不足600件,按标准价格计算,每批购买量超过600件(含600件),价格优惠3%。要求:

(1) 计算该企业进货批量为多少时才是有利的;

(2) 计算该企业最佳的进货次数;

(3) 计算该企业经济进货批量的平均占用资金。

6. 某企业只生产销售一种产品,每年赊销额为240万元,该企业产品变动成本率为80%,资金利润率为25%。企业现有A、B两种收账政策可供选用,有关资料如下表所示。

(1) 填列表中的空白部分(一年按360天计算);

(2) 对上述收账政策进行决策;

(3) 若企业倾向于选择B政策,在其他条件不变的情况下,判断B政策的收账费用上限。

A、B收账政策资料

项 目	A政策	B政策
平均收账期/天	60	45
坏账损失率/(%)	3	2
应收账款平均余额/万元		
应收账款机会成本/万元		
坏账损失/万元		
年收账费用/万元	1.8	7
收账成本合计		

7. 某企业信用期若为30天,销量为10 000件,信用期若为60天,销量可增至12 000件。其余条件如下表所示。

信用期 项　目	30 天	60 天
销售量/件	10 000	12 000
销售额/元（单价 5 元）	50 000	60 000
销售成本：		
变动成本（每件 4 元）/元	40 000	48 000
固定成本/元	4 000	4 000
可能发生的收账费用/元	200	300
可能发生的坏账损失/元	300	500

该公司投资的最低报酬率为 20%，问企业的信用期应定为多长？

8. 某公司每年需用某种材料 8 000 吨，每次订货成本 400 元，每件材料的年储存成本为 40 元，该种材料买价为 1 500 元/吨。要求：

(1) 每次购入多少吨可使全年与进货批量相关的总成本达到最低？此时相关总成本为多少？

(2) 若一次订购量在 500 吨以上时可获 2% 的折扣，在 1 000 吨以上时可获 3% 折扣，要求填写下表，并判断公司最经济订货量为多少？

经济订货量计算表　　　　　　　　　　　　　　单位：元

每次订货量 /吨	平均库存 /吨	储存变动 成本	订货 次数/次	订货变 动成本	进价 成本	相关 总成本
500						
1 000						

第九章 利润分配

【学习要点】本章阐述企业利润的形成与分配决策,需掌握下列要点:
　　(1) 利润的构成与分配程序;
　　(2) 股利政策及其优缺点;
　　(3) 股票股利怎样影响资本结构;
　　(4) 股票分割及其对公司财务的影响。
【主旨语】风险共担,利益共享。　　——《经济学》

第一节　利润分配概述

一、利润分配项目

利润是企业在一定会计期间的经营成果,包括营业利润、利润总额和净利润。营业利润是指主营业务收入减去主营业务成本和营业税金及附加,加上其他业务利润,减去销售费用、管理费用和财务费用后的金额。利润总额是指营业利润加上投资收益、补贴收入、营业外收入,减去营业外支出后的金额。净利润是指利润总额减去所得税后的金额。企业当期实现的净利润加上企业上一会计年度未分配的利润和其他转入后的余额,构成了可分配利润。

利润分配主要是将企业当期实现的净利润,向投资方和企业用于再投资两方面进行分配。企业在利润分配时要兼顾不同方面的利益,协调好投资者的近期利益和企业的远期发展之间的关系,使利润分配策略与企业筹资、投资决策相协调。企业在进行利润分配时,应遵循以下基本原则。

　　(1) 依法分配原则;
　　(2) 兼顾各方面利益原则;
　　(3) 分配与积累并重原则;
　　(4) 投资与收益对等原则。

企业的净利润分配项目主要有如下几种。

1. 弥补被没收的财物损失,支付各项税收的滞纳金和罚款

这一项目是指企业因违反有关法规而被没收的财物损失,以及因违反税收征管条例而被税务部门处以的滞纳金或罚款。它必须在企业税后利润中列支,而不能在税前列支。

2. 弥补以前年度亏损

企业以前年度亏损，如果未能在 5 年之内弥补完，从第 6 年开始必须用税后利润弥补。以体现企业作为自负盈亏的经济实体所应承担的经济责任。

公司净利润在分配完上述两项，形成企业可分配利润后，方可进行后续分配。

3. 提取法定盈余公积金

法定盈余公积金是企业按照一定比例从税后利润中提取的用于生产经营的资金。这既是保全企业资本，防止因企业滥用利润而损害债权人利益的需要，也是企业为了扩大再生产而在企业内部积累资金的需要。法定盈余公积金按照企业税后利润 10% 的比例计提。当企业的盈余公积金达到注册资本的 50% 时不再提取。

4. 向投资者分配利润

企业向投资者分配利润，又称分配红利，是利润分配的重要阶段。企业在弥补亏损、提取法定盈余公积金以后，才能向投资者分配利润。向投资者分配利润应以各投资者的投资数额为依据，每个投资者分得的利润与其投资额成正比，严格按照同股同权、同股同利的原则进行。股份有限公司如果当年无利润，则原则上不得支付股利，即无利不分。但公司用法定盈余公积金抵补亏损后，为维护其股票信誉，经股东大会特别决议，也可用法定盈余公积金支付股利，但这样支付股利后留存的法定盈余公积金不得低于注册资本的 25%。

二、利润分配顺序

根据我国《公司法》、《企业财务通则》等法律、法规规定，公司当年实现的利润总额首先应当按照国家规定进行相应的调整，增减有关收支项目，依法纳税后，按照下列顺序进行分配。

（1）弥补以前年度亏损。

（2）提取法定盈余公积金。

（3）向投资者分配利润或股利。

企业当年可分配的利润可以全部分配，也可以部分分配，当年剩下的未分配的利润可结转到下年度分配。

采用不同所有制形式和经营方式的企业都应遵循上述分配顺序。股份有限公司的税后利润的分配有其特点，分配顺序如下：

（1）弥补被没收的财物损失，支付各项税收的滞纳金和罚款。

(2)弥补以前年度的亏损。

(3)提取法定盈余公积金。

(4)支付优先股股利。

(5)提取任意盈余公积金。

(6)支付普通股股利。

股份有限公司利润分配顺序的特点如下。

(1)明确任意盈余公积金的提取顺序,即在分配优先股股利之后,在分配普通股股利之前。任意盈余公积金的提取比例由股东大会讨论决定。

(2)向投资者分配利润时,先向优先股股东分配利润,然后向普通股股东分配利润。

第二节 股利政策和股利支付

一、股利理论

长期以来,财务学界就股利与股东财富的关系、股利与企业价值的关系展开了一系列争论,由此形成不同的股利理论。主要形成两种主流理论:股利无关理论和股利相关理论。

(一)股利无关理论

这种理论认为股利政策对公司市场价值没有影响,最初是 1961 年美国财务学家米勒(Miller)和莫迪格莱尼(Modigliani)在他们的论文《股利政策、增长与股票价格》中首次提出的,因此该理论也称为 MM 理论。

MM 理论建立在完全市场假设的基础上,完全市场理论的基本含义如下。

(1)没有个人所得税,即资本利得与股利之间没有所得税差异。

(2)没有筹资费用(包括股票发行和交易费用)。

(3)公司的投资决策与股利决策是彼此独立的。

(4)投资者与管理者之间没有信息不对称。

在这些假设基础上,MM 理论认为:

(1)投资者不会关心公司股利的分配情况。

(2)公司的股票价格完全由公司投资方案和获利能力所决定,而并非取决于公司的股利政策。

(3)当公司保留较多的盈余用于投资,并有较好的投资效益时,公司股票将会上涨,股东可通过出售所持股票取得资本收益。

(4) 如果公司发放较多现金股利,则投资者可将其用于其他投资获利。

(5) 当公司有较好的投资机会,而又要支付较高的现金股利时,公司可通过发行新股等方法筹集资金。

所以,股票价格与公司的股利政策是无关的。

【知识链接】 庞氏骗局

庞氏骗局是一种最古老和最常见的投资诈骗,是金字塔骗局的一种变体。很多非法的传销集团就是利用这一招聚敛钱财的,这种骗术是一个名叫查尔斯·庞齐的投机商人"发明"的。

查尔斯·庞齐(Charles Ponzi)是一位生活在19世纪和20世纪的意大利裔投机商,1903年移民美国。1919年他开始策划一个阴谋,向一个事实上子虚乌有的企业投资,许诺投资者将在三个月内得到40%的利润回报;然后,狡猾的庞齐把新投资者的钱作为快速盈利付给最初投资的人,以诱使更多的人上当。由于前期投资的人回报丰厚,庞齐成功地在七个月内吸引了3万名投资者,这场阴谋持续了一年之久,约4万人被卷入骗局,被骗金额达1 500万美元,庞齐最后锒铛入狱。

庞氏骗局在我国又称"拆东墙补西墙"、"空手套白狼"。简言之,就是利用新投资者的钱来向老投资者支付利息以作为短期回报,以制造赚钱的假象进而骗取更多的投资。

(二) 股利相关理论

与MM理论相反,股利相关理论认为,股利分配不仅影响股票价格,也影响公司的资产价值。这一理论认为现实中市场并不完善,存在税收和信息不对称等。股利相关理论中有三种具有代表性的流派。

1. "一鸟在手"理论

该理论认为,尽管股价上涨能给股东带来资本收益,但这种收益具有不确定性,对未来许下的承诺也有一定风险,所以投资者宁愿以较高的价格购买现在就能支付现金股利的股票(此比喻为"一鸟在手"),而不愿购买将来有可能会上涨或将来可能会支付较高现金股利的股票(此比喻为"双鸟在林")。由此可见,发放现金股利,股东获得现实到手的财富,而不是或有可能增长的潜在财富。

2. 信息传递理论

该理论与"一鸟在手"理论联系紧密,认为股利分配会给投资者传递公司经营状况和盈利能力方面的信息。当公司股利支付水平发生变化时,传递给投资者的信息为公司未来的盈利水平将发生变化,则股票价格将发生变化。因此股利政策将会影响股票价格。

3. 假设排除理论

该理论认为,MM 理论的有关假设条件与现实情况不符,如现实中市场总是不完善的、股票交易中总是存在交易成本、税收也是存在的、投资者也不可能完全了解公司的信息等。这些假设排除后,公司股利政策将会影响股票价格。

二、股利政策

企业税后利润在弥补以前年度亏损、提取法定盈余公积金和公益金等后则可向投资者分配。公司是否发放股利、发放多少股利以及如何发放股利等方面的方针政策就是股利政策。实际上,不同的公司会采取不同的股利分配政策,即使同一公司在不同时期也可能采取不同的股利政策。不同的股利政策会对公司的再投资、资本结构和股票价格等产生不同的影响。

(一) 剩余股利政策

当公司具有良好的投资机会(项目)时,先期满足用于投资项目所需的权益资本的留用,如有剩余的盈余,将其分配给股东;如没有剩余,就不发放股利,这就是剩余股利政策。执行这种股利政策可以使公司在具有良好投资机会的情况下,节省从外部融资的成本,减少留存收益的机会成本。因为将留存收益用于再投资,可省去从外部融资的利息和相关费用。

根据剩余股利政策,公司将按如下程序确定其股利分配额。

(1) 确定公司最优资本结构;

(2) 按公司资本结构估算再投资所需的权益数额;

(3) 在投资方案所需的资本满足后还有剩余才用来发放给股东。

【例 9-1】 A 公司最优资本结构为:40% 债务资本,60% 权益资本。公司当年提取了公积金和公益金后可向股东分配的净利润为 150 万元,公司下年拟上一个新项目,需投资预计为 200 万元,公司如采用剩余股利政策将向股东发放多少股利?

在资本结构保持不变的情况下,200 万元新项目投资额中有 200 万元×60%＝120 万元将由留用利润划拨,有 200 万元×40%＝80 万元将通过债务资本融资获得,因此 150 万元的可分配利润中有 30 万元(150 万元－120 万元)可用来分配股东股利。

在剩余股利政策下,股利支付的多少主要受公司再投资情况、盈利情况和资本结构倾向影响,因而股利支付的不确定性增加,从而影响股票的价格。实行这一股利政策应当有一个足以说服股东愿意放弃部分眼前利益换取良好投资机会的理由,才能使分配方案得以通过。

(二)固定股利支付额政策

固定股利支付额政策是指在一个较长的时间内,不管公司盈利情况如何,公司都按固定的金额从税后利润中支付。如果股份数稳定不变,则又表现为股东所持股票的每股股利每年都是固定不变的。

这是一种稳定的股利政策,执行这一股利政策可给投资者传递公司业绩稳定的信号,有利于公司股票价格的稳定。但在公司盈利不佳的情况下,会减少公司的留存收益,进一步削弱公司的实力,使公司股价受影响。无论盈利丰厚还是欠佳,都存在股利分配与盈利状况相脱节的现象。同时,长期没有增长的股利并不令人满意,一定意义上是实际价值的降低。所以,这一股利政策只适用于公司处在经营规模及盈利水平相当稳定的一段时期。

(三)持续增长的股利政策

持续增长的股利政策是指公司发放的股利总额逐年递增,每股股利逐期增加的股利政策。这一股利政策使股利发放具有较大的稳定性和增长性,给股票市场和公司股东传递一个持续增长的信息,能够吸引和稳定许多长期投资的股东,有利于股票价格的提升。

但这一股利政策要求公司对未来的支付能力作出较好的判断,具有很强的财务实力。因为在公司盈利不佳的情况下,仍要支付较高的股利,对公司来说有很大的财务压力。所以,实行这一股利政策的条件是公司处在业绩稳定增长的时期。

(四)固定股利支付率政策

固定股利支付率政策是指在一个较长的时期内,公司都按盈利的固定比例支付股利。当公司对未来盈利情况有良好预期时,这一股利政策可使公司财务压力较小。因为当年盈利多时,按固定比率分出股利后也会有大量的留用利润;而当年盈利少时,公司分配的股利也较少。不仅财务压力相对较小,还较好地体现了"利多多分、利少少分、无利不分"的股利分配原则精神。但这种股利政策的股利支付额取决于公司盈利额,盈利额大,按固定比例支付股利就多;盈利额小,支付的股利就少,由此导致公司股利分配额的频繁变化,传递出公司不稳健的信息,这会影响股票价格。所以,实行这一股利政策适应于公司业绩波动较大,无法实施分配固定股利金额的情况。

(五)正常股利加额外股利政策

正常股利加额外股利政策是指公司在一般情况下,每年除按一固定股利向股东发放正常股利外,在公司盈利较高时,向股东发放高于一般年度的正常股利的政策,高出部分即为额外股利。

这种股利政策既保持了正常股利支付的稳定性,又使公司股利政策有较大的弹性,给利润和资本变动范围较大的公司提供了一种灵活的股利政策。一方面,公司可以设定一个较低的正常股利水平,以保证公司在一般情况下有足够的支付能力。另一方面,当公司盈利水平较高或资金需求较低时,可支付股东额外的股利,增加股东的收益,增强投资者的信心。这种股利政策特别适合于公司有一个正的经营业绩,但业绩大小呈周期性变化的情况。

股利政策具有重要的信息传递作用,对公司的股票价格和投资者有很大的影响,所以一般股份公司都比较重视公司股利政策的制定。我国上市公司已有十几年历史,但对公司股利分配政策研究和实践还处于不成熟发展阶段,一些公司股利分配方案缺乏连贯性和一致性,而且相当一部分公司长期不分配股利。这种状况已受到股东的谴责和证券政策制定者的关注。

三、影响股利政策的因素

公司在确定其股利政策的时候,除要考虑理论分析的结果外,还要考虑诸多实际的影响因素。影响公司股利分配政策的主要因素如下。

(一)法律因素

为维护债权人和股东的利益,各国的相关法律对公司的股利分配都有一定的限制,公司的股利政策必须符合这些法律规范。在资本保全方面的约束,规定公司不得用募集的经营资本发放股利;在公司利润方面的约束,规定公司本年度的利润必须先用来弥补以往年度的亏损,有盈余才能分配股利;在具体的股利支付方式的约束,如果用现金的方式发放股利,则必须不能影响公司的偿债能力。

(二)公司因素

从公司角度看,影响股利分配的因素主要包括公司资产流动性、投资机会、资本成本率和举债能力等。为保证公司一定的支付能力,公司一般会设定流动比率或速动比率目标,保持现金和其他适当的流动资产。较多地支付现金股利会减少公司的现金持有,降低资产的流动性。

公司的举债能力强,盈利能力较好,用于股利支付的现金也较多;否则用于股利分配的现金就较少。

公司投资机会多,所需资金多,用于股利分配的现金就少;反之用于股利分配的资金就多。

资本成本率是公司筹资方式的选择依据,当外源性融资成本较高时,运用留存收益来再投资成为主要方式,这样用来分配股利的金额就减少了。

（三）股东因素

股利政策必须经过股东大会决议才能实施。从股东的角度来看，影响股利分配的因素主要有控制权的稀释、税收和利益驱动等。

当股东依靠股利维持生计时，股东会要求公司多支付股利；当个人所得税税率较高时，股东会要求公司少分配股利。

大股东对公司拥有一定控制权，处于对公司的控制权可能被稀释的担心，当公司投资机会多、权益资本融资较大的情况下，原有股东的股权会发生稀释，他们会将盈余较多地用于再投资而不是用来发放股利。

我国目前对股利收入暂按20%的所得税税率征缴个人所得税，而对资本收益暂不征缴个人所得税，由此股东不希望多分股利。

（四）其他方面因素

影响股利的其他主要因素如下。

1. 债务契约

公司在借入长期债务时，债权方往往会限制公司现金股利的支付，以保障债权人利益不受侵害。如当公司营运资金低于一定标准时，规定不得支付股利。

2. 通货膨胀

在通货膨胀情况下，由于整个社会的购买力下降，筹资成本增加，致使公司实际利润下降，现金股利就会减少。而在通货紧缩时，公司投资机会少，销售不畅，也会使公司利润下降，现金股利也会减少。

四、股利支付方式

股利支付的方式较多，不同公司的股利分配方案通常由董事会决定并宣布，必要时经股东大会批准后实施。一般主要有以下几种股利支付方式。

（一）现金股利方式

现金股利方式是以现金支付股利的方式，它是股利支付的主要方式。当公司有足够的留存收益来保证再投资对资金需求、保证正常的生产经营并通过发放现金股利有利于提高公司普通股的市场价值时，企业可考虑以现金股利来支付股利。

公司要采用现金股利方式，就必须具备两个基本条件：第一，公司要有足够的未指明用途的留存收益（含未分配利润）；第二，公司要有足够的现金。

（二）股票股利方式

股票股利方式是现金股利的替代方式，是用股票支付股利，即按股东股份的比例发放股票作为股利的一种方式。它不会引起公司资产的流出或负债的增加,也不会改变股东权益总额,仅涉及股东权益内部结构的调整。股票股利实质上是股东将本来应得的红利进行再投资。在其他条件不变的情况下,随着企业股份数量的增加,原有普通股的股权会稀释,摊薄每股收益和每股净资产,现行股票市价因除权而降低,得到股票股利的股东并没有现实地获得财富的增长。

(三)财产股利方式

财产股利方式是以现金以外的资产支付股利的方式,主要是以公司所拥有的其他公司的有价证券,如债券、股票,作为股利支付给股东。有的公司把自己生产的产品作为股利发放物,但一般不受欢迎。

发放财产股利可能会传递出公司经营不善的信号。当公司处于初创成长期,需要大量资金时也可能采取这种股利方式。在我国,非上市股票(原始股)的股利分配有少数公司使用过这种方式。

(四)负债股利方式

负债股利是公司以负债支付的股利,通常以公司的应付票据支付给股东,在不得已情况下也有发行公司债券抵付股利的。这种通过建立债务关系承诺在将来发放股利的方式,一般在公司面临现金不足、财务状况不佳情况下采用,这会对公司产生负面影响,因此要谨慎采用这种股利方式。

财产股利方式和负债股利方式实际上是现金股利方式的替代。这两种股利支付方式目前在我国公司实务中很少使用,但并非法律所禁止。

上述四种股利支付方式中适用于上市公司的只有前两种方式,后两种方式不可能在上市公司的股利分配中使用。

五、股利支付程序

分配股利必须遵循法定的程序,先由董事会提出分配预案,然后提交股东大会决议,股东大会通过分配预案之后,向股东宣布发放股利的方案,并按以下程序进行发放。这一程序的全过程具体表现为四个相互连接的日期。

(一)股利发放公告日期

股份公司董事会根据定期发放股利的周期举行董事会会议,讨论股利分配方案并由股东大会通过,正式宣布股利发放方案。宣布股利发放方案的那一天称为股利宣告日。

(二)股权登记日期

股权登记日是指有权领取股利的股东资格登记截止日期。自公司宣布发放股利至实际将股利发出有一定间隔,期间股票在不停地交易,公司股东也在不断易人。为明确股利归属,公司需确定股权登记日(Holder-of-record Date)。只有在股权登记日当天(往往表现为该日结束时点)列在公司股东名单上的股东,才能获得此次分配的股利,而在这一天以后才列在公司股东名单上的股东,将得不到此次发放的股利。从动态的角度看,一个从未持有该公司股票的投资人若在股权登记日当天买入并持有该股票(或之前买进而没卖出),这个投资人就享有获得此次股利所得的权利;与此对应,一个长期持有该公司股票的投资人若在股权登记日当天卖出该股票(或之前卖出再没买进),这个投资人就放弃了获得此次股利所得的权利。

据国际惯例,股权登记通常在股利发放公告日之后的2至3周内进行。

(三) 除权日期

将每股股利从股票价格中除去(扣除)称为除权,实施除权的日期称为除权日。在除权日之前,股票价格是含权价格,从除权日起,股票价格是除权价格。二级市场中,除权日为股权登记日的次日(或下一个交易日)。这一交易日开始的基点开盘价格就是上一交易日收盘价格的一个除权价格。

必须明确,在股权登记日当天已被登记享有获得本次股利的股东最终获得股利,那么,股权登记日的次日及之后买卖股票的价格就应当是除权价,否则买入者按含权价购买又得不到股利就会受到不应有的损失。所以,除权对股票的价格有明显的影响,除权之前进行交易的股票,股票价格中含有将要发放的股利价值,在除权之后进行交易的股票,股票价格中不再包含股利,因此除权价低于含权价。不同股利支付方式下的除权价分别为:

(1) 仅发放现金股利的除权价＝股权登记日收盘价－每股现金股利额
(2) 仅发放股票股利的除权价＝股权登记日收盘价÷(1＋送股率)
(3) 派现与送红股并行的除权价＝(股权登记日收盘价－每股现金股利额)÷(1＋送股率)

(四) 股利支付日期

这一天公司将股利支付给股东,并冲销股利负债金额。站在股东的角度讲,这一天也就是收到股利的日期,又称红利到账日。

下面举例说明股利支付程序。

【例 9-2】 A上市公司于2013年4月10日发布公告称:"本公司董事会会议决定2012年度发放每股为2元的股利,本公司将于2013年4月28日将上述股利支付给已在2013年4月25日登记为本公司股东的人士。"

在该例中,2013年4月10日为A公司的股利宣告日;2013年4月25日为其股权登记日;2013年4月26日为其除权日;2013年4月28日为其股利支付日。

整个过程如图9-1所示。

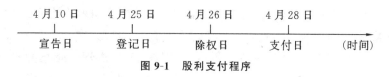

图 9-1 股利支付程序

第三节 股票股利和股票分割

一、股票股利

公司以向股东赠送股票的方式发放股利,称为股票股利,又称"送红股"。股票股利对公司的资本结构、股权结构、每股收益和每股价格都将产生影响。

(一)股票股利对股东权益的影响

与发放现金股利不同,发放股票股利只是将公司的未分配利润转化为股本,未分配利润减少,股本增加;权益资本结构改变,总额不变。举例说明如下。

【例 9-3】 某公司在发放股票股利前,股东权益情况如表 9-1 所示。

表 9-1 发放股票股利前的股东权益 单位:万元

普通股(每股面值 1 元,已发行 50 万股)	50
盈余公积	20
未分配利润	180
股东权益合计	250

假定公司宣布 10 送 1 的股票股利,即发放 5 万股普通股股票。随着股票股利的发放,相应地需从未分配利润项目中划出资金 5 万元转入普通股项下。这时,公司股东权益情况如表 9-2 所示。

表 9-2 发放股票股利后的股东权益 单位:万元

普通股(每股面值 1 元,已发行 55 万股)	55
盈余公积	20
未分配利润	175
股东权益合计	250

比照、分析表 9-1 和表 9-2 可知,公司按每持有 10 股分得 1 股股利的方式来发放股利,共发放 5 万股,从未分配利润中划拨 5 万元转化为股本,公司未分配利润减少,普通股股本数相应增加,公司的股东权益总额保持不变,仅仅是结构发生了变化。

（二）股票股利对股东利益的影响

发放股票股利，会由于普通股股数增加而引起每股收益和每股市价的下降；但又由于股东所持股份的比例不变，每位股东所持股票的市值总额仍保持不变。以下举例说明。

【例9-4】 假定上述公司本年净利润为150万元，某股东持有5万股，发放股票股利对该股东的影响如表9-3所示。

表9-3 股票股利对股东利益的影响　　　　　　　　　　单位：元

	发放股票股利前	发放股票股利后
每股收益	1 500 000÷500 000=3	1 500 000÷550 000=2.73
每股价格	11	11÷(1+10%)=10
持股比例	50 000÷500 000=10%	55 000÷550 000=10%
所持股总市值	11×50 000=550 000	10×55 000=550 000

从表9-3中分析可知，虽然发放股票股利之后公司的每股收益下降（摊薄）和每股价格下降（除权），但股东持股比例不变，总市值不变，利益未受影响。因为所持股票价格下降的部分从所持股票数量增加的价值中得到了补偿。从中也可认识到，股票股利并不会直接增加股东财富。

【知识链接】 哈撒韦公司独特的股利分配政策

世界500强企业之一的伯克希尔·哈撒韦公司曾经是一家濒临破产的纺织厂，在沃伦·巴菲特的精心运作下，公司净资产从1964年的2 288.7万美元增长到2011年的3 926.47亿美元，股价从每股7美元曾上涨到151 650美元。

按一般美国公司的做法，前景越好、业绩越好的公司股利分配水平相应也会较高，而不分配股利的公司往往是亏损公司。但哈撒韦作为一家业绩卓著的公司，长期以来坚持既不分红也不分股的股利政策，以至于2011年底该公司的总股本仍为165万股。

对这样一种股利政策，哈撒韦公司的董事长、世界著名的投资大师沃伦·巴菲特作出了如下解释：不分红可以避免股东与公司被双重征税，并且也不必在支付红利上费精力，这样就可以重新投资红利以获取更多的投资收益。

二、股票分割

股票分割又称拆细或拆股，是在总值或总额不变的原则下，将一张面值较大的股票分割为几张面值较小的股票的行为。如将一股拆成两股的股票分割，是指分割后两股新股换一股旧股的行为。股票分割会对公司财务产生影响。如美国第二大卷烟制造商雷诺公司 2012 年 7 月 19 日宣布,公司董事会已经批准了 1 股分成 2 股的股票分割方案。张小姐原来持有 1 000 股雷诺公司股票,每股 40 美元。股票分割后张小姐将持有 2 000 股(1 000×2/1＝2 000)雷诺公司股票,但每股价格则变为 20 美元(40×1/2＝20)。这相当于股票股利中的 10 送 10 的情况,每股价格降为 20 美元也就可以视为送红股中的一个除权价格。

股票分割并未导致张小姐股票市值的变化,分割前为 40 000 美元(40×1 000美元＝40 000 美元),分割后仍为 40 000 美元(20×2 000 美元)。即股票分割后流通股总值、股东权益总额等都不发生变化,但流通股数会增加,每股收益会减少,由此对公司股票价格产生影响。这与送红股的不同之处有两点,一是股票分割使股票面值降低,送红股不存在这种变化;二是送红股会改变权益资本结构,而股票分割不存在这种变化。

公司进行股票分割的主要动因如下。

(1) 当公司的股价上涨得太高的时候,股票分割可降低公司股票价格,使股票更容易在市场上流通,吸引投资者买卖公司股票。

(2) 分割公司股票可向市场传递出公司发展势头良好的信息,因为股票分割可以较低股票价格吸引投资者。

与股票分割相反,公司有时进行股票合并,即股票反向分割。与股票分割相反,反向分割使投资人换到更少的股票。如张小姐原来持有公司 1 000 股,若公司宣布原来两股合并为 1 股,则张小姐持有的股票则变为 500 股(1 000 股×1/2＝500 股),而股票的市场价格原来为 40 美元,反向分割后每股价格为 80 美元(40 美元×2)。

股票反向分割一般在流通股价格过低的情况下进行。股票反向分割可减少流通在外的股票数量,提高每股股票价格。股票合并通常在一些业绩不佳、股价过低的公司进行,希望通过这种操作提高股票价格,达到一个合理的交易价格水平,但对稳定股市有负面作用。所以会受到有关法规的限制。

复习思考题

1. 解释下列名词术语:
   股利无关论　　股利相关论　　股利政策　　剩余股利政策
   正常股利加额外股利政策　　股权登记日　　除权日
   股票股利　　股票分割
2. 企业净利润分配的项目有哪些?
3. 股份有限公司税后利润的分配顺序是怎样的? 有何特点?

4. 简述股利相关论及其三种具有代表性的流派。
5. 综述各种股利政策的含义及其适用条件。
6. 股利支付程序是怎样的,试举例予以说明。
7. 股票股利对股东权益和利益有何影响?
8. 为什么要进行股票分割?股票分割会引起财务上的哪些变化?

练 习 题

一、单项选择题

1. 相对于其他股利政策而言,既可以维持股利的稳定性,又有利于优化资本结构的股利政策是(   )。
   A. 剩余股利政策　　　　　　　B. 固定股利政策
   C. 固定股利支付率政策　　　　D. 低正常股利加额外股利政策

2. 在下列股利政策中,股利与利润之间保持固定比例关系,体现风险投资与风险收益对等关系的是(   )。
   A. 剩余股利政策　　　　　　　B. 固定股利政策
   C. 固定股利支付率政策　　　　D. 正常股利加额外股利政策

3. 在下列公司中,通常适合采用固定股利政策的是(   )。
   A. 收益显著增长的公司　　　　B. 收益相对稳定的公司
   C. 财务风险较高的公司　　　　D. 投资机会较多的公司

4. 上市公司按照剩余股利政策发放股利的好处是(   )。
   A. 有利于公司合理安排资本结构　　B. 有利于投资者安排收入与支出
   C. 有利于公司稳定股票的市场价格　D. 有利于公司树立良好的形象

5. 我国上市公司不得用于支付股利的权益资本是(   )。
   A. 资本公积　　　　　　　　　B. 任意盈余公积
   C. 法定盈余公积　　　　　　　D. 上年未分配利润

6. 关于股利分配政策,下列说法不正确的是(   )。
   A. 剩余股利分配政策能充分利用筹资成本最低的资金资源,保持理想的资本结构
   B. 固定或持续增长的股利政策有利于公司股票价格的稳定
   C. 固定股利支付率政策体现了风险投资与风险收益的对等
   D. 低正常股利加额外股利政策不利于股价的稳定和上涨

7. 某股份公司目前的每股收益和每股市价分别为 2.4 元和 24 元,现拟实施 10 送 2 的送股方案,如果盈利总额不变、市盈率不变,则送股后的每股收

益和每股市价分别为( )元。

 A.2 和 20   B.2.4 和 24   C.1.8 和 18   D.1.8 和 22

8. 公司董事会将有权领取股利的股东资格登记截止日称为( )。

 A. 股利宣告日   B. 股利支付日   C. 股权登记日   D. 除息日

9. 容易造成股利支付额与本年净利润相脱节的股利分配政策是( )。

 A. 剩余股利政策   B. 固定股利政策

 C. 固定股利支付率政策   D. 低正常股利加额外股利政策

10. 在证券市场上,所谓"转增股"是以( )为依据增发的股票。

 A. 本年净利润   B. 累计未分配利润

 C. 资本公积金   D. 盈余公积金

二、多项选择题

1. 公司在制定利润分配政策时应考虑的因素有( )。

 A. 通货膨胀因素   B. 股东因素   C. 法律因素   D. 公司因素

2. 按照资本保全约束的要求,企业发放股利所需资金的来源包括( )。

 A. 当期利润   B. 留存收益   C. 原始投资   D. 股本

3. 上市公司发放股票股利可能导致的结果有( )。

 A. 公司股东权益内部结构发生变化   B. 公司股东权益总额发生变化

 C. 公司每股利润下降   D. 公司股份总额发生变化

4. 下列说法不正确的是( )。

 A. 只要本年净利润大于 0,就可以进行利润分配

 B. 只要可供分配利润大于 0,就必须提取法定公积金

 C. 不存在用公积金支付股利的可能

 D. 提取公积金的基数是本年的税后利润

5. 法定公积金可以用于( )。

 A. 弥补亏损   B. 发放股利

 C. 扩大公司生产经营   D. 转增资本

6. 下列说法正确的是( )。

 A. 具有较强的举债能力的公司往往采取较宽松的股利政策

 B. 盈余相对稳定的公司有可能支付较高的股利

 C. 资产流动性较低的公司往往支付较低的股利

 D. 有良好投资机会的公司往往少发股利

7. 下列关于发放股票股利的说法不正确的是( )。

 A. 直接增加股东的财富

B. 对公司股东权益总额产生影响
　　C. 改变每位股东所持股票的市场价值总额
　　D. 改变股东权益内部项目的比例关系

8. 股票分割之后（　　）。
　　A. 公司价值不变　　　　　　B. 股东权益内部结构发生变化
　　C. 股东权益总额不变　　　　D. 每股面额降低

9. 某公司拟按10％的比例发放股票股利,发放股票股利前的每股盈余为4元,预计发放股票股利后的每股市价为25元,据此,下列指标中计算正确的有（　　）。
　　A. 发放股票股利后的每股盈余为3.64元
　　B. 发放股票股利前的每股市价为27.5元
　　C. 发放股票股利后的市盈率为6.868倍
　　D. 发放股票股利前的股票获利率为14.55％

三、判断题

1. 股票分割不仅有利于促进股票流通和交易,而且还有助于公司并购政策的实施。（　　）

2. 企业发放股票股利会引起每股收益的下降,从而导致每股市价有可能下跌,每位股东所持股票的市场价值总额也将随之下降。（　　）

3. 在除息日之前,股利权从属于股票;从除息日开始,新购入股票的人不能分享本次已宣告发放的股利。（　　）

4. 以公司所拥有的其他企业的债券作为股利支付给股东属于负债股利支付方式。（　　）

5. 特殊情况下,可以用资本公积发放现金股利。（　　）

6. 依靠股利维持生活的股东,往往要求公司支付较高的股利。（　　）

7. 具有较高债务偿还需要的公司,一定会减少股利的支付。（　　）

四、计算分析题

1. 目前1年期国库券的利息率为6％,市场平均报酬率为8.5％,A公司股票的β系数为1.2,市价为20元。经测算,A公司将以3％的年增长率派发现金股利。年末A公司拥有400万股普通股,全年实现净利润500万元,按10％计提法定盈余公积,按25％计提任意盈余公积。

（1）测算公司现金股利派发额;

（2）假设年初A公司的未分配利润为220万元,计算年末A公司的未分配利润。

2. 某公司今年年底的所有者权益总额为 9 000 万元,普通股为 6 000 万股。目前的资本结构为长期负债占 55%,所有者权益占 45%,没有需要付息的流动负债。该公司的所得税税率为 30%。预计继续增加长期债务不会改变目前 11% 的平均利率水平。董事会在讨论明年资金安排时提出:

(1) 计划年度分配现金股利 0.05 元/股;

(2) 为新的投资项目筹集 4 000 万元的资金;

(3) 计划年度维持目前的资本结构,并且不增发新股,不举借短期借款。

请测算实现董事会上述要求所需要的息税前利润。

3. A 公司本年实现税后净利润 2 000 万元,年初未分配利润为 250 万元,下年需增加投资资本 1 000 万元。目标资本结构权益与负债之比为 5∶5,公司发行在外的普通股为 1 000 万股,采用剩余股利政策进行股利分配,按 10% 的比例提取法定公积金,现在每股市价为 20 元。要求:

(1) 计算可供分配利润以及提取法定公积金的数额;

(2) 计算本年应发股利、每股股利、每股收益和年末未分配利润;

(3) 假设发放股票股利后盈利总额不变,市盈率不变,若想要通过发放股票股利将股价维持在 16~18 元/股的理想范围之内,则股票股利发放率应为多少?

4. 某公司 2012 年支付股利共 255 万元,过去 10 年间该公司按 10% 的速度持续增长,2012 年税后盈利为 870 万元。2013 年预测盈利为 1 381 万元,投资总额为 1 000 万元,预计 2013 年以后仍会恢复 10% 的增长率。公司采用如下不同股利政策,请分别计算 2013 年的股利:

(1) 股利按盈利的长期增长率稳定增长;

(2) 维持 2012 年的股利支付率;

(3) 采用剩余股利政策(投资 1 000 万元中 30% 为负债融资);

(4) 2013 年投资 1 000 万元,30% 用外部权益融资,30% 用负债,40% 用保留盈余,未投资盈余用于发放股利。

5. 某公司经批准在 2013 年通过增发股票来融资,目前已发行股票的每股市价为 12 元,该公司 2012 年缴纳所得税 500 万元,税后利润的 20% 作为公积金,剩余部分用于分配股东利润,公司已发行股票 100 万股。2013 年公司增资后,预计股票的市盈率将下降 25%,每股收益将下降为 7 元。该公司所得税税率为 30%。要求:

(1) 计算 2012 年的税前利润、税后利润;

(2) 计算 2012 年可供股东分配的利润;

(3) 计算 2012 年的每股收益、市盈率和 2013 年的市盈率;

(4) 计算 2013 年增发股票的发行价格。

6. 光华股份有限公司有关资料如下。

(1) 公司本年年初未分配利润贷方余额为 181.92 万元，本年息税前利润为 800 万元，所得税税率为 33%。

(2) 公司流通在外的普通股为 60 万股，发行时每股面值 1 元，每股溢价收入 9 元；公司负债总额为 200 万元，均为长期负债，平均年利率为 10%，假定筹资费用忽略不计。

(3) 公司股东大会决定本年度按 10% 的比例计提法定盈余公积。本年按可供投资者分配利润的 16% 向普通股股东发放现金股利，预计现金股利以后每年增长 6%。

(4) 据投资者分析，该公司股票的 β 系数为 1.5，无风险收益率为 8%，市场上所有股票的平均收益率为 14%。

要求：

① 计算光华公司本年度净利润；

② 计算光华公司本年度应计提的法定盈余公积；

③ 计算光华公司本年度末可供投资者分配的利润；

④ 计算光华公司每股支付的现金股利；

⑤ 利用股票估价模型计算光华公司股票价格为多少时投资者才愿意购买。

第十章 资本经营

【学习要点】本章介绍企业如何通过资本经营实现扩张目标。需掌握下列要点：
(1) 资本经营的内涵和类型；
(2) 公司并购及其类型、动机和程序；
(3) 公司并购的成本分析和定价；
(4) 公司重整、清算的含义和程序。

【主旨语】运筹帷幄，制胜无形。　　——《史记·太史公自序》

第一节 资本经营概述

随着我国经济体制改革的不断发展，企业先后经历了放权让利、承包制、利改税和股份制改革，如何进行资源优化配置、使企业资本保值和增值、实现企业价值最大化已成为社会关注的热点和焦点。资本经营，一种新的经营理念已被企业界和财务界所认识和接受。随着国内资本市场日趋活跃，股票上市公司日渐增多，企业并购、资产重组日益频繁，资本运营在经济生活中发挥了重要作用，同时也出现了一些问题。但不少人认为从商品经营到资本经营是我国企业经营机制转变的又一次飞跃，有些人甚至把资本经营称为现代企业管理的最高形态。

一、资本经营的内涵

所谓资本经营(Capital Operation)，是以资本为纽带，以价值管理为特征，通过企业全部资本和生产要素的优化配置及产业结构的动态调整，对企业的有形资产和无形资产进行转让和处置，实现企业有效运营的一种经营方式。

在商品经济社会中，资本的本质特征就是价值增值，为达此目的，资本只有通过营运才能发挥其在经济生活中的作用。资本经营就是把各种资源和生产要素视为可经营的价值资本，或者说把一切有形或无形资产变为可增值的活化资本，通过流通、收购、兼并、联合等各种手段进行运营，以最大限度地实现资本增值的一种方式。

资本经营的实质是企业资产的重组，是市场优胜劣汰竞争中企业必然要进行的一种市场行为。当企业通过生产经营这种内部不断发展的方式来进行自身积累已不能满足自身发展和市场竞争需要时,通过交易、转让、租赁、收购、兼并、联合等方式来从外部谋求企业的扩张和发展就成为一种必然的选择。

二、资本经营的类型

资本经营可分为资本扩张和资本收缩两种经营模式。

(一) 扩张型资本经营模式

资本扩张是指在现有的资本结构下,企业通过内部积累、追加投资、吸纳外部资源即兼并和收购等方式,来实现资本规模的扩大的经营模式。资本扩张又可分为三种类型,即横向扩张、纵向扩张和混合扩张。

1. 横向扩张

横向扩张是经营领域和产品相同或相似的公司为实现规模经营而进行的产权交易。如青啤集团依靠自身的品牌资本优势,先后斥资6.6亿元,收购资产12.3亿元,兼并收购了省内外14家啤酒企业。不仅扩大了市场规模、提高了市场占有率、壮大了青啤的实力,而且带动了一批国有企业脱困。2003年,青啤产销量达260万吨,跻身世界啤酒十强,利税总额也上升到全国行业首位,初步实现了做"大"、做"强"的目标。

2. 纵向扩张

纵向扩张是生产、销售过程中有直接产出关系的企业之间进行的交易。企业资本纵向扩张是为了加强对关键性的原料供应、销售渠道和用户的控制力。如格林柯尔集团是全球第三大无氟制冷剂供应商,处于制冷行业的上游。从2002年开始,格林柯尔集团先后收购了其下游的冰箱生产企业,包括科龙、美菱等巨头在内的五家企业及其生产线。这样既有利于发挥其制冷技术优势,同时也能直接面对更广大的消费群体。通过这一系列的并购活动,格林柯尔集团已拥有900万台的冰箱产能,居世界第二、亚洲第一,具备了打造国际制冷家电航母的基础。格林柯尔集团纵向产业链的构筑,大大提高了其自身的竞争能力和抗风险能力。

3. 混合扩张

混合扩张是相互之间没有直接投入产出关系,经营领域和产品没有任何联系或联系程度很小的公司之间进行的交易。混合扩张是为了适应企业集团多元化的战略发展要求、跨行业发展而进行的交易。如作为家电行业巨头的美的集团,2003年8月和10月先后收购了云南客车和湖南三湘客车,正式进入汽车行业。此后不久,美的集团又收购了安徽天润集团,进军化工行业,最终发展成为多产品、跨行业、拥有不同领域核心竞争能力和资源优势的大型国际性综合制造企业。

（二）收缩型资本经营模式

收缩型资本运营是指企业把自己拥有的一部分资产、子公司、内部某一部门或分支机构转移到公司之外，从而缩小公司的规模的经营模式。其目的是追求企业价值最大化及提高企业经营效率。为此公司会把一部分规模小、发展缓慢、收益少的非核心业务放弃掉，集中资源和精力支持核心业务的发展。

收缩型资本经营主要形式如下。

1. 资产剥离

资产剥离是指把公司非经营性闲置资产、无利可图资产以及已经达到预定目的资产从公司资产中分离出来。如 2003 年 8 月，原中国人寿保险公司一分为三：中国人寿保险（集团）公司、中国人寿保险股份有限公司和中国人寿资产管理公司。超过 6 000 万张的 1999 年以前的旧保单全部被拨归给母公司——中国人寿保险（集团）公司，而 2 000 万张左右 1999 年以后签订的保单则以注资的形式被纳入新成立的股份公司。通过资产剥离，母公司——中国人寿保险（集团）公司承担了 1 700 多亿元的利差损失，但这为中国人寿保险股份有限公司于 2003 年 12 月在美国和我国香港特别行政区两地同时上市铺平了道路。

2. 公司分立

分立是指一个公司依照公司法有关规定，通过股东会决议分成两个以上的公司。公司分立可以采取存续分立（又称派生分立），这是指一个公司分离成两个以上公司，本公司继续存在并设立一个以上新的公司。公司分立也可以采取解散分立（又称新设分立），这是指将母公司解散，再设立两个以上新的公司。

为防止企业借合并或者分立转移债务、逃避责任，我国《民法通则》第 44 条规定："企业法人分立、合并，它的权利和义务由变更后的法人享有和承担。"《中华人民共和国合同法》第 90 条规定："当事人订立合同后分立的，除债权人和债务人另有约定外，由分立的法人或者其他组织对合同的权利和义务享有连带债权，承担连带债务。"

3. 分拆上市

分拆上市是指一个母公司通过将其在子公司中所拥有的股份，按比例分配给现有母公司的股东，从而在法律上和组织上将子公司的经营从母公司的经营中分离出去。如 2000 年，联想集团实施了有史以来最大规模的战略调整，对其核心业务进行拆分，分别成立新的"联想集团"和"神州数码"。2001 年 6 月 1 日，神州数码股票在香港联交所上市。神州数码从联想中分拆出来不但解决了事业部层次上的激励机制问题，而且由于神州数码独立上市，联想集团、神州数码的股权结构大大改善,公司层次上的激励机制也得到了进一步的解决。

4. 股份回购

股份回购是指购回发行在外的股票。股票回购可减少公司流通在外的股票数,在其他条件不变的情况下,可提高公司股票的每股价格,保持公司控制权,改善资本结构。如1999年,申能股份有限公司以协议回购方式向国有法人股股东申能(集团)有限公司回购并注销10亿股国有法人股,占总股本的37.98%,共计动用资金25.1亿元。国有法人股股东控股比例由原来的80.25%下降到68.16%,公司的法人治理结构和决策机制得到进一步完善。回购完成后,公司的业绩由1998年的每股收益0.306元提高到1999年的每股收益0.508元,而到2000年,每股收益达到0.933元。这为申能股份有限公司的长远发展奠定了良好的基础,并进一步提升了其在上市公司中的绩优股地位。

【知识链接】 斯坦福大学与硅谷

斯坦福大学的腾飞,是20世纪70年代以后的事。8 000多英亩土地,学校想怎么用也用不完,于是,1959年,工程学院院长特曼提出一种构想,将1 000英亩土地以极低廉的租金长期租给工商业界或毕业校友设立公司,工商业界或毕业校友设立公司后再给学校提供各种研究项目和学生实习的机会。这便是斯坦福大学的转折点。

斯坦福大学成为美国首家在校园内成立工业园区的大学,这是用土地换来的巨大收获。工业园区内的企业不断地扩张,很快超出了斯坦福大学所能提供的土地范围,新企业向外不断扩张,形成了美国加州科技领先、精英云集的"硅谷"。

目前在硅谷,集结着美国各地和世界各国的100多万科技人员,美国科学院院士在硅谷任职的有近1 000人,获诺贝尔奖的科学家超过30人。

第二节 企业并购

企业可以通过收购和兼并其他企业来扩张规模(有时是急剧扩张),使公司的市场竞争能力和公司价值得以迅速增长。全球从19世纪末至今发生过几次较大规模的并购浪潮,从历史上看,并购与重组多数是成功的,其成功经验也多种多样。20世纪80年代初,我国自发生有一定深远影响力的并购事例以来,并购之风时断时续,并购水平、并购方式亦随之不断变化。2006年全球宣布并购已经达到45%。由格瑞贝斯环球财经推出的《中国并购调查》预测:亚洲范围的并购必将成为全球并购市场的重点,而中国将成为未来3~5年全球并购关注的焦点。

一、并购的含义和动机

(一) 并购的含义

并购是"收购"和"兼并"的统称,在国际上通常称"Merger & Acquisition",简称"M&A",是指在市场机制作用下企业为了获得其他企业控制权而进行的产权交易行为,把并购一方称为买方或并购企业,被并购方称为卖方或目标企业。

兼并(Merger)通常是指一家企业以现金、证券或其他形式购买取得其他企业的产权,使这些企业丧失法人资格或改变法人实体,并取得这些企业的决策控制权的经济行为。按照新公司是否新设,兼并通常有两种形式:吸收合并(被兼并方取消法人资格成为兼并公司的一个组成部分)和新设合并(兼并双方均告解散,合并成立一个新公司)。

收购(Acquisition)是指企业用现金、债券或股票购买另一家企业的部分或全部资产或股权,以获得该企业的控制权的经济行为。按照收购的标的,可以进一步分为资产收购(收购方通过收购目标公司资产方式取得控制权)和股票收购(收购方以购买目标公司股票方式取得控制权)。

兼并和收购在运作中联系紧密,二者既有区别也有联系。二者的相似之处主要有:动因都是为了增强企业实力进行的外部扩张策略,都是以产权为交易对象。二者的区别主要有:兼并是企业之间合为一体,而收购仅仅是取得对方控制权;兼并后兼并企业成为目标企业新的所有者和债权债务的承担者;而在收购中,收购企业是目标企业的新股东,以收购的股本为限承担目标企业的风险;兼并多在被兼并企业财务状况不佳时进行,而收购一般在被收购企业处于正常生产和经营状态下进行。

(二) 并购的动机

公司并购是国际上一种非常普通的现象,我国也有越来越多的企业尝试进行国内外的并购活动。在市场经济条件下,企业作为独立的经济主体,其经济行为受到利益驱动。并购一方面是为了实现其财务目标——股东财富最大化;另一方面,在市场竞争巨大压力下,企业为谋求生存和发展通过并购来增强实力。一般来讲,公司并购往往并非出于某个别原因进行,而是多种因素促成的。其主要因素如下。

1. 谋求管理协同效应

如果某企业有一支高效率的管理队伍,另一企业因管理不善而不能发挥自身的实力,造成管理效率低下,则两个企业通过并购,由高效率的企业进行管理,释放高效率企业的管理能量,就能提高低效率企业的经营效率,降低企业管理运行成本,增加企业价值。

2. 谋求经营协同效应

并购能使企业迅速达到规模经济的要求,在生产、营销、管理等方面充分地利用现有资源。合并后,可进行重新安排和调整,取长补短、优势互补,使公司经营规模、资本实力、市场占有率、技术水平等得到增强,取得竞争优势。

3. 谋求财务协同效应

并购能使公司资本结构得到改善,在税收方面达到合理避税的利益,增强企业举债能力。同时并购能向社会和公众传出利好信息,能使股票市场对公司股票评价发生改变,进而对股票价格产生正面影响,从而实现并购预期。

4. 市场份额效应

市场份额是企业的产品在市场上所占的份额,即企业对市场的控制程度。并购可以提高并购企业的控制能力。横向并购可使并购企业扩大规模,改善行业结构,提高行业的集中程度。纵向并购通过对原料和销售渠道的控制,可有效地减少企业上游和下游的竞争威胁,提高企业讨价还价的能力。混合并购使并购后的企业拥有足够的规模和财力,对相关领域中的竞争对手构成竞争优势。

5. 谋求战略价值

在发展扩张过程中,并购可使企业增强竞争优势,获取公司发展机会,找到公司新的增长点,降低经营风险,实现公司价值最大化的目的。如娃哈哈集团作为我国饮料行业的巨头,由于饮料行业严重供过于求,竞争激烈,企业通过并购进入童装和日化行业,走向多元化道路,以谋求企业新的利润增长点,分散企业经营风险。

二、并购类型与程序

(一) 并购类型

并购无定式,任何一个并购案例都是诸多并购技巧的综合运用。但适当的并购方式,将能最大限度地降低成本、防范和规避风险,最终帮助企业实现低成本扩张和资本增值。

企业并购的种类很多,按照不同的划分标准有不同的类型。

1. 依据并购双方的行业关系划分

按并购双方的行业关系,并购类型主要有水平并购、垂直并购和混合并购三类。

1) 水平并购

水平并购也称为横向并购,是相同行业的两个或多个生产和销售同类产品或生产工艺相近的具有竞争关系的公司之间进行的并购。这种并购是最早出现的一种企业并购形式。在19世纪后期和20世纪初期的西方企业并购高潮中,横向并购是主流并购形式,当前的第五次并购浪潮也是以横向并购为主的。由于企业生产同类产品,或生产工艺相近,所以可以迅速扩大生产规模,节约费用,提高通用设备使用效率,还可以通过共用采购、销售等渠道形成产销的规模经济。如2005年5月中国联想集团正式宣布完成收购IBM全球PC业务,合并后的新联想集团将以130亿美元的年销售额一跃成为全球第三大PC制造商。由于这种并购减少了竞争对手,容易破坏竞争,形成垄断的局面,因此横向并购常常被严格限制和监控。

2) 垂直并购

垂直并购也称为纵向并购,是生产工艺或经营方式上有前后关联的企业间进行的并购,是生产、销售的连续性过程中互为购买者的企业之间的并购。

按照并购公司与被并购公司在价值链中所处的相对位置,又可以将纵向并购进一步区分为前向并购、后向并购和双向并购三种。前向并购即企业通过收购或兼并若干原材料供应商,拥有和控制其供应系统,实行供产一体化。如一服装生产企业对一家供应服装材料的布匹生产企业实施并购。后向并购即企业通过收购或兼并若干商业企业,或者拥有和控制其分销系统,实行产销一体化,如一家服装生产企业将一个服装连锁专卖店并购。双向并购则是企业既向前又向后的产品加工方向并购。

纵向并购的优点是:第一,能扩大生产经营规模,加强生产各环节的配合,有利于协作化生产。第二,可以控制某一产品的销售渠道和原料渠道,执行企业的销售政策,保证原料的供应。第三,将原来的市场交易行为转化为企业内部的供求交易或调拨关系,使市场交易内部化,减少市场风险,节省交易费用。

纵向并购的缺点是:企业发展受市场因素影响较大,此外,如果纵向并购不是在专业化分工和规模经济原则上进行的,则容易导致并购失败。

一般来说,纵向并购不会导致公司市场份额的大幅提高,因此,纵向并购一般很少会面临反垄断问题。在西方第二次并购浪潮中,纵向并购是主要并购形式。

3) 混合并购

混合并购是指既非竞争对手又非现实或潜在的客户或供应商的企业之间的并购。混合并购是企业实现多元化经营战略、进行战略转移和结构调整的重要手段,是西方第三次并购浪潮中的主要形式。如我国三九集团的发展壮大过程,在中国国有企业的发展历史中堪称奇迹,它曾走过一段多元化发展道路,依靠并购重组手段,从单一的一家制药企业发展成为拥有100多家下属企业、以医药为主营的产业集团,目前三九集团所属企业达100多家,涉及医药、房地产、旅游、食品、酒业等八大产业。

2. 按公司并购的出资方式划分

按公司并购的出资方式,并购类型主要有用现金并购、承担债务式并购、互换式并购、综合并购和杠杆并购等。

1) 用现金并购

用现金并购是并购公司用现金购买目标公司的资产和股票,也称"直接并购",这可在短期内实现对目标公司的并购,但并购公司的财务负担会加重。如果公司没有足够的现金流而仍选择现金方式并购,就需大举借贷,一旦中间环节安排不好,资金链出现问题,就很有可能会把自己拖垮,即使不被拖垮,因借贷增加的财务费用也会影响公司并购后的整合。

2) 承担债务式并购

这种并购也称接收式并购,是并购公司以承担目标公司债务为前提,接收目标公司全部资产和负债的并购。其不以价格为标准,不支付现金,只承诺在可预见的将来分期偿还目标公司债务。并购后目标公司所有资产归入并购公司,法人主体消失,目标公司全部由并购公司接纳。

3) 互换式并购

这种并购不发生现金往来,而是通过股权换股权、债权换股权和资产换股权等方式实现并购的。互换式并购可以减少现金支出,降低财务费用和整合不当带来的财务风险。

股权换股权是并购公司用自己的股票换取目标公司的股票,实现对目标公司的并购,一般发生在上市公司之间。

债权换股权是并购公司用其对目标公司拥有的债权换取目标公司的股份,从而达到并购目标。

资产换股权是并购公司将其无形资产,如专利、品牌、特别许可权等一定价值注入目标公司,以换取目标公司的股权。这样可充分利用并购公司的无形资产。

4) 综合并购

这种并购是并购公司对目标公司提出收购要约时,以现金、股票、债券、认股权证、应付票据和其他资产等多种支付工具进行的并购。这样可大大减少并购公司支付现金的压力。

5) 杠杆并购

这种并购也称举债式并购,是并购公司以目标公司资产作抵押,借入相应款项进行的并购。其运作程序为由投资银行给并购公司贷"过渡性贷款"、并购公司用此款完成对目标公司并购、并购公司再用目标公司资产作抵押进行商业性贷款或发行债券,将融通资金用来偿还"过渡性贷款"。

3. 按并购双方是否友好协商划分

按并购双方是否友好协商划分,并购有善意并购和敌意并购两类。

1) 善意并购

善意并购又称为友好并购,是并购双方高层经过协商决定并购相关事宜的并购。由于双方均有合并意愿,彼此之间相互熟悉,若目标公司对收购条件不满意,双方可以就此进一步协商,最终达成双方都能接受的合并协议,故此类并购的成功率往往较高。

2) 敌意并购

敌意并购又称强迫接管。这类并购通常是在目标公司管理层对并购公司的收购意图尚不知晓或持反对态度的情况下,并购公司对目标公司强行进行并购的行为。并购公司往往采取突然的手段,提出苛刻的并购条件使目标公司不能接受,所以目标公司在得知并购公司意图后可能会采取一些反并购策略,相应地,并购公司也会采取一些措施来逼迫目标公司就范。

(二) 并购程序

对于企业并购程序,尤其是对于上市公司的并购,我国法律法规均进行了相应的规定,因此企业并购有了具体的操作程序,同时由于并购有较大的风险,企业在并购实践中,要了解并购流程,及时掌握相关信息,才能使并购成功。

并购一般分为三个阶段:目标选择与评估阶段、准备计划阶段、公开或协议并购实施阶段。并购活动是一项系统工程,一般情况下,必须由公司负责人亲自主持实施并购活动,由财务部门或投资部门成立一个并购项目部门,负责具体组织实施工作。

企业的兼并与收购的基本程序如下。

1. 目标公司的确定,发出并购意向书

一般情况下,并购公司确定企业战略发展目标后,就要积极在自己熟悉的企业中寻找目标公司并与其进行并购洽谈,可由产权交易市场或中介机构寻找目标公司,或在证券市场上收购目标公司。在寻找目标公司时,并购公司要通过调研了解目标公司的过去、现在与未来,并认真倾听企业内外的有关人士的建议,最终确定目标公司。

确定目标公司之后,由并购公司向被并购公司发出并购意向书,将并购意图通知给被并购方,以了解被并购方对并购的态度。并购意向书一般包含以下条款:意向书的买卖标的、对价、时间表、先决条件、担保和补偿、限制性的保证、雇员问题和退休金、排他性交易、公告与保密、费用支付等。

如果外国投资者所针对的目标公司属于国有企业,则其产权或财产被兼并,都必须取得负责管理其国有资产的国有资产管理部门的书面批准同意。

2. 核查资料,资产评估

被并购方同意并购后,并购方就需进一步对被并购方的情况进行核查,以进一步确定交易价与其他条件。此时并购方要核查的主要是被并购方的资产,特别是土地权属等的合法性与准确数额、债权债务情况、抵押担保情况、诉讼情况、税收情况、雇员情况,以及章程合同中对公司一旦被并购时其借款、抵押担保、与证券相关的权利等条件会发生什么样的变化等。

被并购方如果是国有企业,则在其同意被并购且取得了必要的批准同意后,还必须通过正规的资产评估机构对其资产进行评估,不评估不能出售。

3. 洽谈确定成交价格

并购双方都同意并购,且被并购方的情况已核查清楚后,接着应就产权交易的实质性条件进行谈判。谈判主要涉及并购的形式(是收购股权还是收购资产,或是收购整个公司)、交易价格、支付方式与期限、交接时间与方式、人员的处理、有关手续的办理与配合、整个并购活动进程的安排、各方应做的工作与义务等。

4. 签订并购协议书

谈判有了结果且合同文本已拟出后,就需要依法召开并购双方董事会议形成决议。特别是外商投资企业,该企业董事会只要满足其企业章程规定的要求,即可形成决议。企业通过并购决议后,会授权一名代表代表企业签订并购合同。

5. 审批与公证

协议签订后,经双方法人代表签字,报国有资产管理部门(国有企业)、工商局、税务局和土地管理局等部门审批,然后申请公证,使协议具有法律约束力。

6. 完成并购

完成并购包括双方的交换行为,具体执行合同规定的事宜,报工商行政管理机关变更登记,发布并购公告等。至此,并购行为基本完成。

三、并购的财务规划

公司并购是企业投资行为的一种,其目的是取得并购协同效应,实现公司战略意图,最终提高公司价值。为此必须进行并购财务规划,分析各种并购方案的资金占用和预期收益情况,为公司并购决策提供财务依据。并购财务规划是一项涉及面很广的分析,它对并购具有重要意义。财务规划主要内容有:目标公司价值评估、并购成本效益分析、并购资金筹措、并购风险分析等。

(一) 目标公司价值评估

为了使公司的并购决策更加合理有效,需要对目标公司进行价值评估。从并购过程来看,对目标公司价值评估是并购要约的重要组成部分,因为只有公司并购价值评估合理、并购双方对交易价格满意,才能达成并购意向,最终才能实现并购。目标公司的价值评估是对目标公司的资产价值的评估。这里所说的"价值"通常是指资产的内在价值,也称为经济价值,是指用适当的折现率计算的资产预期未来现金流量的现值。它与资产的账面价值、清算价值和市场价值既有联系,也有区别。

账面价值是指资产负债表上列示的资产价值,主要使用历史成本计量,既不包括没有交易基础的资产价值,如商誉,也不包括资产的预期未来收益,如未实现的收益等。市场价值是指资产在交易市场上的价格,它是买卖双方竞价后产生的双方都能接受的价格。资产的内在价值与市场价值有密切联系,市场越有效,资产的内在价值与市场价值就越吻合。清算价值是指企业清算时资产单独拍卖产生的价格。清算价值以将进行清算为假设情景,而内在价值以继续经营为假设情景,这是二者的主要区别。

评估目标公司价值时,要选择合理的资产评估方法,目前主要用收益净现值法和股票调换率法进行评估。

假设公司 A 并购公司 B 后,两企业合并前的价值分别为 V_A、V_B,并购后新公司的价值为 V_{AB},并购前后新增价值为 $S=V_{AB}-(V_A+V_B)$。即并购后实现的协同效应,使公司 A 并购公司 B 有利可图,则公司 A 为并购公司 B 付出的成本,应小于 V_B+S,从而使并购给公司 A 带来收益净现值大于零。设 P_{min} 为公司 A 收购公司 B 的价格的下限,$P_{min}=V_B$(公司 B 最低接受价格)。显然目标公司股东不会接受低于此值的价格,设 P_{max} 为公司 A 收购公司 B 的价格上限,$P_{max}=V_B+S$,显然公司 A 也不可能支付高于此值的并购价格。

由于并购公司 A 不可能支付高于 P_{max} 的价格,而目标公司 B 也不可能接受低于 P_{min} 的价格,所以实际的并购价格必定在 P_{min} 和 P_{max} 之间。并购价格上、下限范围的幅度,其大小就是并购产生的协同效应收益 $S(P_{max}-P_{min})$。实际并购价格究竟落在区间哪一点,由并购双方的讨价还价能力决定。

1. 收益净现值法

收益净现值法是通过估算被评估企业未来预期现金流入与现金流出折算成

它们的现值,即将二者之间差额(即净收益)折成现值,借以确定被评估资产价值的一种评估方法。该方法考虑了时间价值、现金流量和风险价值,是评估目标公司价值的一种合理、有效的方法。

采用收益净现值法进行评估时,必须解决几个相关的基本问题:未来的现金流量预测、贴现率的选择、预测期的确定等。其基本程序如下。

(1) 评估公司并购后未来各期净现金流量。

(2) 确定折现率或资本化率(折现率与风险相关,不同企业的风险度不一样,对应的折现率也不一样)。

(3) 计算并购后公司资产净收益现值。

(4) 分析确定评估结果。

【例10-1】 公司A并购公司B之后,每年净现金流量预计如表10-1所示。经估算,公司A用于此项投资的资产收益折现率为10%,请评估其并购目标公司B的可行性。

表10-1 并购后公司A的预计净现金流量　　　单位:万元

时间/年	1	2	3	4	5
净现金流量	400	600	1 000	1 100	1 300

净现值为

$$NPV = \sum A_i/(1+r)^i$$

其中,i为现金流持续的时间;A_i为每年的净现金流量;r为折现率,折现率是可以接受的最低投资回收率,也称必要收益率。

并购后公司A的资产收益净现值为

$$NPV = [400/(1+10\%) + 600/(1+10\%)^2 + 1\,000/(1+10\%)^3$$
$$+ 1\,100/(1+10\%)^4 + 1\,300/(1+10\%)^5]\,万元$$
$$= 3\,169.33\,万元$$

从上例可看出:

(1) 只有当并购前公司A的资产收益净现值小于3169.33万元时,并购才有利可图;

(2) 并购前后公司A的资产收益净现值的差值S应是并购双方共同分享的价值;

(3) 目标公司的并购价格=并购时目标公司B的资产净收益现值+目标公司B预计可分享到的差值S的部分;

(4) 如果目标公司是上市公司,并购的资产价值即为其股票的市场总值。

收益净现值法分析了并购可能产生的经济效益,这是并购定价决策的基础,但实际并购定价决策更复杂。如当目标公司的负债较难准确估算,或多个公司争相并购同一目标公司时,不仅需要财务计算,还需要企业家的胆略和艺术。

2. 股票调换率法

股票调换率法是指,如果并购以股票互换的方式进行,则并购双方应在合理区域内确定一个双方都能接受的股票调换率,然后据此计算目标公司价值的方法。

股权互换并购方式的主要特点是,并购公司向目标公司股东增发自己公司的股票,以换取目标公司全部或大部分的股票,达到控制目标公司的目的。随着我国A股市场完成股改,实现全流通以及对外资开放之后,换股、定向增发合并将成为主要的并购方式。

假设公司A想通过股票互换来并购公司B,则关键是如何确定一个双方都能接受的股票调换率。恰当的换股比例是保证并购双方股东均能从公司并购整合中获得收益的关键,也是决定并购能否成功的重要因素。换股比例的确定方法目前无论是在西方国家还是在我国都还有争议。在我国证券市场不够完善的状态下,没有一种可套用的现成有效方法,必须根据并购双方的具体情况和双方股东的意愿,本着公平、公正的原则选择适当的换股比例。目前我国上市公司换股并购案例中,绝大多数采用了每股净资产加成法,该方法是每股净资产法的扩展,基本原理是,以合并基准日经审计的每股净资产为基础,适当考虑双方的未来成长性及拥有的无形资产等反映企业价值的因素,计算预期增长加成系数,并在此基础上确定换股比例。

【例10-2】 公司A和公司B是两家上市公司,其经营状况比较稳定,股本结构中的各类股票全部流通,公司A打算以股权互换方式并购公司B,有关财务数据如表10-2所示。

假设公司A对公司B的股票每股作价30元,则公司A的每0.5股则可换公司B的1股,股票调换率为0.5(30/60),根据表10-2数据可计算出公司A只需要发行410万股(820万股×0.5)就能对公司B进行并购。

表10-2 公司A并购公司B的财务数据

项目	公司A	公司B
净利润/万元	8 000	1 640
普通股股数/万股	2 000	820
每股收益/(元/股)	4	2
每股市场价格/(元/股)	60	24
市盈率/倍	15	12

第十章 资本经营

假设并购后两公司的收益情况不变,则并购后的公司财务数据如表 10-3 所示。

可见,并购后新公司的每股收益没变,公司 A 股东的每股收益仍然是 4 元,而公司 B 股东每股收益仍然为 2 元(4 元×0.5),按照这样一个股票调换率,两公司的每股收益都没有发生变化。

假设公司 A 对公司 B 的股票每股作价 68 元,则公司 A 的 1.13 股可换公司 B 的 1 股,股票调换率为 1.13(68/60)。根据表 10-3 数据,公司 A 需发行 926.6(820 万股×1.13)万股才能进行并购。

假设并购后两公司的收益情况不变,则并购后的公司财务数据如表 10-4 所示。

表 10-3 并购后新公司的财务数据

项 目	并购后新公司
净利润/万元	9 640
普通股股数/万股	2 410
每股收益/(元/股)	4

表 10-4 并购后新公司的财务数据

项 目	并购后新公司
净利润/万元	9 640
普通股股数/万股	2 926.6
每股收益/(元/股)	3.3

可见,并购后公司 A 的股东每股收益减少 0.7 元(4 元-3.3 元),公司 B 的股东每股收益增加了 1.3 元(3.3 元-2 元)。

由此可见,股票调换率非常关键,它可以影响到并购双方的每股收益、每股市价等。

【知识链接】 波音并购麦道

1996 年 12 月 15 日,美国波音公司宣布并购麦道飞机制造公司。其并购方式为:按照 1996 年 12 月 13 日的收盘价计算,麦道飞机制造公司每股换持波音公司 0.65 股。由于波音公司兼并麦道飞机制造公司事件对欧洲飞机制造业构成了极大威胁,一时间,美国与欧洲出口企业之间引发了贸易大战危机。最后,为了完成兼并,波音公司在 1997 年 7 月 22 日不得不对欧盟做出让步,其代价是:(1)波音公司同意放弃三家美国航空公司今后 20 年内只购买波音飞机的合同;(2)接受麦道军用项目开发出的技术许可证和专利可以出售给竞争者(空中客车)的原则;(3)同意麦道飞机制造公司的民用部分成为波音公司的一个独立核算单位,分别公布财务报表。经过 15 个欧盟国家外长磋商之后,1997 年 7 月 24 日,欧盟正式同意波音公司兼并麦道飞机制造公司。1997 年 8 月 4 日,新的波音公司开始正式运行。

> 新合并而成的波音-麦道公司成为世界上规模最大、业务最广、形象最受欢迎的航空公司,成为美国最大的民用与军用飞机出口商,也是美国航空航天局(NASA)最大的承包商。这起合并事件,使世界航空制造业由原来波音、麦道和空中客车三家公司共同垄断的局面,转变为波音和空中客车两家公司之间的超级竞争。

(二)公司并购的成本效益分析

公司并购是资本经营的基本方式和实现快速扩张的主要途径。公司并购的成本不仅仅是一个普通的财务或成本概念,而应该是由此发生的一系列代价的总和,包括并购完成成本、并购后的整合与营运成本、并购后改进和扩大业务成本及并购机会成本等。

1. 并购成本分析

1) 并购完成成本

并购完成成本是指兼并行为本身所发生的直接成本和间接成本。直接成本是指并购直接支付的费用。间接成本是指并购过程中发生的一切费用,包括:①目标公司的股票或资产的买价;②必须承担或到期的现时债务;③并购的管理和税务成本;④付给专业机构和人士(会计师、评估师、投资银行、律师)的费用等。

2) 并购后的整合与营运成本

并购企业不仅应当关注兼并完成时的完成成本,还应测算并购后为使被并购企业健康发展而需支付的运行成本,包括:①被并购公司立即需要的周转资金;②解聘和提前退休支付(一次性补偿)的成本。

3) 并购后改进和扩大业务成本

并购企业在通过并购实施向外扩张时,还必须考虑并购后改进和扩大业务成本,包括:①未来发展的资本性投资(新项目研发费用等);②营销成本。

4) 并购机会成本

并购机会成本是指企业并购实际支付或发生的各种成本费用,如用于其他投资而给企业带来的投资收益。

一般并购成本狭义的是指并购完成成本,包括:并购达成的交易价格和并购中对专业机构和人士付出的费用,本书的并购成本效益分析是指狭义的并购完成成本。

2. 并购收益分析

并购收益是指并购后新公司的价值与并购前各公司价值之和的差额。假设

A公司并购B公司,并购前两公司价值分别为V_A、V_B,并购后公司价值为V_{AB},并购收益为$S=V_{AB}-(V_A+V_B)$,若S为正数,则可以产生协同效应。

在并购过程中目标公司能接受的并购价格P_B一般要高于其价值V_B,其差额$P=P_B-V_B$即为并购溢价。

对并购公司来说,并购净收益NS等于并购收益与并购溢价(P)、并购费用(F)的差额,即

$$NS=S-P-F=V_{AB}-(V_A+V_B)-(P_B-V_B)-F$$

一般来说,并购净收益越大,并购活动对并购双方都有利,并购活动就能顺利进行。

(三) 公司并购的风险分析

公司并购是高风险经营,财务分析在关注其各种收益、成本的同时,更要重视并购过程中的种种风险。

1. 营运风险

并购可调整资源配置,使之达到最佳经济规模要求,但规模盲目扩张,尤其是借助多元化经营和资本经营进行偏激的非理性扩张,会使公司面临营运风险。并购方在并购完成后,可能无法使整个企业集团产生经营协同效应,难以实现规模经济和经验共享互补。通过兼并形成的新企业,因规模过于庞大而产生规模不经济,甚至整个企业集团的经营业绩都被并购进来的新企业所拖累。

2. 融资风险

企业并购需要大量资金,所以企业并购决策会同时对企业资金规模和资本结构产生重大影响。与并购相关的融资风险具体包括:资金是否可以保证并购的需要、融资方式是否适应并购动机、现金支付是否会影响企业正常的生产经营、是否有偿债风险等。

3. 反并购风险

被并购企业在通常情况下对并购行为持不欢迎和不合作态度,尤其在面临敌意并购时,它们会不惜一切代价布置反并购措施,这些措施是各种各样的。这些反并购行为无疑会对并购方构成相当大的风险。

4. 法律风险

各国或地区关于并购、重组的法律法规的细则,一般都通过增加并购成本来提高难度。并购游戏规则主要由各类法律法规构成,如《公司法》、《证券法》、《反垄断法》、《外资并购法》、《产权交易法》等都对并购制定了严格的约定。一些企业在制定并购方案时违背法律规定,或操作失当、疏忽,与某些法律背离,常会出现诉讼败诉的情况。

5. 信息风险

真实、全面和及时的信息可以大大提高并购的成功率，但缺乏必要信息或信息失真，则会使公司并购失败。在并购过程中，目标企业有可能为了自己的利益，按有利于企业自身的利益进行了"包装处理"，隐瞒了亏损信息，夸大了收益信息，从而信息披露失真、不充分，造成了并购双方在并购过程中的信息不对称，这会直接影响到并购价格的合理性，使并购后的企业面临着潜在的风险，有可能直接影响并购的实际效果。目前，我国对此种情况还缺乏严格的审核和监督，这是我国目前并购行为中存在的最大陷阱。

6. 文化风险

公司并购后没有实现协同效应，主要原因是整合难，而整合中最难的莫过于企业文化的整合。许多企业在并购前一般只重视战略和财务因素，而忽略两家企业并购后文化的兼容性。世界著名商业论坛机构 Conference Board，最近对财富 500 强企业中 147 位 CEO 和负责并购的副总进行调查，90％的调查者认为：实现企业并购后的成功，文化因素至少和财务因素一样重要。并购后企业能否化解文化冲突、有效整合文化是决定并购企业未来发展的一个重要因素。

并购风险是客观存在的，随着影响并购的因素及并购方式的不断发展变化，并购风险越来越呈现多样性和复杂性，但这并没有影响全球并购浪潮，只要公司能合理分析、预测和规避并购风险，企业就能实现期望的商业价值。

四、反并购策略

面对全球并购浪潮，特别是面临公司被恶意并购，目标公司可以采取以下几种主要的反并购策略。

（一）制定"毒丸计划"

"毒丸计划"包括"负债毒丸计划"和"人员毒丸计划"两种。"负债毒丸计划"是指目标公司事先设计发行一种认股权证，分配给股东，在公司被并购时，目标公司股东则行使认股权，达到减少并购公司的持股比例或使其在并购后即刻面临巨额现金支付，限制并购公司的控股意图。"人员毒丸计划"基本方法是，目标公司的绝大部分高级管理人员共同签署协议，在公司被以不公平价格并购时，全部管理人员集体辞职。这可促使收购方慎重考虑收购后更换管理层对公司带来的巨大影响，从而为并购设置障碍。

（二）修改公司章程

目标公司在公司章程中设立董事会轮选制，使公司每年只能改选很小比例的董事。即使收购方已经取得了多数控股权，也难以在短时间内改组公司董事会或委任管理层,实现对公司董事会的控制,从而进一步阻止其操纵目标公司的行为。或者在公司章程中提高公司控股比例,加大并购公司对目标公司控制的难度。如北大青鸟买入 SOHU 近 20% 股份,原本并购胜利在望,可忽略了一个致命的关键,在 SOHU 的公司章程上规定,公司董事的选派并不由股份的多少决定,导致北大青鸟控股了 SOHU,也不能向 SOHU 董事会派出董事,北大青鸟不得不抛出已持有的股票。

(三) 邀请"白衣骑士"拔刀相助

为防止敌意并购发生,公司可请求与公司有友好关系,或公司愿意与其合作的第三方公司,人为地抬高并购价格,与并购公司竞争,设置价格障碍。

(四) 利用"金色降落伞"方案

公司一旦被并购,目标公司的高层管理者将可能遭到撤换。"金色降落伞"则是一种补偿协议,它规定在目标公司被收购的情况下,目标公司高层管理人员无论是主动还是被迫离开公司,都可以领到一笔巨额的安置费。与之相似,还有针对低层雇员的"银色降落伞"方案。设计这些方案的目的是抬高并购公司的并购成本,阻止并购公司随意并购。但"金色降落伞"策略的弊病也是显而易见的——支付给管理层的巨额补偿反而有可能诱导管理层低价出售企业。

第三节 重整与清算

公司如果不能正常履行资金支付责任,则在资金周转运作时将出现入不敷出的情况,公司就会出现财务危机。为应对财务危机,公司一般会进行重整,以恢复正常的生产经营,若公司的财务危机非常严重,已无法重整,则只有通过破产清算来结束其寿命。

一、公司重整

公司重整又称公司重组,是指公司遇到财务危机,但仍有转机和重建价值,公司根据一定程序进行重新整顿,使公司得以维持和复兴的行为。重整可分为非正式重整和正式重整两种。

(一) 非正式重整

非正式重整是指公司遇到暂时性的财务危机,仍有转机或重建价值,公司与债权人进行协商,在债权人同意的情况下,对债务进行展期或部分减免的行为。非正式重整不受法院的检查和监督,是公司与债权人协商进行公司自救的一种行为。

1. 非正式重整的分类

非正式重整有展期和部分减免两种方式。所谓展期（Extension）是指债权人同意债务人延长债务的偿还期限。债务偿还期限的延长可以减轻债务公司目前面临的财务支出压力而暂时化解财务危机。部分减免（Composition）是指债权人同意减少债务人偿还债务的总额，即在约定的期间内，债务人偿还了约定的金额后，债权人免除其未偿还的债务。非正式重整的两种方式经常混合使用，即延长债务还款期限的同时，减少一定的债务偿还数额。

2. 非正式重整的一般程序

非正式重整的程序较为灵活，一般程序如下。

（1）出现财务危机的公司向债权人提出重整的要求。

（2）债权人对被重整的公司进行评审，决定是否同意重整或采取重整方式。

（3）债权人及被重整的公司协商谈判，并达成重整协议，经常表现为签订展期协议、债务减免重组协议等。

（4）被重整的公司履行重整协议。

非正式重整所达成的重整协议如不能履行，可能导致债权人或被重整公司向人民法院提出被重整公司破产的申请。

3. 非正式重整的特点

非正式重整是公司处理临时财务危机常用的一种方式，具有以下特点。

（1）必须征得债权人的同意方能进行。

（2）债务公司面临的应是临时性财务危机，公司经营仍有转机或重建价值。

（3）具有很好的保密性，对于被重整公司而言，其商誉基本不受影响。

（4）重整方式、程序简单，内容灵活多样，可节约重整时间及费用。

（5）依靠被重整公司的信誉和发展前景，重整协议的保障性较差。

（6）被重整公司的股东会、董事会的权力几乎不受重整的影响。

（二）正式重整

正式重整，即按照破产法规定的条件和程序，由人民法院主持的公司重整。《中华人民共和国破产法》（2007年6月1日实施）对于重整专章规定，公司重整行为应具有规范性、严肃性和一定的强制性。正式重整是一种司法程序，按破产法的规定，正式重整的程序大体有如下几个方面。

1. 重整申请的提出

债权人及债务人均可向人民法院提出重整申请。如债权人向法院提出债务人破产清算申请，则在人民法院受理破产申请后、宣告破产前，债务人或出资额占债务人注册资本 1/10 以上的出资人可向人民法院提出重整申请。

公司已被宣告破产或已解散的,不能进行重整。

2. 法院审查受理

重整申请提交法院后,人民法院应进行审查。法院对重整申请的审查分为形式审查和实质审查两种。形式审查内容包括:法院对重整申请有无管辖权、申请人是否有资格提出重整申请、申请书的形式是否符合法律规定、是否在法律规定的时间内提出等。法院对重整申请的实质审查内容包括:公司是否存在不能清偿到期债务,或资产不足以清偿全部债务或者明显缺乏清偿能力,或者存在有明显丧失清偿能力可能的情形。法院对重整申请进行实质审查时,可责令公司提供财务报表及相关资料,说明情况,并有权就此开展调查或指定专门机构对公司的财务状况或资产进行审计、评估。

如重整申请符合破产法规定的,人民法院应作出对债务人进行重整的裁定,规定重整期间。重整的裁定一经作出便生效,正式重整的程序启动。

法院的重整裁定作出后,应通知公司、公司股东、已知债权人等,并进行公告,如有必要,法院可指定管理人。在重整期间内,对特定财产享有担保权利,该权利暂停行使;公司占有的他人财产,除非符合事先的约定,财产权利人不得取回;债务人的出资人不得请求投资收益分配;债务人的董事、监事、高级管理人员不得向第三人转让其持有的债务人的股权,除非法院批准。

3. 制定重整计划草案

在重整期间内,管理人或债务人应制定出重整计划草案。重整计划草案应当包括:债务人的经营方案;债权分类;债权调整方案;债权受偿方案;重整计划的执行期限;重整计划执行的监督期限;有利于债务人重整的其他方案等。重整计划草案应同时提交法院和债权人会议,如在重整期间内,管理人或债务人不能提交重整计划草案,法院应裁定终止重整程序,宣告债务人破产。

4. 重整计划草案的讨论表决与批准

债权人收到重整计划草案后,可进行讨论,并由人民法院在重整计划草案提交后的 30 日内召开债权人会议,由债权人按债权性质的分组进行表决。债务人或者管理人应当向债权人会议就重整计划草案作出说明,并回答询问。

重整计划草案表决通过了的,管理人或债务人应申请法院批准该重整计划;法院作了批准裁定,重整程序就宣告终止,并予以公告。重整计划草案表决不能通过,但法院审查后认为重整计划草案符合法律规定的,可裁定批准重整计划,终止重整程序,并予以公告。经人民法院裁定批准的重整计划,对债务人和全体债权人均有约束力。

重整计划草案未获法院批准的,人民法院应裁定终止重整程序,宣告债务人破产。

5. 重整计划的执行

经法院裁定批准的重整计划,债务人应按该计划履行。管理人负责对重整计划的履行情况进行监督,并负责向法院报告。债务人不能执行或者不执行重整计划的,人民法院经管理人或者利害关系人请求,应当裁定终止重整计划的执行,并宣告债务人破产。

重整计划履行完毕,计划中约定减免的债务,债务人再无清偿义务,公司重整完成。

6. 公司重整结束

公司重整结束包括债务人履行了重整计划使公司重整完成,也包括在重整的过程中出现一定的事由,导致重整不能完成,从而重整程序结束。前者称为重整完成,后者称为重整终止。

产生重整终止的事由可能出现在重整期间,也可能出现有重整计划的执行期间,主要有如下事由。

(1)在重整期间,债务人的经营状况和财产状况继续恶化,缺乏挽救的可能性。

(2)在重整期间,债务人有欺诈、恶意减少债务人财产或者其他显著不利于债权人的行为。

(3)在重整期间,债务人的行为致使管理人无法执行职务。

(4)在重整期间,债务人或者管理人未按期提出重整计划草案。

(5)在重整计划的执行期间,债务人不能执行或者不执行重整计划。

出现了重整终止的事由,经债权人或利害关系人申请,人民法院应裁定终止重整程序或终止重整计划的执行,并宣告债务人破产。

二、公司清算

公司清算是指由于出现一定的事由,公司决定终止,对公司的资产负债进行清理,对公司的财产进行分配,终结公司经营活动,注销公司法人资格的行为。《中华人民共和国公司法》对公司清算作出了专门规定,规范了公司清算行为。

依据公司清算产生的事由和所依据的程序,公司清算分为一般清算和破产清算两类。

(一)一般清算

一般清算又称解散清算,是指出现一定的事由,依公司法规定程序进行,不涉及破产程序的清算。

1. 一般清算的事由

一般清算事由主要如下。

（1）公司章程规定的营业期限届满且股东不能达成延长营业期限的决议。

（2）公司章程规定的其他解散事由出现。

（3）公司股东会或者股东大会决议解散。

（4）因公司合并或者分立需要解散。

（5）依法被吊销营业执照、责令关闭或者被撤销。

（6）经营管理面临严重困难，继续存续会使股东利益受到重大损失，通过其他途径又不能解决的，持有公司全部股东表决权10%以上的股东，可以请求人民法院解散公司，由法院规定解散公司。

2. 一般清算的程序

根据《公司法》的规定，一般清算有以下一些程序。

1）成立清算组

在出现一般清算的事由后的15日内成立清算组，有限公司的清算组由股东组成，股份公司的清算组由董事或股东大会确定的人员组成。如果公司不能在法定时间组成清算组，经公司债权人申请，人民法院可指定人员组成清算组。

2）通知债权人及债权人申报债权

清算组成立后的10日内，应通知已知债权人申报债权，并于60日内将公司清算事宜进行公告。

债权人在接收申报通知后30日内向清算组申报债权，未接收申报通知的债权人，自公告之日起45日内向清算组申报债权。清算组接到债权人的债权申报书后，应进行债权登记。

3）编制报表及拟定分配方案

清算组清理公司财产，编制资产负债表和财产清单，制定财产分配方案，报股东会（股东大会）或人民法院确认。

4）分配财产

根据已得到确认的分配方案，处理分配公司的财产。

5）制作清算报告

清算组在分配财产后，对清算工作进行总结，并制作成清算报告，报公司股东会（股东大会）或者人民法院确认，并报送公司登记机关，申请注销公司登记，公告公司终止。公司登记机关批准公司注销登记之日，公司宣告终止。

清算组对公司进行清算的过程中，如果发现企业资不抵债，则应向人民法院申请破产清算。

(二)破产清算

破产清算是指企业法人不能清偿到期债务,并且资产不足以偿还全部债务或者明显缺乏清偿能力,法院将宣告其破产,按照破产法规定的程序对企业进行的清算。破产清算的事由是企业不能偿还到期债务,且资不抵债或明显缺乏清偿能力,破产清算的前提条件是法院已宣告企业破产。破产清算在法院的主持下,严格按规定的程序进行,具有规范性、严肃性和一定的强制性。

1. 破产清算的程序

(1)法院受理破产申请,指定管理人。法院在受理公司破产申请后,应当指定管理人。管理人可以由有关部门、机构的人员组成的清算组或者依法设立的律师事务所、会计师事务所、破产清算事务所等社会中介机构担任。管理人履行下列职责:接管债务人的财产、印章和账簿、文书等资料;调查债务人财产状况,制作财产状况报告;决定债务人的内部管理事务;决定债务人的日常开支和其他必要开支;在第一次债权人会议召开之前,决定继续或者停止债务人的营业;管理和处分债务人的财产;提议召开债权人会议等。管理人应当勤勉尽责,忠实执行职务。

(2)法院宣告破产,并予以公告,管理人接受债权人的债权申报。管理人对债权人申报的债权应登记造册,对申报债权进行审查,并编制债权表供利害关系人查阅。

(3)管理人清理公司财产、编制资产负债表、编制财产清单,并接管债务人的印章、账簿、文书等。

(4)召开债权人会议。审议公司债权、管理人报告,并对管理人拟定破产财产变价方案、财产分配方案进行讨论表决。分配方案应当载明下列事项:参加破产财产分配的债权人名称或者姓名、住所;参加破产财产分配的债权额;可供分配的破产财产数额;破产财产分配的顺序、比例及数额;实施破产财产分配的方法。

(5)管理人依据经债权人会议通过或法院裁定通过的财产变价方案。提交破产财产变价,并按法院确定的分配方案进行分配。

(6)破产财产分配方案执行完毕后,提请法院终结破产程序,并在破产终结裁定下达后10日内办理公司注销登记。

2. 破产财产的分配顺序

破产清算是一种资不抵债的清算,因此债权人的债权不可能得到全额的受偿,这就涉及破产财产的分配顺序问题。破产法规定,破产财产在优先清偿破产费用和共益债务后,依照下列顺序清偿:

(1) 破产人所欠职工的工资和医疗、伤残补助、抚恤费用,所欠的应当划入职工个人账户的基本养老保险、基本医疗保险费用,以及法律、行政法规规定应当支付给职工的补偿金内。

(2) 破产人欠缴的除前项规定以外的社会保险费用和破产人所欠税款。

(3) 普通破产债权。破产财产不足以清偿同一顺序清偿要求的,按照比例分配。

复习思考题

1. 解释下列名词术语:
   资本经营　　并购　　兼并　　收购　　承担债务式并购
   互换式并购　杠杆并购　公司重整　一般清算　破产清算
2. 资本经营有哪两种类型? 每种类型包括哪些具体内容?
3. 简述并购的类型及其程序。
4. 广义并购的成本有哪些? 狭义并购成本是怎样构成的?
5. 简述并购风险。
6. 为什么会有反收购? 常采用哪些策略?
7. 何谓非正式重整? 它一般有哪些方式?
8. 什么是正式重整? 其基本程序是怎样的?
9. 简述破产财产的清偿顺序。

练　习　题

一、单项选择题

1. 最容易受到各国有关反垄断法律政策限制的并购行为是(　　)。
   A. 横向并购　　B. 纵向并购　　C. 混合并购　　D. 敌意并购
2. 公司进行财务重整决策时,优先考虑的条件是(　　)。
   A. 所处的经营环境是否有利于公司摆脱困境,保证重整成功
   B. 债权人是否确信公司的重整计划有把握成功
   C. 法院是否确认公司的重整计划具备公平性和可行性
   D. 重整价值是否大于清算价值
3. 企业现有一笔到期债务,因现金短缺无法偿还,由于债务额已超过企业资产额,也无法用其他资产偿还,企业经过努力现借入了一笔新债,准备偿还旧债,此时企业(　　)。
   A. 应认定已经破产　　　　　B. 不能认定破产
   C. 观察一段时间再认定　　　D. 应依法宣告破产

4. 对于陷入财务危机但仍有转机和重建价值的企业，一种抢救措施是（　）。
   A. 财务失败预警　B. 财务重整　　C. 破产　　　　D. 清算
5. 我国企业破产的法律标准条件是（　）。
   A. 不能清偿或无力支付
   B. 债务超过资产，即资不抵债
   C. 停止支付
   D. 不能清偿到期债务，并且资产不足以清偿全部债务或者明显缺乏清偿能力
6. 破产财产应当首先支付（　）。
   A. 破产企业所欠的职工薪酬　　　B. 破产企业所欠的国家税金
   C. 破产费　　　　　　　　　　　D. 债务

二、多项选择题

1. 一般认为，股份回购所产生的效果有（　）。
   A. 稀释公司控制权　　　　　　　B. 提高每股收益
   C. 改变资本结构　　　　　　　　D. 稳定或提高公司股价
2. 收购与兼并的相似之处有（　）。
   A. 基本动因相同　　　　　　　　B. 使其他企业丧失法人资格
   C. 以企业产权为交易对象　　　　D. 发生时机类似
3. 企业破产清算时，破产财产在支付债权人债务前，应先支付（　）。
   A. 应交而未交的税金　　　　　　B. 股东的本金
   C. 应付而未付的职工薪酬　　　　D. 清算组发生的必要的清算费用
4. 清算企业的下列资产中，不属于清算资产的有（　）。
   A. 职工宿舍及其他公益福利性设施
   B. 属于投资性质的职工集资款
   C. 依法生效的担保或抵押标的
   D. 党、团、工会等组织占有清算企业的财产
5. 属于非正式财务重整的方式有（　）。
   A. 债务展期　　B. 债务和解　　C. 准改组　　D. 整顿
6. 企业并购是资本经营的基本方式和实现快速扩张的主要途径，企业并购成本包括（　）。
   A. 完成并购工作过程中所发生的费用　B. 完成并购后的整合、营运成本
   C. 注入资金的成本　　　　　　　　　D. 并购机会成本

7. 按并购的实现方式分,并购可分为( )。
   A. 承担债务式　　　　　　　B. 现金购买式
   C. 股份交易式并购　　　　　D. 要约收购
8. 债权人申请对债务人进行破产清算的,在人民法院受理破产申请后,宣告债务人破产前,可以依法申请对债务人进行重整的有( )。
   A. 债权人
   B. 债务人
   C. 债务人的出资人
   D. 出资额占债务人注册资本 1/10 以上的出资人

三、判断题

1. 杠杆收购时收购公司完全依赖借债筹资,以取得目标公司的控制权。
   (　　)

2. 收购企业无论是收购被收购企业的资产还是股权,收购企业都应该承担被收购企业的债权和债务。(　　)

3. 无论是兼并还是收购,对方的法人实体地位都将消失。(　　)

4. 剥离是指将现有部分子公司、部门、产品生产线、固定资产等从母公司中剥离出去,并取得现金或有价证券作为回报。(　　)

5. 企业破产清算过程中发生的破产费用,应从破产财产中优先拨付。(　　)

6. 现行制度规定,国有破产企业职工安置费的来源之一是企业出售土地使用权所得。(　　)

7. 破产债权是指不具备优先受偿权的债权。(　　)

8. 我国法律规定的企业破产界限是资不抵债。(　　)

四、计算分析题

1. A 公司拟增发新股换取 B 公司全部股票的方式收购 B 公司。收购前,A 公司普通股为 1 600 万股,净利润为 2 400 万元;B 公司普通股为 400 万股,净利润为 450 万元。假定完成收购后 A 公司股票市盈率不变,A 公司股票市价不变。计算 A、B 公司股票交换率。

2. 甲公司和乙公司流通在外普通股分别为 3 000 万股和 600 万股,现有净利润分别为 6 000 万元和 900 万元,市盈率分别为 15 和 10。甲公司拟采用增发普通股的方式收购乙公司,并计划支付给乙公司高于其市价 20% 的收购价款。计算甲公司需增发的普通股股数。

3. A 公司正在考虑吸收合并一家同类型公司 B,以迅速实现规模扩张。下表所示的是两个企业合并前的年度财务资料。两公司的股票面值都是每股 1 元,如果合并成功,估计新的 A 公司每年的费用将因规模效益减少 1 000 万元,公司所得税税率为 30%,A 公司打算以增发新股的办法以 1 股换 4 股 B 公司的股票完成合并。

项　　目	A 公司	B 公司
净利润/万元	14 000	3 000
股数(普通股)/万股	7 000	5 000
市盈率	20(倍)	15(倍)

要求:
(1)计算合并成功后新的 A 公司的每股收益;
(2)计算这次合并的股票市价交换率。

4. 某企业依法宣告破产,法院组织清算组进行清算,清算财产的变现收入如下:

货币资金	20 000 元
应收账款	10 000 元
存货	120 000 元
固定资产净值	150 000 元

其中:60 000 元为设备(作财产担保的 50 000 元)

清算期间分回的投资收益	50 000 元

破产债权和需支付的款项:

A 债权人	60 000 元
B 债权人	100 000 元
C 债权人	80 000 元
D 债权人	50 000 元(抵押贷款)
应付未付的职工薪酬	85 000 元
应付未付的职工劳动保险	5 100 元
应缴未缴的税金	45 000 元
清算费用	30 000 元

请按照破产清算的法律规范进行破产清算处理。

附录A 复利终值系数表

期数	1%	2%	3%	4%	5%	6%	7%	8%	9%	10%
1	1.0100	1.0200	1.0300	1.0400	1.0500	1.0600	1.0700	1.0800	1.0900	1.1000
2	1.0201	1.0404	1.0609	1.0816	1.1025	1.1236	1.1449	1.1664	1.1881	1.2100
3	1.0303	1.0612	1.0927	1.1249	1.1576	1.1910	1.2250	1.2597	1.2950	1.3310
4	1.0406	1.0824	1.1255	1.1699	1.2155	1.2625	1.3108	1.3605	1.4116	1.4641
5	1.0510	1.1041	1.1593	1.2167	1.2763	1.3382	1.4026	1.4693	1.5386	1.6105
6	1.0615	1.1262	1.1941	1.2653	1.3401	1.4185	1.5007	1.5809	1.6771	1.7716
7	1.0721	1.1487	1.2299	1.3159	1.4071	1.5036	1.6058	1.7138	1.8280	1.9487
8	1.0829	1.1717	1.2668	1.3686	1.4775	1.5938	1.7182	1.8509	1.9926	2.1436
9	1.0937	1.1951	1.3048	1.4233	1.5513	1.6895	1.8385	1.9990	2.1719	2.3579
10	1.1046	1.2190	1.3439	1.4802	1.6289	1.7908	1.9672	2.1589	2.3674	2.5937
11	1.1157	1.2434	1.3842	1.5395	1.7103	1.8983	2.1049	2.3316	2.5804	2.8531
12	1.1268	1.2682	1.4258	1.6010	1.7959	2.0122	2.2522	2.5182	2.8127	3.1384
13	1.1381	1.2936	1.4685	1.6651	1.8856	2.1329	2.4098	2.7196	3.0658	3.4523
14	1.1495	1.3195	1.5126	1.7317	1.9799	2.2609	2.5785	2.9372	3.3417	3.7975
15	1.1610	1.3459	1.5580	1.8009	2.0789	2.3966	2.7590	3.1722	3.6425	4.1772
16	1.1726	1.3728	1.6047	1.8730	2.1829	2.5404	2.9522	3.4259	3.9703	4.5950
17	1.1843	1.4002	1.6528	1.9479	2.2920	2.6928	3.1588	3.7000	4.3276	5.0545
18	1.1961	1.4282	1.7024	2.0258	2.4066	2.8543	3.3799	3.9960	4.7171	5.5599
19	1.2081	1.4568	1.7535	2.1068	2.5270	3.0256	3.6165	4.3157	5.1417	6.1159
20	1.2202	1.4859	1.8061	2.1911	2.6533	3.2071	3.8697	4.6610	5.6044	6.7275
21	1.2324	1.5157	1.8603	2.2788	2.7860	3.3996	4.1406	5.0338	6.1088	7.4002
22	1.2447	1.5460	1.9161	2.3699	2.9253	3.6035	4.4304	5.4365	6.6586	8.1403
23	1.2572	1.5769	1.9736	2.4647	3.0715	3.8197	4.7405	5.8715	7.2579	8.2543
24	1.2697	1.6084	2.0328	2.5633	3.2251	4.0489	5.0724	6.3412	7.9111	9.8497
25	1.2824	1.6406	2.0938	2.6658	3.3864	4.2919	5.4274	6.8485	8.6231	10.835
26	1.2953	1.6734	2.1566	2.7725	3.5557	4.5494	5.8076	7.3964	9.3992	11.918
27	1.3082	1.7069	2.2213	2.8834	3.7335	4.8823	6.2139	7.9881	10.245	13.110
28	1.3213	1.7410	2.2879	2.9987	3.9201	5.1117	6.6488	8.6271	11.167	14.421
29	1.3345	1.7758	2.3566	3.1187	4.1161	5.4184	7.1143	9.3173	12.172	15.863
30	1.3478	1.8114	2.4273	3.2434	4.3219	5.7435	7.6123	10.063	13.268	17.449
40	1.4889	2.2080	3.2620	4.8010	7.0400	10.286	14.794	21.725	31.408	45.259
50	1.6446	2.6916	4.3839	7.1067	11.467	18.420	29.457	46.902	74.358	117.39
60	1.8167	3.2810	5.8916	10.520	18.679	32.988	57.946	101.26	176.03	304.48

续表

期数	12%	14%	15%	16%	18%	20%	24%	28%	32%	36%
1	1.1200	1.1400	1.1500	1.1600	1.1800	1.2000	1.2400	1.2800	1.3200	1.3600
2	1.2544	1.2996	1.3225	1.3456	1.3924	1.4400	1.5376	1.6384	1.7424	1.8496
3	1.4049	1.4815	1.5209	1.5609	1.6430	1.7280	1.9066	2.0872	2.3000	2.5155
4	1.5735	1.6890	1.7490	1.8106	1.9388	2.0736	2.3642	2.6844	3.0360	3.4210
5	1.7623	1.9254	2.0114	2.1003	2.2878	2.4883	2.9316	3.4360	4.0075	4.6526
6	1.9738	2.1950	2.3131	2.4364	2.6996	2.9860	3.6352	4.3980	5.2899	6.3275
7	2.2107	2.5023	2.6600	2.8262	3.1855	3.5832	4.5077	5.6295	6.9826	8.6054
8	2.4760	2.8526	3.0590	3.2784	3.7589	4.2998	5.5895	7.2508	9.2170	11.703
9	2.7731	3.2519	3.5179	3.8030	4.4355	5.1598	6.9310	9.2234	12.166	15.917
10	3.1058	3.7072	4.0456	4.4114	5.2338	6.1917	8.5944	11.806	16.060	21.647
11	3.4785	4.2262	4.6524	5.1173	6.1759	7.4301	10.657	15.112	21.119	29.439
12	3.8960	4.8179	5.3503	5.9360	7.2876	8.9161	13.215	19.343	27.983	40.037
13	4.3635	5.4924	6.1528	6.8858	8.5994	10.699	16.386	24.759	36.937	54.451
14	4.8871	6.2613	7.0757	7.9875	10.147	12.839	20.319	31.691	48.757	74.053
15	5.4736	7.1379	8.1371	9.2655	11.974	15.407	25.196	40.565	64.359	100.71
16	6.1304	8.1372	9.3576	10.748	14.129	18.488	31.243	51.923	84.954	136.97
17	6.8660	9.2765	10.761	12.468	16.672	22.186	38.741	66.461	112.14	186.28
18	7.6900	10.575	12.375	14.463	19.673	26.623	48.039	86.071	148.02	253.34
19	8.6128	12.056	14.232	16.777	23.214	31.948	59.568	108.89	195.39	344.54
20	9.6463	13.743	16.367	19.461	27.393	38.338	73.864	139.38	257.92	468.57
21	10.804	15.668	18.822	22.574	32.324	46.005	91.592	178.41	340.45	637.26
22	12.100	17.861	21.645	26.186	38.142	55.206	113.57	228.36	449.39	866.67
23	13.552	20.362	24.891	30.376	45.008	66.247	140.83	292.30	593.20	1178.7
24	15.179	23.212	28.625	35.236	53.109	79.497	174.63	374.14	783.02	1603.0
25	17.000	26.462	32.919	40.874	62.669	95.396	216.54	478.90	1033.6	2180.1
26	19.040	30.167	37.857	47.414	73.949	114.48	268.51	613.00	1364.3	2964.9
27	21.325	34.390	43.535	55.000	87.260	137.37	332.95	784.64	1800.9	4032.3
28	23.884	39.204	50.066	63.800	102.97	164.84	412.86	1004.3	2377.2	5483.9
29	26.750	44.693	57.575	74.009	121.50	197.81	511.95	1285.6	3137.9	7458.1
30	29.960	50.950	66.212	85.850	143.37	237.38	634.82	1645.5	4142.1	10143
40	93.051	188.83	267.86	378.72	750.38	1469.8	5455.9	19427	66521	*
50	289.00	700.23	1083.7	1670.7	3927.4	9100.4	46790	*	*	*
60	897.60	2595.9	4384.0	7370.2	20555	56348	*	*	*	*

*＞99999

附录B 复利现值系数表

期数	1%	2%	3%	4%	5%	6%	7%	8%	9%	10%
1	0.9901	0.9804	0.9709	0.9615	0.9524	0.9434	0.9346	0.9259	0.9174	0.9091
2	0.9803	0.9712	0.9426	0.9246	0.9070	0.8900	0.8734	0.8573	0.8417	0.8264
3	0.9706	0.9423	0.9151	0.8890	0.8638	0.8396	0.8163	0.7938	0.7722	0.7513
4	0.9610	0.9238	0.8885	0.8548	0.8227	0.7921	0.7629	0.7350	0.7084	0.6830
5	0.9515	0.9057	0.8626	0.8219	0.7835	0.7473	0.7130	0.6806	0.6499	0.6209
6	0.9420	0.8880	0.8375	0.7903	0.7462	0.7050	0.6663	0.6302	0.5963	0.5645
7	0.9327	0.8606	0.8131	0.7599	0.7107	0.6651	0.6227	0.5835	0.5470	0.5132
8	0.9235	0.8535	0.7874	0.7307	0.6768	0.6274	0.5820	0.5403	0.5019	0.4665
9	0.9143	0.8368	0.7664	0.7026	0.6446	0.5919	0.5439	0.5002	0.4604	0.4241
10	0.9053	0.8203	0.7441	0.6756	0.6139	0.5584	0.5083	0.4632	0.4224	0.3855
11	0.8963	0.8043	0.7224	0.6496	0.5847	0.5268	0.4751	0.4289	0.3875	0.3505
12	0.8874	0.7885	0.7014	0.6246	0.5568	0.4970	0.4440	0.3971	0.3555	0.3186
13	0.8787	0.7730	0.6810	0.6006	0.5303	0.4688	0.4150	0.3677	0.3262	0.2897
14	0.8700	0.7579	0.6611	0.5775	0.5051	0.4423	0.3878	0.3405	0.2992	0.2633
15	0.8613	0.7430	0.6419	0.5553	0.4810	0.4173	0.3624	0.3152	0.2745	0.2394
16	0.8528	0.7284	0.6232	0.5339	0.4581	0.3936	0.3387	0.2919	0.2519	0.2176
17	0.8444	0.7142	0.6050	0.5134	0.4363	0.3714	0.3166	0.2703	0.2311	0.1978
18	0.8360	0.7002	0.5874	0.4936	0.4155	0.3503	0.2959	0.2502	0.2120	0.1799
19	0.8277	0.6864	0.5703	0.4746	0.3957	0.3305	0.2765	0.2317	0.1945	0.1635
20	0.8195	0.6730	0.5537	0.4564	0.3769	0.3118	0.2584	0.2145	0.1784	0.1486
21	0.8114	0.6598	0.5375	0.4388	0.3589	0.2942	0.2415	0.1987	0.1637	0.1351
22	0.8034	0.6468	0.5219	0.4220	0.3418	0.2775	0.2257	0.1839	0.1502	0.1228
23	0.7954	0.6342	0.5067	0.4057	0.3256	0.2618	0.2109	0.1703	0.1378	0.1117
24	0.7876	0.6217	0.4919	0.3901	0.3101	0.2470	0.1971	0.1577	0.1264	0.1015
25	0.7798	0.6095	0.4776	0.3751	0.2953	0.2330	0.1842	0.1460	0.1160	0.0923
26	0.7720	0.5976	0.4637	0.3604	0.2812	0.2198	0.1722	0.1352	0.1064	0.0839
27	0.7644	0.5859	0.4502	0.3468	0.2678	0.2074	0.1609	0.1252	0.0976	0.0763
28	0.7568	0.5744	0.4371	0.3335	0.2551	0.1956	0.1504	0.1159	0.0895	0.0693
29	0.7493	0.5631	0.4243	0.3207	0.2429	0.1846	0.1406	0.1073	0.0822	0.0630
30	0.7419	0.5521	0.4120	0.3083	0.2314	0.1741	0.1314	0.0994	0.0754	0.0573
35	0.7059	0.5000	0.3554	0.2534	0.1813	0.1301	0.0937	0.0676	0.0490	0.0356
40	0.6717	0.4529	0.3066	0.2083	0.1420	0.0972	0.0668	0.0460	0.0318	0.0221
45	0.6391	0.4102	0.2644	0.1712	0.1113	0.0727	0.0476	0.0313	0.0207	0.0137
50	0.6080	0.3715	0.2281	0.1407	0.0872	0.0543	0.0339	0.0213	0.0134	0.0085
55	0.5785	0.3365	0.1968	0.1157	0.0683	0.0406	0.0242	0.0145	0.0087	0.0053

续表

期数	12%	14%	15%	16%	18%	20%	24%	28%	32%	36%
1	0.8929	0.8772	0.8696	0.8621	0.8475	0.8333	0.8065	0.7813	0.7576	0.7353
2	0.7972	0.7695	0.7561	0.7432	0.7182	0.6944	0.6504	0.6104	0.5739	0.5407
3	0.7118	0.6750	0.6575	0.6407	0.6086	0.5787	0.5245	0.4768	0.4348	0.3975
4	0.6355	0.5921	0.5718	0.5523	0.5158	0.4823	0.4230	0.3725	0.3294	0.2923
5	0.5674	0.5194	0.4972	0.4762	0.4371	0.4019	0.3411	0.2910	0.2495	0.2149
6	0.5066	0.4556	0.4323	0.4104	0.3704	0.3349	0.2751	0.2274	0.1890	0.1580
7	0.4523	0.3996	0.3759	0.3538	0.3139	0.2791	0.2218	0.1776	0.1432	0.1162
8	0.4039	0.3506	0.3269	0.3050	0.2660	0.2326	0.1789	0.1388	0.1085	0.0854
9	0.3606	0.3075	0.2843	0.2630	0.2255	0.1938	0.1443	0.1084	0.0822	0.0628
10	0.3220	0.2697	0.2472	0.2267	0.1911	0.1615	0.1164	0.0847	0.0623	0.0462
11	0.2875	0.2366	0.2149	0.1954	0.1619	0.1346	0.0938	0.0662	0.0472	0.0340
12	0.2567	0.2076	0.1869	0.1685	0.1373	0.1122	0.0757	0.0517	0.0357	0.0250
13	0.2292	0.1821	0.1625	0.1452	0.1163	0.0935	0.0610	0.0404	0.0271	0.0184
14	0.2046	0.1597	0.1413	0.1252	0.0985	0.0779	0.0492	0.0316	0.0205	0.0135
15	0.1827	0.1401	0.1229	0.1079	0.0835	0.0649	0.0397	0.0247	0.0155	0.0099
16	0.1631	0.1229	0.1069	0.0980	0.0709	0.0541	0.0320	0.0193	0.0118	0.0073
17	0.1456	0.1078	0.0929	0.0802	0.0600	0.0451	0.0259	0.0150	0.0089	0.0054
18	0.1300	0.0946	0.0808	0.0691	0.0508	0.0376	0.0208	0.0118	0.0068	0.0039
19	0.1161	0.0829	0.0703	0.0596	0.0431	0.0313	0.0168	0.0092	0.0051	0.0029
20	0.1037	0.0728	0.0611	0.0514	0.0365	0.0261	0.0135	0.0072	0.0039	0.0021
21	0.0926	0.0638	0.0531	0.0443	0.0309	0.0217	0.0109	0.0056	0.0029	0.0016
22	0.0826	0.0560	0.0462	0.0382	0.0262	0.0181	0.0088	0.0044	0.0022	0.0012
23	0.0738	0.0491	0.0402	0.0329	0.0222	0.0151	0.0071	0.0034	0.0017	0.0008
24	0.0659	0.0431	0.0349	0.0284	0.0188	0.0126	0.0057	0.0027	0.0013	0.0006
25	0.0588	0.0378	0.0304	0.0245	0.0160	0.0105	0.0046	0.0021	0.0010	0.0005
26	0.0525	0.0331	0.0264	0.0211	0.0135	0.0087	0.0037	0.0016	0.0007	0.0003
27	0.0469	0.0291	0.0230	0.0182	0.0115	0.0073	0.0030	0.0013	0.0006	0.0002
28	0.0419	0.0255	0.0200	0.0157	0.0097	0.0061	0.0024	0.0010	0.0004	0.0002
29	0.0374	0.0224	0.0174	0.0135	0.0082	0.0051	0.0020	0.0008	0.0003	0.0001
30	0.0334	0.0196	0.0151	0.0116	0.0070	0.0042	0.0016	0.0006	0.0002	0.0001
35	0.0189	0.0102	0.0075	0.0055	0.0030	0.0017	0.0005	0.0002	0.0001	*
40	0.0107	0.0053	0.0037	0.0026	0.0013	0.0007	0.0002	0.0001	*	*
45	0.0061	0.0027	0.0019	0.0013	0.0006	0.0003	0.0001	*	*	*
50	0.0035	0.0014	0.0009	0.0006	0.0003	0.0001	*	*	*	*
55	0.0020	0.0007	0.0005	0.0003	0.0001	*	*	*	*	*

* <0.0001

附录C　年金终值系数表

期数	1%	2%	3%	4%	5%	6%	7%	8%	9%	10%
1	1.0000	1.0000	1.0000	1.0000	1.0000	1.0000	1.0000	1.0000	1.0000	1.0000
2	2.0100	2.0200	2.0300	2.0400	2.0500	2.0600	2.0700	2.0800	2.0900	2.1000
3	3.0301	3.0604	3.0909	3.1216	3.1525	3.1836	3.2149	3.2464	3.2781	3.3100
4	4.0604	4.1216	4.1836	4.2465	4.3101	4.3746	4.4399	4.5061	4.5731	4.6410
5	5.1010	5.2040	5.3091	5.4163	5.5256	5.6371	5.7507	5.8666	5.9847	6.1051
6	6.1520	6.3081	6.4684	6.6330	6.8019	6.9753	7.1533	7.3359	7.5233	7.7156
7	7.2135	7.4343	7.6625	7.8983	8.1420	8.3938	8.6540	8.9228	9.2004	9.4872
8	8.2857	8.5830	8.8923	9.2142	9.5491	9.8975	10.260	10.637	11.028	11.436
9	9.3685	9.7546	10.159	10.583	11.027	11.491	11.978	12.488	13.021	13.579
10	10.462	10.950	11.464	12.006	12.578	13.181	13.816	14.487	15.193	15.937
11	11.567	12.169	12.808	13.486	14.207	14.972	15.784	16.645	17.560	18.531
12	12.683	13.412	14.192	15.026	15.917	16.870	17.888	18.977	20.141	21.384
13	13.809	14.680	15.618	16.627	17.713	18.882	20.141	21.495	22.953	24.523
14	14.947	15.974	17.086	18.292	19.599	21.015	22.550	24.214	26.019	27.975
15	16.097	17.293	18.599	20.024	21.579	23.276	25.129	27.152	29.361	31.772
16	17.258	18.639	20.157	21.825	23.657	25.673	27.888	30.324	33.003	35.950
17	18.430	20.012	21.762	23.698	25.840	28.213	30.840	33.750	36.974	40.545
18	19.615	21.412	23.414	25.645	28.132	30.906	33.999	37.450	41.301	45.599
19	20.811	22.841	25.117	27.671	30.539	33.760	37.379	41.446	46.018	51.159
20	22.019	24.297	26.870	29.778	33.066	36.786	40.995	45.752	51.160	57.275
21	23.239	25.783	28.676	31.969	35.719	39.993	44.865	50.423	56.765	64.002
22	24.472	27.299	30.537	34.248	38.505	43.392	49.006	55.457	62.873	71.403
23	25.716	28.845	32.453	36.618	41.430	46.996	53.436	60.883	69.532	79.543
24	26.973	30.422	34.426	39.083	44.502	50.816	58.177	66.765	76.790	88.497
25	28.243	32.030	36.459	41.646	47.727	54.863	63.294	73.106	84.701	98.347
26	29.526	33.671	38.553	44.312	51.113	59.156	68.676	79.954	93.324	109.18
27	30.821	35.344	40.710	47.084	54.669	63.706	74.484	87.351	102.72	121.10
28	32.129	37.051	42.931	49.968	58.403	68.528	80.698	95.339	112.97	134.21
29	33.450	38.792	45.219	52.966	62.323	73.640	87.347	103.97	124.14	148.63
30	34.785	40.568	47.575	56.085	66.439	79.058	94.461	113.28	136.31	164.49
40	48.886	60.402	75.401	95.026	120.80	154.76	199.64	259.06	337.88	442.59
50	64.463	84.579	112.80	152.67	209.35	290.34	406.53	573.77	815.08	1163.9
60	81.670	114.05	163.05	237.99	353.58	533.13	813.52	1253.2	1944.8	3034.8

续表

期数	12%	14%	15%	16%	18%	20%	24%	28%	32%	36%
1	1.0000	1.0000	1.0000	1.0000	1.0000	1.0000	1.0000	1.0000	1.0000	1.0000
2	2.1200	2.1400	2.1500	2.1600	2.1800	2.2000	2.2400	2.2800	2.3200	2.3600
3	3.3744	3.4396	3.4725	3.5056	3.5724	3.6400	3.7776	3.9184	3.0624	3.2096
4	4.7793	4.9211	4.9934	5.0665	5.2154	5.3680	5.6842	6.0156	6.3624	6.7251
5	6.3528	6.6101	6.7424	6.8771	7.1542	7.4416	8.0484	8.6999	9.3983	10.146
6	8.1152	8.5355	8.7537	8.9775	9.4420	9.9299	10.980	12.136	13.406	14.799
7	10.089	10.730	11.067	11.414	12.142	12.916	14.615	16.534	18.696	21.126
8	12.300	13.233	13.727	14.240	15.327	16.499	19.123	22.163	25.678	29.732
9	14.776	16.085	16.786	17.519	19.086	20.799	24.712	29.369	34.895	41.435
10	17.549	19.337	20.304	21.321	23.521	25.959	31.643	38.593	47.062	57.352
11	20.655	23.045	24.349	25.733	28.755	32.150	40.238	50.398	63.122	78.998
12	24.133	27.271	29.002	30.850	34.931	39.581	50.895	65.510	84.320	108.44
13	28.029	32.089	34.352	36.786	42.219	48.497	64.110	84.853	112.30	148.47
14	32.393	37.581	40.505	43.672	50.818	59.196	80.496	109.61	149.24	202.93
15	37.280	43.842	47.580	51.660	60.965	72.035	100.82	141.30	198.00	276.98
16	42.753	50.980	55.717	60.925	72.939	87.442	126.01	181.87	262.36	377.69
17	48.884	59.118	65.075	71.673	87.068	105.93	157.25	233.79	347.31	514.66
18	55.750	68.394	75.836	84.141	103.74	128.12	195.99	300.25	459.45	770.94
19	63.440	78.969	88.212	98.603	123.41	154.74	244.03	385.32	607.47	954.28
20	72.052	91.025	102.44	115.38	146.63	186.69	303.60	494.21	802.86	1298.8
21	81.699	104.77	118.81	134.84	174.02	225.03	377.46	633.59	1060.8	1767.4
22	92.503	120.44	137.63	157.41	206.34	271.03	469.06	812.00	1401.2	2404.7
23	104.60	138.30	159.28	183.60	244.49	326.24	582.63	1040.4	1850.6	3271.3
24	118.16	185.66	184.17	213.98	289.49	392.48	723.46	1332.7	2443.8	4450.0
25	133.33	181.87	212.79	249.21	342.60	471.98	898.09	1706.8	3226.8	6053.0
26	150.33	208.33	245.71	290.09	405.27	567.38	1114.6	2185.7	4260.4	8233.1
27	169.37	238.50	283.57	337.50	479.22	681.85	1383.1	2798.7	5624.8	11198
28	190.70	272.89	327.10	392.50	566.48	819.22	1716.1	3583.3	7425.7	15230.3
29	214.58	312.09	377.17	456.30	669.45	984.07	2129.0	4587.7	9802.9	20714.2
30	241.33	356.79	434.75	530.31	790.95	1181.9	2640.9	5873.2	12941	28172.3
40	767.09	1342.0	1779.1	2360.8	4163.2	7343.2	27290	69377	*	*
50	2400.0	4994.5	7217.7	10436	21813	45497	*	*	*	*
60	7471.6	18535	29220	46058	*	*	*	*	*	*

*＞99999

附录D 年金现值系数表

期数	1%	2%	3%	4%	5%	6%	7%	8%	9%
1	0.9901	0.9804	0.9709	0.9615	0.9524	0.9434	0.9346	0.9259	0.9174
2	1.9704	1.9416	1.9135	1.8861	1.8594	1.8334	1.8080	1.7833	1.7591
3	2.9410	2.8839	2.8286	2.7751	2.7232	2.6730	2.6243	2.5771	2.5313
4	3.9020	3.8077	3.7171	3.6299	3.5460	3.4651	3.3872	3.3121	3.2397
5	4.8534	4.7135	4.5797	4.4518	4.3295	4.2124	4.1002	3.9927	3.8897
6	5.7955	5.6014	5.4172	5.2421	5.0757	4.9173	4.7665	4.6229	4.4859
7	6.7282	6.4720	6.2303	6.0021	5.7864	5.5824	5.3893	5.2064	5.0330
8	7.6517	7.3255	7.0197	6.7327	6.4632	6.2098	5.9713	5.7466	5.5348
9	8.5660	8.1622	7.7861	7.4353	7.1078	6.8017	6.5152	6.2469	5.9952
10	9.4713	8.9826	8.5302	8.1109	7.7217	7.3601	7.0236	6.7101	6.4177
11	10.3676	9.7868	9.2526	8.7605	8.3064	7.8869	7.4987	7.1390	6.8052
12	11.2551	10.5753	9.9540	9.3851	8.8633	8.3838	7.9427	7.5361	7.1607
13	12.1337	11.3484	10.6350	9.9856	9.3936	8.8527	8.3577	7.9038	7.4869
14	13.0037	12.1062	11.2961	10.5631	9.8986	9.2950	8.7455	8.2442	7.7862
15	13.8651	12.8493	11.9379	11.1184	10.3797	9.7122	9.1079	8.5595	8.0607
16	14.7179	13.5777	12.5611	11.6523	10.8378	10.1059	9.4466	8.8514	8.3126
17	15.5623	14.2919	13.1661	12.1657	11.2741	10.4773	9.7632	9.1216	8.5436
18	16.3983	14.9920	13.7535	12.6896	11.6896	10.8276	10.0591	9.3719	8.7556
19	17.2260	15.6785	14.3238	13.1339	12.0853	11.1581	10.3356	9.6036	8.9501
20	18.0456	16.3514	14.8775	13.5903	12.4622	11.4699	10.5940	9.8181	9.1285
21	18.8570	17.0112	15.4150	14.0292	12.8212	11.7641	10.8355	10.0168	9.2922
22	19.6604	17.6580	15.9369	14.4511	13.4886	12.3034	11.0612	10.2007	9.4424
23	20.4558	18.2922	16.4436	14.8568	13.4886	12.3034	11.2722	10.3711	9.5802
24	21.2434	18.9139	16.9355	15.2470	13.7986	12.5504	11.4693	10.5288	9.7066
25	22.0232	19.5235	17.4131	15.6221	14.0939	12.7834	11.6536	10.6748	9.8226
26	22.7952	20.1210	17.8768	15.9828	14.3752	13.0032	11.8258	10.8100	9.9290
27	23.5596	20.7059	18.3270	16.3296	14.6430	13.2105	11.9867	10.9352	10.0266
28	24.3164	21.2813	18.7641	16.6631	14.8981	13.4062	12.1371	11.0511	10.1161
29	25.0658	21.8444	19.1885	16.9837	15.1411	13.5907	12.2777	11.1584	10.1983
30	25.8077	22.3965	19.6004	17.2920	15.3725	13.7648	12.4090	11.2578	10.2737
35	29.4086	24.9986	21.4872	18.6646	16.3742	14.4982	12.9477	11.6546	10.5668
40	32.8347	27.3555	23.1148	19.7928	17.1591	15.0463	13.3317	11.9246	10.7574
45	36.0945	29.4902	24.5187	20.7200	17.7741	15.4558	13.6055	12.1084	10.8812
50	39.1961	31.4236	25.7298	21.4822	18.2559	15.7619	13.8007	12.2335	10.9617
55	42.1472	33.1748	26.7744	22.1086	18.6335	15.9905	13.9399	12.3186	11.0140

续表

期数	10%	12%	14%	15%	16%	18%	20%	24%	28%	32%
1	0.9091	0.8929	0.8772	0.8696	0.8621	0.8475	0.8333	0.8065	0.7813	0.7576
2	1.7355	1.6901	1.6467	1.6257	1.6052	1.5656	1.5278	1.4568	1.3916	1.3315
3	2.4869	2.4018	2.3216	2.2832	2.2459	2.1743	2.1065	1.9813	1.8684	1.7663
4	3.1699	3.0373	2.9138	2.8550	2.7982	2.6901	2.5887	2.4043	2.2410	2.0957
5	3.7908	3.6048	3.4331	3.3522	3.2743	3.1272	2.9906	2.7454	2.5320	2.3452
6	4.3553	4.1114	3.8887	3.7845	3.6847	3.4976	3.3255	3.0205	2.7594	2.5342
7	4.8684	4.5638	4.2882	4.1604	4.0386	3.8115	3.6046	3.2423	2.9370	2.6775
8	5.3349	4.9676	4.6389	4.4873	4.3436	4.0776	3.8372	3.4212	3.0758	2.7860
9	5.7590	5.3282	4.9164	4.7716	4.6065	4.3030	4.0310	3.5655	3.1842	2.8681
10	6.1446	5.6502	5.2161	5.0188	4.8332	4.4941	4.1925	3.6819	3.2689	2.9304
11	6.4951	5.9377	5.4527	5.2337	5.0286	4.6560	4.3271	3.7757	3.3351	2.9776
12	6.8137	6.1944	5.6603	5.4206	5.1971	4.7932	4.4392	3.8514	3.3868	3.0133
13	7.1034	6.4235	5.8424	5.5831	5.3423	4.9095	4.5327	3.9124	3.4272	3.0404
14	7.3667	6.6282	6.0021	5.7245	5.4675	5.0081	4.6106	3.9616	3.4587	3.0609
15	7.6061	6.8109	6.1422	5.8474	5.5755	5.0916	4.6755	4.0013	3.4834	3.0764
16	7.8237	6.9740	6.2651	5.9542	5.6685	5.1624	4.7296	4.0333	3.5026	3.0882
17	8.0216	7.1196	6.3729	6.0472	5.7487	5.2223	4.7746	4.0591	3.5177	3.0971
18	8.2014	7.2497	6.4674	6.1280	5.8178	5.2732	4.8122	4.0799	3.5294	3.1039
19	8.3649	7.3658	6.5504	6.1982	5.8775	5.3162	4.8435	4.0967	3.5386	3.1090
20	8.5136	7.4694	6.6231	6.2593	5.9288	5.3527	4.8696	4.1103	3.5458	3.1129
21	8.6487	7.5620	6.6870	6.3125	5.9731	5.3837	4.8913	4.1212	3.5514	3.1158
22	8.7715	7.6446	6.7429	6.3587	6.0113	5.4099	4.9094	4.1300	3.5558	3.1180
23	8.8832	7.7184	6.7921	6.3988	6.0442	5.4321	4.9245	4.1371	3.5592	3.1197
24	8.9847	7.7843	6.8351	6.4338	6.0726	5.4509	4.9371	4.1428	3.5619	3.1210
25	9.0770	7.8431	6.8729	6.4641	6.0971	5.4669	4.9476	4.1474	3.5640	3.1220
26	9.1609	7.8957	6.9061	6.4906	6.1182	5.4804	4.9563	4.1511	3.5656	3.1227
27	9.2372	7.9426	6.9352	6.5135	6.1364	5.4919	4.9636	4.1542	3.5669	3.1233
28	9.3066	7.9844	6.9607	6.5335	6.1520	5.5016	4.9697	4.1566	3.5679	3.1237
29	9.3696	8.0218	6.9830	6.5509	6.1656	5.5098	4.9747	4.1585	3.5687	3.1240
30	9.4269	8.0552	7.0027	6.5660	6.1772	5.5168	4.9789	4.1601	3.5693	3.1242
35	9.6442	8.1755	7.0700	6.6166	6.2153	5.5386	4.9915	1.1644	3.5708	3.1248
40	9.7791	8.2438	7.1050	6.6418	6.2335	5.5482	4.9966	4.1659	3.5712	3.1250
45	9.8628	8.2825	7.1232	6.6543	6.2421	5.5523	4.9986	4.1664	3.5714	3.1250
50	9.9148	8.3045	7.1327	6.6605	6.2463	5.5541	4.9995	4.1666	3.5714	3.1250
55	9.9471	8.3170	7.1376	6.6636	6.2482	5.5549	4.9998	4.1666	3.5714	3.1250

参 考 文 献

[1] 秦志敏.财务管理[M].北京:北京大学出版社,2006.
[2] 魏明良.财务管理[M].北京:经济管理出版社,2006.
[3] 李冠众.财务管理[M].北京:机械工业出版社,2006.
[4] 高树凤.新编财务管理[M].北京:经济管理出版社,2006.
[5] E王遐昌,印浩.财务管理学[M].上海:立信会计出版社,2003.
[6] 吴树畅.相机财务论[M].北京:中国经济出版社,2005.
[7] 张共洪,夏亚芬.公司理财[M].北京:经济科学出版社,2006.
[8] 陆正飞.财务管理[M].大连:东北财经大学出版社,2001.
[9] 朱叶,王伟.公司财务学[M].上海:上海人民出版社,2002.
[10] 张鸣.公司财务理论与实务[M].北京:清华大学出版社,2005.
[11] 谷祺,刘淑莲.财务管理[M].大连:东北财经大学出版社,2007.
[12] 祝锡萍.财务管理基础[M].北京:人民邮电出版社,2005.
[13] 张涛.公司财务基础[M].北京:经济科学出版社,2004.
[14] 赵德武.财务管理[M].第7版.北京:高等教育出版社,2003.
[15] 张德兰.财务管理实务[M].杭州:浙江大学出版社,2003.
[16] 邱闽泉,胡光晓.兼并收购财务实务[M].北京:清华大学出版社,2005.
[17] 中国注册会计师协会.财务成本管理[M].北京:经济科学出版社,2006.
[18] 王治安.现代财务分析[M].成都:西南财经大学出版社,2006.
[19] 张光治.财务分析[M].大连:东北财经大学出版社,2005.
[20] 闫华红.中级财务管理[M].北京:北京大学出版社,2005.
[21] 杨义群.财务管理[M].北京:清华大学出版社,2004.
[22] 王玉菁,宋良荣.财务管理[M].北京:清华大学出版社,2005.